Gedanken zur Verbesserung des Staatswesens

AF170502

Stephan Richard Bandow

Gedanken zur Verbesserung des Staatswesens

aus der Kladde des Berliner Kaufmanns
Stephan Heinrich Bandow (1719-1783)

Zusammengefaßt und redigiert von
Arnold Nauwerck

FSC
www.fsc.org
MIX
Papier aus verantwortungsvollen Quellen
Paper from responsible sources
FSC® C105338

Bibliografische Information der Deutschen Nationalbibliothek:
Die Deutsche Nationalbibliothek verzeichnet diese Publikation in der Deutschen Nationalbibliografie; detaillierte bibliografische Daten sind im Internet über www.dnb.de abrufbar.

© 2015 Arnold Nauwerck

Herstellung und Verlag:
BoD – Books on Demand, Norderstedt
Satz: Gerolf Nauwerck

ISBN 978-3-738654-32-5

Frühere Ausgabe im Eigenverlag erschienen 2015 unter ISBN: 978-3-902584-25-0.

Inhalt

Vorwort des Herausgebers

Was sich als die Kladde des Berliner Kaufmanns Stephan Heinrich Bandow (oder Bando) erwies, war in unserer Familie überliefert als "*Woltersdorfs Kladde*". Darum konzentrierte sich die Suche nach dem Verfasser zunächst auf diese Person. Erst nach und nach wurde klar, daß es sich um den Schwiegervater Woltersdorfs handelte. Über seine Tochter kam die Kladde – wohl als eine Art Erbstück – in die Hände ihrer Nachfahren, die sie als solches aufbewahrten. Erst Ende des 19. Jahrhunderts hat sich wieder jemand für den Inhalt zu interessieren begonnen, was durch einige Buchzeichen erkennbar wird. Jedoch wurde Woltersdorfs Verfasserschaft nicht infrage gestellt.

Der Wachstuchtapetenfabrikant, Stadtverordnete und Ober-Kirchengemeinderat Woltersdorf in Berlin, Gemeinde St. Petri, war der Schwiegervater des Kupferstechers Johann Friedrich Frick, Professor an der Akademie der schönen Künste in Berlin, des Urgroßvaters meiner Großmutter Katharina Steiner geb. Frick. Die ihm zugeschriebene „Kladde" wurde mir von Professor Gerolf Steiner, Sohn Katharina Steiners und Bruder meiner Mutter, 1998 übergeben.

Es handelt sich um einen, in etwas abgenutztes, dunkel olivgrünes Wachstuch (!) gebundenen Band vom Format 31x20,5 cm, Dicke etwa 5,5 cm, 661 Seiten, Papier, rechtsseitig oben ab S. 3 durchnummeriert bis S. 229, doch nicht weiter. Das Papierformat entspricht der doppelten Breite der damals üblichen Normalgröße für Schreibhefte (*Journal*). Manche Seiten zeigen noch einen entsprechenden Längsknick in der Mitte. Die Bindung und die Neuanfänge lassen erkennen, daß es sich um eine Sammlung von ca. 25 einzelnen Heften handelt, die zu einem Buch zusammengefaßt worden waren.

Der Inhalt der Kladde besteht aus meist kürzeren Notizen, mit denen der Verfasser allerlei Beobachtungen, Gedanken, Ideen und Vorschläge festhielt. Wie aus kleinen Anmerkungen hervorgeht, hat er seine Notizen auch in ein "Hauptbuch" übertragen, wo er sie geordnet und ausgearbeitet hat (Z.B. *"Im Buch Nr. 6 fol. 130 mit andern Worthen eingetragen"*). Man kann sie unter dem Titel: "Gedanken zur Verbesserung des Staatswesens" zusammenfassen. Was er mit seinen großteils im Konjunktiv geschriebenen Vorschlägen (man konnte, man sollte, man müßte...) weiter angefangen hat, ist nicht bekannt.

Die Kladde ist kein Tagebuch, enthält keine persönliche Angaben zum Verfasser oder zu seiner Familie und so gut wie keine Tagesdatierungen. Hinweise auf zeitnahe Ereignisse erlauben nur eine ungefähre Zeiteinschätzung. Nur andeutungsweise ahnt man eine, vielleicht ursprünglich gedachte, chronologische oder sachliche Einteilung. Überall, wo gerade Platz war, hat der Schreiber etwas eingefügt, ob es nun mit dem Vorhandenen zu tun hatte oder nicht.

Die Einträge sind geschrieben mit brauner oder mit schwarzer Tinte. Die Handschrift ist stark variierend. Manchmal entsteht der Eindruck, es könnte sich um mehr als einen Schreiber gehandelt haben. Diktion und Inhalt zeigen jedoch, daß für die Unterschiede nur verschieden feine Federn und verschieden große Eile bei der Niederschrift verantwortlich sind.

Der Inhalt des Bandes besteht aus allerlei, meist kurzen Notizen zu Religion, Geschichte, Staatskunde, Gesundheitswesen, Bildungswesen, Militärwesen, Wirtschaft und Handel. Besonderes Interesse zeigt der Schreiber für Demographie und für Heizungstechnik. In buntem Durcheinander, vielfach sich wiederholend und variiert, stehen Beobachtungen, Zitate, Fakten, Meinungen und Ideen. Ganz selten spricht der Verfasser in der Ich-Form. Ein paarmal ist von Ereignissen die Rede, die lange nicht lange zurückliegen konnten. An solchen Daten läßt sich abschätzen, daß die Kladde ungefähr zwischen 1740 und 1780 niedergeschrieben wurde, also während der Regierungszeit des Königs Friedrichs II von Preußen.

Carl Friedrich Heinrich Woltersdorf war am 22. November 1751 geboren, wahrscheinlich in einem kleineren Ort in Brandenburg, jedenfalls nicht in Berlin, wo er am 17. Juni 1816 verstarb. Aufzeichnungen, die früher als 1751 datiert sind, können keinesfalls von ihm geschrieben worden sein. Nicht vor Mitte der 1760er Jahre kann er imstande gewesen sein, selber intellektuelle Gedanken zu entwickeln und schriftlich festzuhalten. 1770, wo die Kladde schon ihrem Ende zugeht, war er noch ein sehr junger Mann. Dies legt nahe, daß nicht er der Schreiber war (auch wenn die Kladde unter seinem Namen weitervererbt wurde), sondern dieser der vorangegangenen Generation angehört hat. Dafür spricht der Bildungsstand des Schreibers, der sich deutlich auf ältere Autoritäten stützt, dafür spricht der Zeitrahmen der Kladde, und dafür spricht vielleicht auch die religiöse Rigorosität des Schreibers, die diesem kaum erlaubt hätte, seine Tochter an einen Künstler zu verheiraten, was Woltersdorf aber getan hat. Indessen muß er mit Woltersdorf beruflich und persönlich in naher Beziehung gestanden sein. Der Vater Woltersdorfs tritt in dessen Umfeld (z.B. bei Kindstaufen) nicht in Erscheinung. Die Zuordnung bleibt bei seinem Schwiegervater Richard Stephan Bandow hängen, der am 29. Oktober 1782 in Berlin verstorben ist.

Über Bandow ließ sich folgendes in Erfahrung bringen. Stephan Richard Bandow stammte aus Roggow bei Dabern, Kreis Regenwalde, Pommern, wo er 1719 geboren wurde. Sein Vater, Joachim Sigmund Bandow war 1707 Diakon in Dabern, Pommern, 1716 Pastor in Roggow, Pommern, 1734-1754 Pastor in Markau, Kreis Nauen im Osthavelland. Auch seine beiden jüngeren Brüder, Karl Jakob Bandow, geb. 1721, und Josef Friedrich Bandow, geb. 1727, waren Geistliche: Karl Jakob Bandow besuchte das Gymnasium in Brandenburg und die Universität in Halle. Er wurde ordiniert am 9.5.1750, dann gleich Feldprediger beim Infanterie-Regiment von Kalsow in Schweidnitz, 1761-1775 Superior und Oberpfarrer in Luckenwalde. Josef Friedrich Bandow besuchte das Gymnasium in Berlin-Joachimsthal und die Universitäten Halle und Jena; er wurde ordiniert 1753 und im selben Jahr Pastor an der Charité in Berlin. Von 1758 bis zu seinem Tode 1797 war er Pastor in Pritzerbe in Brandenburg. Stephan Richard Bandows Großvater war Schneider. Das Interesse des Enkels für Stoffe mag auf ihn zurückgehen. Es ist gut möglich, daß auch sein Interesse für die Färberei auf familiären Erfahrungen fußt.

Stephan Richard Bandow wurde Kaufmann und zog nach Berlin. Dort ehelichte er 1744 oder 1745 die ebenfalls aus einer Pfarrersfamilie stammende Magdalena Elisabeth Sonn(in). Am 19. Dezember 1750 erhält er das Berliner Bürgerrecht. Die drei Kinder des Ehepaares, alle geboren in Berlin, waren der Sohn Johann Jacob Sigismund Bandow, geboren am 22. November 1746 und die Töchter Justine Elisabeth Regine Bandow, geboren am 30 Juni 1748, sowie Anna Louisa Ernestine Bandow, geboren am 5. November 1751.

Stephan Richard Bandows Tochter Justine Elisabeth Regine heiratete Carl Friedrich Heinrich Woltersdorf am 20 April 1779. Sie starb am 2. August 1801 in Berlin, ihr Mann folgte ihr am 17. Juni 1816. Bislang ist es nicht gelungen, Woltersdorfs Herkunft ausfindig zu machen. Eine nähere Verwandtschaft mit der weit verzweigten Brandenburger Theologensippe Woltersdorf ließ sich nicht belegen. Indessen erscheint bei Familienereignissen (Taufen) der Familie Woltersdorf öfters ein in der Gemeinde St. Petri eingeschriebener Kaufmann Wilhelm Christoph Woltersdorf, verheiratet mit Dorothea Elisabeth Hoffmann. Er war mit aller Wahrscheinlichkeit ein Bruder des Carl Friedrich Heinrich Woltersdorf.

Ohne Anspruch auf letztliche Gültigkeit bietet sich folgende plausible Erklärung an: Woltersdorf trat als junger Mann in die Firma Bandows ein, erwarb sich dessen Vertrauen und schließlich auch die Tochter, die der Alte dem tüchtigen jungen Kaufmann mit dem rechten Glauben vermutlich auch gerne gab. Nach Bandows Tod übernahm er die Firma und baute sie zur Tapetenfabrik aus.

Die Überschneidung der Familien Bandow und Woltersdorf scheint in der Gertraudenstraße 18 zu liegen – sofern diese Adresse identisch ist mit dem Haus "an der St. Petrikirche" (wo der *Junggeselle* Johann Jacob Siegmund Bandow 1777 unter Hinterlassung von *Eltern und Geschwistern* verstorben ist,) und auch identisch ist mit dem *"eigenen Hause ohnweit der Grünstraße und Peterskirche"* (in welchem Stephan Richard Bandow 1782 verschied). Johann Jacob Siegmund Bandow müßte dann das 1746 erstgeborene Kind des Stephan Richard Bandow gewesen sein. Justine Elisabeth, geboren 1748, wäre das zweite, und da auch das dritte eine Tochter war, und es keine weiteren Geschwister gab, liegt die Vermutung nahe, daß Woltersdorf, nach seiner Verehelichung mit Justine bzw. nach dem Tod ihres Vaters, auch ihr Elternhaus übernommen hat.

Den Gedanken, die Kladde trotz ihres Umfangs zunächst einmal ganz abzuschreiben, um den Inhalt dann leichter systematisieren zu können, habe ich nach der zweiten Durchsicht wieder verworfen. Nicht nur wegen der Menge des Materials, sondern einmal, weil sich vieles mehr oder weniger wiederholt und auch Längen vorkommen, z.B. Bibelzitate, die inhaltlich sozusagen wohlbekannt sind; zum andern, weil mehr oder weniger zweifelhafte Berechnungen von Größen und Bevölkerungszahlen verschiedener Länder kaum viel Wert haben; das gilt auch für spezielle Angaben, wie kaufmännische Regeln und Usancen, die ohne ausführliche Erklärungen weitgehend unverständlich bleiben würden. Vielleicht wäre für einen Wirtschaftshistoriker hier dieses oder jenes Goldkorn zu finden, aber blindlings auf irgend mögliche Interessenten hin zu arbeiten, schien nicht der Mühe wert. Statt dessen habe ich versucht, die von Bandow behandelten Themata herauszufiltern und nach Sachgebieten geordnet, logisch aneinander zu reihen, sie in Bandows eigenen Worten wiederzugeben und mit kurzen Kommentaren und einigen Erklärungen zu ergänzen.

Ich hoffe, daß damit eine Art Rekonstruktion seines "Hauptbuchs" einigermaßen gelungen ist. Entstanden ist jedenfalls ein lebendiges Zeitbild des merkantilistischen Preußen im 18. Jahrhundert, gesehen mit den Augen eines gebildeten und wachen Zeitgenossen aus dem mittleren Bürgertum der Stadt Berlin. Bandow tritt hervor als ein belesener, vielseitig interessierter, temperamentvoller Herr und durch und durch als Utilitarist. In mancher Beziehung erscheint er als Aufklärer, aber in anderer wieder als intoleranter, ja fundamentalistischer Lutheraner. Er zeigt eine eigentümliche Mischung aus Pragmatismus und Verstocktheit, aus gesunder Vernunft und unbeugsamem Glauben. In Vielem ist er seiner Zeit voraus, human gesonnen, Antimilitarist, wenn auch nur von karger Menschenliebe und von alttestamentarischer Strenge, aber auf manchen Gebieten steht er noch mit einem halben Bein im Mittelalter. Seine Rezeptsammlung z.B. enthält noch Dinge, wie pulverisierte Schlange oder Fuchsen-Zunge. Oder er überlegt, ob man nicht auch Fleisch destillieren könne, um dessen "Geist" zu gewinnen. Aber er plädiert für eine sanfte Medizin, für Tees und Salben und für Hygiene und gesunde Lebensweise anstelle des modischen Schröpfens und Klistierens.

Man kann annehmen, daß er seine Kinder mit Strenge und Gerechtigkeit zu gottesfürchtigen, arbeitsfreudigen und sauberen Menschen zu erziehen suchte, wobei seine Frau wohl nicht viel zu melden hatte, und was unter Umständen zum Gegenteil des gewünschten Erfolgs hat führen mögen. Bier und Tabak hat er nicht verschmäht, sondern beides hielt er sogar für gesund. In manchen Dingen war er erstaunlich liberal. Wenn es um Nützlichkeit ging, hatte er keine Vorurteile. Von dieser Warte aus konnte er z.B. das Frauenstudium befürworten.

Sehr liebt er Hochrechnungen aller Art, beispielsweise wieviel ungeborene Kinder der Papst auf dem Gewissen hat, nicht etwa durch Abtreibung, sondern durch den Zölibat! Biblische Geschichten sind ihm wichtige Leitbilder, besonders solche aus dem Alten Testament, das er sehr wörtlich nimmt. So vergleicht er das Stammesgebiet der Kinder Israels von soundsoviel Quadratmeilen und einem Militäraufkommen von berechneten 1,2 Millionen (!) Mann, mit den Quadratmeilen Preußens, das bei entsprechender Bevölkerungsdichte 21 Millionen Mann würde aufstellen können. Ganz vernünftig ist die Überlegung, wieviel Arbeitskraft und damit Steuern dem preußischen Staat entgehen durch die Flucht junger Männer vor dem Militärdienst und durch die aus dem selben Grund ausgebliebene Einwanderung von solchen. Tagespolitisch wird er immerhin bei der Schlacht von Roßbach, wo es ihn sehr befriedigt, daß die Franzosen jetzt Respekt vor dem Alten Fritz bekommen haben und ihn nicht mehr „*Le roi des puces*" nennen sondern „*Sa Maj. le Roi de Prusse*".

Offensichtlich war Bandow auch kirchlich engagiert und konnte als Prediger auftreten. Selber sah er sich ganz als Kaufmann. In erster Linie handelte er mit Garnen und Stoffen. In dieser Funktion kam er wohl auch weit in Europa herum. Seine Kenntnisse in der Färberei deuten darauf hin, daß er Garne auch selber veredelte, jedenfalls genügend Chemiekenntnisse besaß, um die Färberei beurteilen zu können. Wenn er sich auch für die Verwendung von einheimischen Produkten, Wolle und Leinen, stark macht und Schutzzölle gegen Baumwolle und Seide fordert, so importiert er doch beides auch selber. Auch interessiert er sich sehr für die einheimische Seidenraupenzucht, und während er gegen das Tragen seidener Textilien wettert, würde er doch einheimische Seide gerne exportieren.

Besonders interessiert hat ihn offensichtlich die Bevölkerungsstatistik; auf sie kommt er immer wieder zurück. Franzosen, Freidenker und Papisten waren ihm verhaßt, und er schimpft weidlich auf sie. Pikant ist, daß er neben den Katholiken auch die Herrenhuter als „Spitzbuben" bezeichnet, in seinem Sprachgebrauch ein starkes Wort für Betrüger. Auch Adel, Offiziere, Beamte und Ärzte kommen schlecht weg, und die Bauern sind unaufgeklärt und träge. Angesichts Bandows ätzender Kritik an so gut wie allen Ständen könnte man mit dem ihm eigenen Sarkasmus zusammenfassen: als untadeliges Vorbild, als tragende Säule der Gesellschaft und Garant des Fortschritts bleibt eigentlich nur noch der ehrliche Kaufmann lutherischer Religion.

Danksagung
Für unermüdliches Interesse und geistige wie materielle Unterstützung bei der Herstellung dieser Arbeit danke ich meinem Schwager und Freund, *Dr. Werner Ertel*. Ohne seine Mithilfe wäre die Publikation der Gedanken des Herrn Bandow nicht möglich gewesen.

die teutschen Fürsten so sich anfangs zur Augsburgischen
Confession bekanten, hatten aus Überzeugung
dargegeben ihr gut u. bluth land und leute leib und leben
als unsre Glaubens Helden, die bereit waren als
Martirer zu sterben, sie sind also der lutherisch heilig

die teutschen Fürsten hingegen so Catoliken sind
Reformiert geworden sind, haben es aus welt
lichen absichten gethan, u. geringsten nicht aus
überzeugung
ist der lutherisch unheilig so ist der Zwingli unheilig
ist die Wahrheit unheilig, so sind auch die Zwingli
unheilig,

darum sind die heutige Catoliken und
die heutige Reformierte mit schuld an
der Gottlosigkeit, und Gotteslästerung, Mord
und Raub ihrer Vorfahren, da sie verthei
digen, die Gottlose lehre, und handelung
ihrer Vorfahren

weil die Gründe der Religion worauf alles steht, müssen
oft wiederholt werden, den einfältigen zum besten, ja auch den gelehrten
Staaten zum besten, ...

wenn eine andere als die luthersche Religion, solche
beschaffung der Reichs nachmaligen Vorschlag ...
wolle, so entstehen Rebelliones, darum
ist derselbe nur alleine in der ruhigen Stifte
lutherisch teutschen Reiche möglich
nach dem Gesetze Gottes und dem Gesetze der Natur

…l lieben Gott deinen Herrn
…ntzen Hertzen von gantzer
…von allen Kräfften und von
…m Gemüthe: und dein…
…g als dich selbst,
…diesen 2en Gebothen hangt
…antze Gesetz und Propheten)

…gemahlt mir seine Traurigkeit
…mt, auf dem Todbette?

…viel Millionen böser Gottloser
…g, aber haben ihre Gottlosigkeit
…d Todt bette daraus

…t ist infam als die Sünde
…ich ist ein schnöder Knecht
…nicht infam, denn sein
…ndt ist ein guter Schutz und
…ger Werck, ist besser als
… Werck eines infamen Ministers
… Generals, der … lebendig
… ein Schein des Teufels …

nun lieb fürchtet, was fordert der Herr dein
Gott von dir? denn dass Ihr den Herrn dein
Gott fürchtet, und liebet Ihn

bedeutet die unbrauchbaren Gebothe Gottes, denn
mit jedem Gebothe ist der Glaube verknüpft
wenn er recht erkennend und kindlich gehorsam
seinem Hertzen,

bedeutet alle erstaunliche Wohlthaten so
mir der Herr besonders erwiesen für vielen
andern Völkern, und hat mich dessen gewürdigt
…

bedeutet seine Gnade
1) nach der Schöpfung
2) nach der Erlösung
3) nach der Heiligung
4) seine Strafe
5) die erhaltene Nation
6) die Reformation
7) die Beschützung unter den 4 grossen
Monarchien, und unter Türken, Pabst
Kayser, Frantzosen etc

die Catoliken, sind als Teutsche
Nahmens unwürdig, sondern
ihrer eigenen Sünden, und Römische
Sclaven, nicht Gottes Kinder
sondern Huren Kinder von
Teufel und Pabst gezeugt

Die Idee des Kaufmanns Bandow

Der Kladde ist kein einleitendes Vorwort vorangesetzt. Die Begründung für Bandows Engagement muß aus verschiedenen seiner Äußerungen zusammengelesen werden. Der folgende Text erscheint in der Kladde auf S. 75 L. Er verdeutlicht aber sehr gut Bandows Absichten. Daß er selber neben der Kladde auch mit einer Schreibtafel gearbeitet hat, worauf er seine Einfälle fest hielt, um sie dann in die Kladde zu übertragen, geht an mehr als einer Stelle aus derselben hervor.

Ein jeder Land Bürger müßte stets eine Schreibtaffel bey sich führen, damit er seine gute Gedanken, und Erfindungen [Entdeckungen] aufschreiben könte, sie hernach in Buch tragen, und zum allgemeine Besten bekand machen.

Die Erkentniß der Wahrheith, die Verbeßerung der Sitten, des Aker Baues, Garten Baues, Seiden Baus etc. müste jedermans Zwek seyn, besonders die richtige Erkentniß jedes Vogels, Gewürms, Baumes, Kräutern.

In alle Länder der Welt müßte man Kuntschaffter senden, die mit größten Fleiß alles erkundigten, wie jede Sache, so wir aus fremden Landen ziehen tractiret wird, als [wie] Türkisch Garn, Conchenille etc., den das allermeiste kan im Lande gewonnen und fabriciret werden.

Wir kennen die Kräuter und Bluhmen noch lange nicht, viel weniger ihre Würkung. Viele Regimenter Gärtner, die ein ander ihre Erfindung offenbahren, und beständig darauf studieren, können es aufs Höchste bringen, und erstaunlich viel thun.

1.1 Bandows Empfehlungen

Praemia sind denen zu geben, und zwar alle Jahre, die

1. die besten Vorschläge thun zur Verbeßerung der Schuhlen
2. die besten Vorschläge thun zur Verbeßerung der Universiteten
3. zur Verbeßerung des Akerbaues
4. zur Verbeßerung der Fabriquen
5. zur Verbeßerung der Handlung
6. zur Verbeßerung des Waßers und der Ströhme, Seehavens etc.
7. zur Verbeßerung der Fischerey und ihrer Vermehrung
8. zur Verbeßerung der Garten Früchte
9. zur Vermehrung der Obstbäume auf den Feldern
10. die aller nützlichsten Gewächse, die am meisten Vortheil bringen
11. Jungfer Schuhlen anzulegen, die tüchtig sind, die Adelichen zu informiren, weil sie von denen Frantzösinnen verdorben werden, durch Romainen etc., als in der Alt Marck, Prignitz, Ukermarck etc., Christenthum, Oeconomie, Historie, Sprachen, Nehen und andre weibliche Künste etc. Hir zu würden arme Prediger Töchter sich genug finden, zu mahl, wenn sie hernach einen ordentlichen Sold krigten. Selbe könten zur algemeinen Verbeßerung des Landes, der Oeconomie,

der Sitten, der Redlichkeith viel beytragen. In einer jeglichen Mediat Stadt könte wenigstens 1 Frauenzimmer dociren und gleichsam Collegia leßen und Examina halten.

NB! Der Kinder Wolfahrt hängt von der Mütter Zucht ab.

12. **NB! NB!** Verbeßerung der Gerichte. Die Bürgerschafft könte eingeteilt werden, 1 Richter über 10, 50, 100 etc. Könten die Bürger sich nicht vergleichen, so müßte es erst am Magistrat kommen, den die Rechtsgelehrten schinden viele Leute bey lebendigem Leibe.
13. Erleichterung der Soldaten. Den wenig Soldaten ohne Ordnung kosten mehr als viele mit Ordnung. Zum Exempel Berlin hat viele Soldaten und schadet niemand, kleine Städte sind erschröcklich geplagt. [Gemeint ist die Entlastung der Bürger bei Einquartierung von Militär.]
14. Die beste Regiments Form, verdient for allen ein exellent Praemium. Die bisherigen Regirungen sind meist heidnisch.
15. Die Verbeßerung der Wälder
16. Alle Jahr müßte billig jederman Vorschläge zu thun erlaubt seyn zur Verbeßerung der Regierung und zum algemeinen Besten. Und hieran ist am meisten gelegen, folglich müßte auch hier das Beste praemenia gegeben werden.
17. Junge Bäume zu spanisch Rohr [Rattan] müßten gepflantzet oder geseet werden, fragt sich, was dazu am besten ist, vieleicht ist das Eschene dazu gantz exellent, oder das Holtz, wovon die Harken Zehne gemacht werden.
18. Ein Praemium für den, der die christlichen Weiber und Jungfern die beste Vorschrifft machete, wie sie ihre Keuschheit bewahren, Kinder erziehen und tugenhafft leben solten. Dieses Buch müßte mit weiß Papier durchschoßen werden, so daß jeder Haus Vater und Haus Mutter Remarken machen könte. Es ist unglaublich, wie viel an ein vernünfftig Weib gelegen ist.
19. Ein Praemium für denjenigen, der die besten Vorschläge thäte, daß erste Christenthum wieder aufzurichten. Hier könte man Luterum zum Beyspiel und Muster nehmen.
20. Ein Praemium für den, der eine General Banco am besten anzulegen wüßte.
21. Ein Praemium für den, der den besten Vorschlag thäte, wie jede Stadt eine Special Banco, zum Besten der Kaufleute und Einwohner jeder Stadt anzulegen sey.
22. Ein jedes Land Regiment könte auch eine Special Banco haben, und einen Regiments Schatz. Hiedurch könte ein jeder sein Geld unterbringen, daß es nicht müßig wäre, und wer Geld zum Handel brauchete, könte es gegen Zinsen kriegen.

22.[*soll heißen 23*] Die Adelichen ziehen das Mark aus dem Lande, darum ist es guth, daß Friedrich Wilhelm ihnen das Ritter Pferd [als Sondersteuer] aufgelegt hat. Sie ziehen das Mark aus dem Lande und genießen den Schutz. Darum solten sie billig noch beßer in Contribution gesetzt werden [höhere Steuern bezahlen], den sie verschwenden, verpraßen, verhuren ihr Geld doch nur.

◈ Der gemeine Mann schreibet keine Bücher, was aber die Gelehrten schreiben, ist nicht alles zu glauben. Es würde ungerecht seyn, wenn ein Richter zwahr die eine aber nicht die andre Partey hörete. Also ist es Unrecht, wenn man nur die Gelehrten (die offt unvernünfftig rasende Narren sind) höret, und dagegen die vernünfftig weisesten Leute verachtet, weil sie auf Universiteten nicht infam [ehrlos, unanständig] gemacht sind, und weil sie ihrer Älteren Schweiß und Bluth nicht mit Huren u. Praßen verschwendet.

◈ Mit den Inspektoren jeder Stadt müßte man eine Correspondentz unterhalten, wie auch mit den unter ihnen stehenden Predigern in Städten und Dörfern. Jeder redliche unter ihnen müßte alle 1/4 Jahr seine Meinung einsenden zur Verbeßerung der Religion, des Landbaues etc.

Für die guten Anschläge müßte man ihnen Belohnungen geben. Die Priester könten von den ehrlichsten und klügsten Bauern sehr viel lernen.[1] Bey den Bauern müßte man die Klügsten und Redlichsten zu Ältesten machen. Jeder Edelman müßte auch sein Guthachten besonders einsenden. Bey der Bürgerschafft könte es auch so gehalten werden, und N.B. bey jeder Profeßion in Sonderheith. Die Preise der Arbeit müßte man bestimmen, damit ein jeder ehrlich sein Brodt verdienen könte.

In jedem Dorff und Stadt müßte man alle Jahr Älteste wählen, nach Mehrheit der Stimmen. Der Priester könte wohl 2 Stimmen haben..

- ❊ Man solte billig alle Jahr in allen Stätten eine Stat Verordnete [einen Stadtrat] wählen.
- ❊ Alle oeconomische Verbeßerung ist Thorheit, wenn nicht noch größerer Fleiß auf die Verbeßerung der Sitten gewendet wird.
- ❊ Der Chinesen Hauptzweck ist die Verbeßerung der Sitten. Es ist uns Christen eine erschrökliche Schande, daß wir so schlechte Sitten haben, daß uns die Heiden, Türken und Juden übertreffen.

1 Vgl. Mao tse Tung: "Die Massen sollen von den Kadern lernen, aber die Kader sollen auch von den Massen lernen!"

1. Volk und Staat

1.1 Auserwähltes Volk

Wolterdorf schließt aus der Bibel, daß die Deutschen, worunter er die nordischen Völker einschließlich Engländer, Schweden, Holländer usw. versteht, die Nachfahren von Noahs Sohn Japhet sind. Von Ham stammen die Hamiten ab und von Sem die Semiten. Die Hamiten erregten Jahves bw. Noahs Zorn und wurden zur Knechtschaft verdammt. Danach avancierten die Semiten zum Auserwählten Volk, jedoch verspielten sie ihre Chance mit der Ablehnung Christi und sind darum zerstreut worden. An ihrer Stelle rückten nun Japhets Nachkommen zum Auserwählten Volke auf, was sich u.a. darin bestätigt, daß sie sich die Welt untertan machen und sie mit ihrer überlegenen Religion beherrschen und veredeln.

◈ Canaan wurde verflucht von Noa, die Cananiter wurden nicht allein in Canaan, sondern auch in Africa und Grichenland vertilget und werden noch als Sclaven verkaufft, nach dem Spruch Noe. Hingegen wurde Sem und Japhet ihrer Keuschheit wegen sehr gesegnet, Canaan aber solte der Knecht ihrer Knechte seyn. Dieser Segen des Sem ist an den alten ehrlichen keuschen Teutschen aufs herligste erfüllet

◈ Africa ist das schlechteste Theil der Welt, da ist die größte Sclaverey. Die Mohren werden wie das Vieh verkaufft und zwahr **NB** werden sie an Teutsche, nämlich Hol. u. Engeländer verkaufft, die sie wieder an die Spanier verkauffen. **NB.** Hir trift der Fluch des Stam Vaters Noe schröklich 1. Mose 9 cap.. 25 vers: Verflucht sey Canaan u. sey ein Knecht unter seinen Brüdern.

NB Zugleich aber auch der Seegen im 27. Vers selb. Cap: Gott breite Japhet aus, und laße ihm wohnen in den Hütten Sems und Canaan sey sein Knecht.

◈ Von denen Japhiten sind die Teutschen die erstgebohrenen, und zwahr von Ascenas. Daher nennen die Juden die teutsche Nation Askenas. Darum heißt es billig, viel mehr als von den Juden: Aus Egipten habe ich meinen erstgebohrenen Sohn geruffen. Den die Teutschen waren unterm Pabstthum das christliche Babel Egipten und Sodom.

◈ Noah gehet verkehrt und fängt nicht von den erstgebohrenen Sohn an, sondern von dem jüngsten, hernach von mittelsten und endlich von den ältesten. Die Kinder Hams stiffteten die erste Monarchie, nämlich die von der asirischen. Die Schiksaale aber der 3 Söhne folgen nach seinen Worten also [wie] in der Historie. 1) hatten die Cananiter das gelobte Land, aber der Fluch Noe traf sie erschröklich. 2) Hernach kamen Sems Nachkommen an ihre Stadt und empfingen den Segen

Noe, im Lande Canaan, als das Volk Gottes. Da his es recht: gelobet sey Gott der Herr des Sems, und Canaan sey sein Knecht.

3) Zuletzt haben die Teutschen, Japhets Nachkommen, den Segen Noe empfangen. Wer kann die Gnade Gottes, uns erwiesen, genug preisen, und wer kann die Verheißungen begreiffen und verstehen, so uns noch versprochen sind. Denn Noe gab die Herrschaft der Welt den erstgebohrenen Japhet. Gott breite[te] Jap[h]et aus. Er gab ihm die Hütten Sems und gab ihm Canaan zum Knecht

Über dieses haben wir in den Propheten, Psalter, Evangelium und Episteln, sonderlich aber in der Offenbahrung noch herliche Verheißungen zu erwarten

Gott hat die Teütschen nicht allein durch gantz Europa ausgebreitet, als sie das Römische Reich zerstöreten, sondern sie werden noch jetzo, durch die Handlung, in alle Welt ausgesandt, zu herrschen über die Völker andrer Welttheile, wie sie über Europa herrschen.

Gott hat die Teutschen, stat der Juden, zu sein Volk erwehlet, zu einem König Pristerthum. Wer das leugnen wil, der muß eine richtigere als die protestantische Religion aufweisen. **NB** also die Luterische. Die reformirte mag ich nicht [v]erfechten. Ist etwan die catol., türkische oder heidnische Lehre beßer als die luter-sche? Da nun kein vernünfftiger Mensch dises sagen [behaupten] kan, so folget, das bey uns die rechte Kirche ist, und das der Seegen Noe eintrifft, im 29. Vers des 9. Cap.: Gott laße Japhet wohnen in den Hütten Sems.

1. Gott breite[te] Japhet aus. Das ist in Europa geschehen. [a.a.O.: Daß ist gottlob herlich erfüllet, und ich hoffe zu Gott, es werde noch herlicher erfüllet werden. **NB.** den die Europeer haben gantz West Indien, Ost Indien, vieles Asia und Africa.]
2. und laße ihm wohnen in den Hütten Sems: ist geistlich geschehen, denn unsere Religion ist noch vil herlicher als die Jüdische. Ich hoffe aber zu Gott, das die Teutschen auch noch die Herrschafft über Asia krigen werden, und über alle Welt.
3. und Canaan sey sein Knecht, das traf erst bey den Juden, die die Cananiter vertilgen mußten, der Rest aber, so übrig blieb, wurden ihre Knechte. Hernach mußten die Teutschen die Canatiter und Huren Hengste in Spanien, Africa, Italien und Frankreich ausrotten, die übrigen aber wurden ihreKnechte. Darum nennen die lateinischen Scribenten die Teutschen Barbaren.
4. Die Teutschen werden aber ohne Zweifel noch Africa beherrschen, wenn die Fülle der Heiden eingehen, und Israel sich bekehren wird.

◈ Die Teutschen haben zu streiten:

1. mit den Papisten
2. mit Calvinisten
3. mit den Türken

4. mit den frantz. Romainen, oder das Evangelium des Teufels, das uns weibisch macht
5. mit die Freygeister und epicureische Leute
6. mit die Herrenhuter und allen scheinheiligen Spitzbuben
7. aus welchen der Teufel als ein Engel des Lichtes spricht
8. mit bösen Juristen
9. mit bösen Soldaten
10. mit falschen Brüdern
11. mit bösen Pfaffen
12. mit den barbarischen Schul Monarchen, die die arme Jugend zu Märtirern machen und ihnen den Verstandt verderben
13. mit den Feinden der Schuhlen, die ehrlichen Lehrern ihren Unterhalt entziehen
14. wieder die Comoedianten und Redouten und Täntzer u. Opereten, durch welche die Teutschen verdorben und einige infam gemacht werden. Den der Teutsche ist nicht zum Narren gebohren, sondern zum ehrlichen Mann. Man laße die Fr. u. Italiener in ihrem Lande so viel u. große Narren seyn wie sie wollen. Warum sollen diese Nichtswürdige unsere armen Teutschen zu Narren machen [und] ausplündern. Viele 100 Teusche müßen das Brodt aus dem Munde nehmen, daß ein närrischer Täntzer ihren Schweiß und Bluth mit Huhren verpraßen könne.
15. mit die Juden, welche als Gefangene über uns herrschen
16. mit die irrende Plus Macher, die die Leute schinden
17. mit den gotlosen Edelleuten
18. Wieder die, so die geistlichen Stifte weltlich genießen und mit Huren verschwenden.

◈ Es wird einmal eine extra ordinare Freude seyn, wenn die päbstliche Kirche und die Mahometanische gefallen ist, und hingegen die teutsche und grichische sich vereinigen werden, 1. als christl. Brüder in Christo, 2. aber auch in Sonderheith als leibliche Brüder und Söhne des Erstgebohrenen Japhets, folglich als die Erstgeburth des menschlichen Geschlechts, und auch als die geistl. Erstgebohrenen, die im Himmel angeschrieben sind, und als das königl. Priesterthum, welchen das weltliche und geistliche Regiment gehöret über die gantze Welt.

1.2 Über Deutsche Geschichte

Bandows Geschichtsbild kann uns Heutigen abstrus erscheinen. Die Gleichsetzung der "Teutschen" mit den germanischen Völkern und die Verherrlichung dieser Teutschen gegenüber den lateinischen und anderen Völkern ist historisch noch einigermaßen verständlich. Sonderbarer erscheint hingegen die gelegentliche Abgrenzung einer deutschen Nation innerhalb der Grenzen des Heiligen Römischen Reiches, die mit der Aberkennung der Zugehörigkeit der katholischen Deutschen zu dieser Nation einhergeht, andererseits etwa den in Preußen eingemeindeten Polen gegenüber durchaus keinen "deutschen" Rassismus zeigt. Betont wird nur die wirtschaftliche Überlegenheit der Brandenburger und Berliner gegenüber "unseren dummen Meklenburgern und Polen", die jedoch nicht unterdrückt werden, sondern von den Vorteilen des Preußentums überzeugt werden und dieses mit Freuden übernehmen würden. Vielleicht kann man in Bandows Vorstellungen von der "Nation" erste Züge der Romantik ahnen. - Bandows, auf biblischen Geschichten und Vergleichen basierende Ideen von der Herkunft dieser "Teutschen" direkt von den Nachkommen Japhets ist ein Gedanke, den freilich Gelehrte seiner Zeit auch schon geäußert hatten. Richtig ist, daß die Juden Deutschland Askenas und die Deutschen Askenasim nannten, eine Bezeichnung, die sich später auf die Ostjuden (als Gegensatz zu den nordafrikanischen und spanischen Sephardim) verengt hat. Auch ist das Fürstengeschlecht mit dem wenig deutsch klingenden Namen Askanier eine historische Tatsache, und zumindest der Ortsname Aschersleben könnte vielleicht damit zusammenhängen. Im übrigen sind Bandows etymologische Überlegungen wissenschaftlich kaum haltbar.

Anmerkungen aus der Teutschen Geschichte

Daß die Teutsche von Japhet abstammen, bezeuget durchgehends die Geschichte darin übereinstimmen, auch die Feinde selbst es nicht leugnen. [Der fehlerhafte Satz soll wohl sagen "bezeugen übereinstimmend die Historiker und leugnen auch die Feinde der Teutschen nicht".]

Die Juden nennen die Teutschen Askenaßim, das ist Nachkommen des Ascenas, einen Enkel der Erstgeburth Japhets. Der König Ascenas wird in Jeremia 51 angeführet, daß er Babel zerstören solte. Folglich haben Ascenas Nachkommen anfänglich in Asia [Kleinasien] gewohnet, Europa ist aber von Japhets Nachkommen besetzet. Solte es nun ein Wiederspruch sein, wenn die Teutschen sich von Ascenas herschreiben, zumahl da sie den römischen Babl. [Babyloniern] zu unseren Zeithen auch durch die Reformation, einen rechten Stoß gethan. Einige von Ascenas Nachkommen können in Asia geblieben und das Königreich daselbst gestifftet haben, andre aber haben sich nach Europa gemacht, Ascanien, Aschaffenburg, Aschersleben geben Mutmaßung, daß diese Namen von Ascenas herkommen.

Das alte Teutschland hatte auch die Weichsel, und die Teutschen wohneten auch jenseit der Weichsel und jenseith den Rein und Donau.

Die gantz uralten Teutschen wußten nichts von Götzen Bildern und Tempeln, sondern glaubten, die Vortrefligkeith des göttlichen Wesens laße nicht zu, es abzubilden und in Wände einzuschließen. Darum heiligeten sie ihre Heine und Wälder, sagende, Gott müße mehr ehrerbietig betrachtet als gesehen werden. Tacitus Capitel 9 u. 39, Seneka Epistel 41.

Die Priester stunden bey den Teutschen nicht nur den Gottesdienst vor, sondern sie hatten auch in den Staat selber viel zu sprechen. Zu dem Ende, konnte außer denen Priestern, niemand strafen, noch gefangen legen, noch die Verbrecher züchtigen. In Versamlungen, wie diese anstelten, ward durch die Priester ein Stilschweigen angesagt. Auf solche Arth vermochten sie mehr, als die Könige selbst.

Niemahls dienten die Teuschen Kälbern, Ochsen, die Venus etc., wie die hochnaseweißen Egipter, Grichen, Römer, Türken etc.

◈ Es wird durchgehend dafür gehalten, daß die Teutschen von Japhet abstammen, so daß es die Feinde derselben nicht leugnen, wenn sie die Teutschen Geschichte beschreiben.

Josepi Antiqu. Judaik 1, Cap. 7
Arius Montanus in Phaleg, Boghartus in Phaleg. 1:3
Had. Junius in Batavia Cap. 21

◈ Die Schweden, Gothen, Dänen hält man für echte teutsche Völker und Japhets Nachkommen. Das alten Wort Goth oder Guth ist ein schöner Nahme der Teutschen und bedeutet so viel als die Guthe Völker. Daher das höchste Guth selbst den alten Teut(sc)hen Nahmen Gott behalten hat. Gott brauchte diese Gothen, oder Guthen, das Römische Reich zu zerstöhren. Die Gothen kamen aus dem Orient und waren doch Teut(sc)he. Sie sind vieleicht aus dem Königreiche Ascenas aus marschiret, Japhets Nachkommen, bewohneten die mitternächtige Seithe von Asia. Von denselben sagt Jeremias, Cap. 51, Heiliget die Heiden wieder Babel und führet den König zu Ascenas an [Jeremia 51, Vers 27: "Werfet Panier auf im Lande, blaset die Posaune unter den Heiden, heiliget die Heiden wider sie; rufet wider sie die Königreiche Ararat, Minni und Ascenas; bestellet die Hauptleute wider sie; bringet Rosse herauf wie flatternde Käfer."]

NB. Der Herr Doctor Baumgarthen [gemeint ist der Theologe Sigmund Jakob B. (1706-1757), Anhänger des Philosophen Christian Wolff] schreibt [in seiner "Allgemeine Welt-historie von Anbegin der Welt biß auf gegenwärtige Zeit"], daß die Sciten, Sarmatten und Teutschen einerley Ursprung haben. Folglich sind die meisten mitternächtigen Völker als Brüder anzusehen.

NB. Sehr merkwürdig ist, daß die Tartarische Sciten die Chinesen überwunden haben und sie mit vieler Vernunfft ohne großes Geprange beherrschen.

◈ Ein ehrlicher Mann wird allezeith von bösen Buben gehaßet. Darum haßeten alle böse Nationen die Göthen, oder Guthe teusche Nation. Und haßen und verachten sie noch bis auf dise Stunde, den der Gerechte ist ein verachtet Lüftlein in der Gotlosen Augen.

Esaia 65 V. 23 zeuget vieleicht von den Seegen Sems, Japhets und Abrahams, als deren Seegen.

Darum ist es den teutschen Fürsten eine Schande, daß sie erlauben, daß die Ehrlichkeith und Tugend der alten Teutschen durch Frantz. u. Italienische Comoedianten, Täntzer, Operisten, Gaukler, Moden Narren, Romainen, falsche, ja teuflische, mörderische Staatskunst etc. ausgerottet und ein Theil der teutsche Nation zu Affen der elendigsten Narren in der Welt gemacht werden.

◈ Stat der italienischen Täntzer wäre es beßer, Hunde zum Tantz abzurichten, den 1 Hund kostet nicht jährlich 10.000 Reichstaler zu unterhalten.

◈ Menschenliebe ist beßer als 1000 Täntze und Reverentzen.

◈ Billig beklagt man die schwachen Gemüther der Teutschen, von denen man mit Recht sagen kann, daß sie Affen der Frantzosen sind. Je erhabner Amt sie haben, desto schimpflicher ists, denn sie behaupten ihren Trohn, richten sich nicht würdig des ewigen Lebens, verlaßen Gott und seine Heiligkeith. Ich wolte sie noch glüklich achten, wenn sie einen Furz zu jagen nach lauffen, der könte ihnen nicht schaden. Sie laufffen aber dem Unglük, Hölle und Verdamniß nach.

◈ Die alten Teutschen hilten ihr Wort auch zu ihren größten Schaden. Die Knechtschafft war ihnen lieber, als sich gegen ihr Wortt frey zu machen. Das Worth halten, oder die Warhafftigkeith und Redligkeith, trieben sie so weit, daß die Römer sich gleichsam dafür entsetzeten, und es ihnen als ein Laster auslegeten, aber hirin waren sie Gott ähnlich, welcher sein Worth höher als Himmel und Erde hält.

Ihr Gott war der Teuth, welchen wir billig für den wahren Gott halten, weil sie sagten, es sey eine Thorheit, Gott in Mauren einzuschließen. Goth oder Guth ist hir wohl einerley, von dem Platteuschen Worth Goth oder Guth, stammet wohl das Wort Gothen oder Guthen her. Also mag das Wort Teut auch wohl den wahren Gott bedeuten, gleichwie nun der Nahme Gothen von Guth oder Gott genommen ist, und soviel anzeigen kann, als Diener des wahren Gottes. Also kann der Nahme des Teuschen auch wohl soviel heißen, als Nachfolger Diener und Verehrer des wahren Gottes. Gott ist das höchste Guth, und wer ihm am meisten folget, verdienet auch am meisten, nach seinem Namen genennet zu werden. Gothen und Teutschen sind ohne Zweifel Götter Nahmen.

◈ Der Teufel ist kein Sclave seiner Worthe und Frankreich etc. auch nicht, wo des Teufels Stadha[l]ter regiret. Frankreich heißet des wegen billig erstgebohrne Hurensohn der großen Hure des Teufels. Aber Gott hält Worth. Was er zusaget hält er so gewiß, daß Himmel und Erde wohl vergehen, aber seine Worte vergehen nicht. Hirin folgten, wie obgedacht, die Teuschen Gott, und verdienten hirdurch allen den Götter Nahmen Teutschen, Gothen etc.

◈ Alle Monarchien haben die Sachsen nicht überwinden können, und obgleich ein Teutscher, Carolus Magnus, sie bezwang, so war dieses nicht zu ihrer Straffe,

Gefangen Wegführung und aus Rottung, sondern Gott wolte ihnen dadurch die große Wohltat erzeigen, und zum christlichen Glauben bringen.

◈ Es ist eine rechte Wollust, recht einzusehen, wie Gott die Teutschen geführet, wieder Babilonier, Perser, Grichen, Römer, Türken, Pabst u. Frantzosen. Demütiget euch über die unverdiente Gnade Gottes.

NB. Es ist zu untersuchen, ob die 4 Thiere [in der Offenbarung] voller Augen hinten und vorne etc. nicht die 4 Reiche teutscher Nation vorstellen, als Teutschland, Schweden, Dänemark, Engeland, Die 12 Ältesten aber ist wohl das Bild der wahren Kirche in diesen Reichen.

Es können aber auch wohl die Grichen, Lateiner, Schlavonier [Slawen] und Teutschen seyn.

◈ Die alten Teutsche hatten keine geschriebene Gesetze, aber sie brauchten auch keine, weil sie natürlich gerecht waren. So waren sie ihnen selbst ein Gesetz. Sie hatten die Traditionis von Noe und Japhet. Ihre Einrichtung des Landes war natürlich, gerecht und vernünfftig.------ O welche eine Glükseeligkeit war das.

1.3 Über Staatskunde

Bandows Gedanken zur Staatskunde zeigen, daß er in der älteren diesbezüglichen Literatur wohl belesen war, und er hat eine klare eigene Meinung. Den Ständestaat mit dem Monarchen an der Spitze hält er für gottgegeben und stellt ihn nicht infrage. Was er kritisiert, ist die schlechte Ausübung der Macht auf den Ebenen, wo diese zuhause ist. Ganz im Sinne seines Königs betrachtet er diesen als den obersten Diener seines Staates und verlangt auch von den Beamten, daß sie sich als Staatsdiener fühlen und als solche verhalten. Privilegien an sich sind ihm kein Übel, aber sie müssen den Verdiensten angemessen sein. Klar spricht er sich gegen den Militärstaat aus, wo die Soldaten bzw. ihre Befehlshaber zuviel Macht haben. Gewaltenteilung im modernen Sinn fordert er aber nicht, sondern nur mehr Mitspracherecht für alle Stände. Allerdings ist seine Vorstellung von der Rolle der Landsoldaten und der leibeigenen Landbevölkerung nicht so, als ob ihr Gelegenheit zur Mitbestimmung zugebilligt werden könnte. Ein dritte Macht, wie eine unabhängige Presse, ist von seiner Vorstellungswelt noch zu weit entfernt. Wahrscheinlich würde er sie als "Freygeisterei" abgelehnt haben.

Bandows Aufzählung der Aufgaben des Staates nähert sich schon stark den Grundzügen einer modernen konservativen Verfassung: Die Religion, das Eigentum und die Ehe sollen geschützt, die Bildung und die Arbeit gefördert und das Verbrechen bekämpft werden. Allerdings trägt sein Staat auch die Züge eines rigorosen Gottesstaates: es gibt nur eine richtige Religion, die falschen Religionen müssen bekämpft werden. Was als strafwürdige Laster gilt, greift – wie aus seinen Ansichten zu Franzosen und Freigeisterei hervorgeht – sehr weit und würde in der Praxis sehr wenig Meinungsfreiheit übrig lassen. Durchaus unbehaglich klingen seine Ideen zu staatlicher Zensorenschaft über Alles und Jedes, und nicht zuletzt die heimliche Überwachung, die er dem Fürsten über seine Untertanen zugestehen will.

Ein interessantes Thema, das er berührt, aber genau so wenig wie die Rolle des Königs grundsätzlich zu Ende denkt, ist die Frage des Ungehorsams gegenüber einer verbrecherischen Obrigkeit; mit anderen Worten: der Gewissensfreiheit. Aufgrund praktischer Erfahrung neigt er dazu, solche zu bejahen, denn er sieht, daß der unbedingte Gehorsam der Obrigkeit gegenüber ins Verderben führen kann. Gerade in militärischer Hinsicht versteht und bejaht er aber den unbedingten Gehorsam durchaus. Sein Ausweg aus dem Dilemma zwischen dem Kadavergehorsam, der ihm doch nicht recht schmeckt, und der Rebellion, die er ablehnt, will er dem freien Bürger das Recht zugestehen, zu "räsonieren", das heißt, seine Meinung kritisch kund tun zu dürfen. Aber, gibt er zu, er könne letztlich nicht sagen, wie das Dilemma zu lösen sei.

◈ Aristoteles: Reg. [Regierung] ist, wenn die Weisesten des Volkes für die Obrigkeith angenommen und erkand werden, wie die Republiken, die eine Weile blühen, zuletzt aber doch zu Grunde gehen, wegen innerlichen Unruhen, oder mit einem Wort, wegen der Freygeisterey. Und weil nichts verschwiegen tractiret werden kan, weil man auch gegen die redlichen Wohltäter des Staats undankbahr ist.

2. Die demokratische ist, wenn Obere den Unterthanen Rechnung ablegen müßen.
3. Gemischte Regirungen sind monarchisch, aristocratisch und democratisch zugleich, wie das Römische Reich.

a) Der Keiser ist Monarch
b) Die Churfürsten sind gleichsam Controleurs, oder patres conscripti
c) Die Fürsten, Stände und Stätte presentieren gleichsam democratiam

◈ Die Gesetze müßten nicht in der Furie von einen Tirannen, sondern mit großer Behutsamkeith, mit Einstimmung aller Stände eines gantzen Volks gegeben werden, als den ist doch noch nötig, fleißig zu untersuchen, ob daß Gesetz mit Gottes Wort und dem Gesetze der Natur überein stimme, denn die Menschen irren sehr leicht und geben offt Gesetze, die dem Gesetze Gottes u. der Natur, auch Vernunfft entgegen sind, und also ein algemeines Landes Verderben nach sich ziehen.

◈ Souveraine Tirannen träumen, daß alle Millionen Unterthanen bloß um ihrentwegen da sind, grade als wenn sie Götter wären und ewig lebten. Sie sind große Knechte des Staats und zu Richtern vom Volk erwehlet.

Die Souverainitet [die Alleinherrschaft], oder Tiranney ist nicht von Gott, sondern wieder Gott. Nämlich wenn der Wille des Fürsten das Gesetz des Landes ist, so wirfft er sich auff als einen Gott..

Ist nun der Souverain ein Knecht des Landes, wieviel mehr deßen Bediente, als Priester, Juristen, Soldaten etc. Diese sind nicht die Gemeine selbst, sondern nur Diener der Gemeine.

◈ Die Römer stiegen auf den höchsten Gipfel: Republice, aber fielen von diesen höchsten Gipfel monarchisch, so daß man kaum den Schatten der Römer mehr findet.

◈ Die geistliche Regierung ist fast allezeit die schlechteste. Die monarchische ist unter die Tirannen sehr unglüklich, aber unter recht weisen Herren zuweilen eine kurtze Zeith glüklich. Doch regirt offt ein geitziger, verhurter, dabey ehrgeitziger Kammer Diener stat des Königs, oder wohl gar eine Hure oder ander infames Geschmeiß, welches den offt erschrökliche Unglüksfälle über Land und Leute bringet, Armuth, blutige Kriege etc., ist monarchische Unterthanen Loß [monarchischer Untertanen Los]. Die Monarchen sind offt ehrgeitzig, Geld geitzig und wollüstig, Land begierig, unverständig, faul etc.

◈ Die götliche Regierung ist das Muster einer volkommenen Regierung.
Ein Regent muß ordentlich seyn, Got, sich selbst und die Natur erkennen, tugendhafft seyn.

1) eine guthe, gesunde und richtige Religion muß kräftig beschützet, die falsche aber zerstöret werden,
2.) die Tugenden belohn[t], Laster aber bestrafft werden.
3.) die Studia und Künste befürdert, die Tagediebe und Loterbuben aber auf Festung zur Arbeith gehalten werden
4.) Jeder in sein Eigenthum geschützet werden
5.) die Ehe und Vermehrung nicht gehindert werden sondern beförderth

◈ Der geistliche Standt urtheilt über Religion
Der Regir. Stand über die Sitten
die Juristen über die Rechte
Civil Gerichte über Handlung, Nahrung und Gewerbe
Bauren über den Feldbau
Soldaten verteidigen das Vaterland

◈ Die Freygeisterey ist eine tolle Raserey. Wenn man nun die Grundregeln der Staats Kunst aus der Freygeisterey her nimmt, so ist es eben als wenn man die Gesetze des Landes aus den Dol Hause von den Rasenden holete.

◈ Censores, gleich den römischen, sind in der Christenheith höchst nötig.
Censores in allen Stätten, welche sogar die Obrigkeith censiren solte
Censores in allen Dörfern
Censores bey Theologen
Censores in Sonderheith auf Universiteten
bey die Juristen und über die Richter
Besonders über die Mediciner, über die Kaufleute, über alle Zünffte etc.

◈ Es ist höchst nötig, daß ein Collegium errichtet werde, von den aller frömsten und redlichsten Männern, aus allerley Ständen. aber Ältesten, die graue Haare haben, an welchen ein jeder redlicher Teutscher Freyheith hätte zu schreiben, 1., um ihnen die Greuel und Laster zu entdeken, und 2tens, Vorstellungen zu thun zur verbeßerung der Sitten und der Wohlfarth des Vaterlandes.

◈ Obgleich fast alles infam ist, so sind doch noch ehrliche Juristen, Priester, Kaufleute etc. man muß sie nur suchen und sie beschützen. Für einen [vor eine] ehrlichen Mann fürchten sich wohl 1000 Infame.

◈ Die Unterthanen sind schuldig der Obrigkeith nur allein unterthan und gehorsam zu seyn, in so fern als sie sich nach dem Gesetze Gottes und der Natur zu aller Tugend, richtigen Religion, Erkentniß Gottes, Zucht, Ehrbarkeith, Wißenschaft, Nahrung und **NB** zu ihrer zeitlich und ewig Glückseeligkeith anführete und zu alles, was recht und guth ist.

Dahingegen hat die Obrigkeith ihre Unterthanen aus keinen andern Grund zu befehlen, als ihre Untergebenen glücklich zu machen, sie in den Stand der Menschheit und in den natürlichen, von Got eingeschaffen Gesetzen zu verhalten, und **NB** in der christlichen Freyheit, denn es heißt, werdet nicht der Menschen Knechte, und welche der Sohn frey macht, die sind recht frey.

Es frägt sich, ob man gotloser Obrigkeith, die dem Gesetze Gotes entgegen, nur ihr eigen vermeinten Nutzen, rasend auf den zeitlichen und ewigen Schaden der Unterthanen suchet, gehorchen müßte.

Urtheilet. ist es recht, die götlichen Gebothe mit Füßen treten, und die Befehle eines gottlosen Königs auszuführen?

Die Juristen sagen Ja, aber die Schrifft sagt, ihr solt Gott mehr gehorchen den den Menschen. Die Apostel waren auch der Jüdischen Obrigkeith ungehorsam. Daniel u. die 3 Männer im Feuer Ofen und unzählig viele Märtirer.

Inzwischen ist dieses ein sehr delicater Punkt. Gibt man der Obrigkeith wie die Juristen [meinen], so folget daraus erschrökliche Tiraney. Gibt man den Unterthanen Recht, so fangen böse Unterthanen leicht gotlose Rebelliones an.

Gotlose Statisten [Staatskundler, Staatsbeamte] geben als böse Schmeichler großen Herren in allem Recht, meinen auch, die Apostel hätten Unrecht gethan, da sie der Obrigkeith ungehorsam gewesen. Sie hätten sich lieber in ihrer Unschuld todtschlagen laßen sollen. Diesen rasenden [unsinnigen} Gehorsam desto beßer zu verteidigen, bedienen die Juristen sich gotloser Pfaffen.

NB. Wenn Obrigkeith nicht mehr recht richtet, nicht strafft und belohnt, so ist sie infam. Als den brechen gemeiniglich die götlichen Strafen [her]ein, Got straft als den u. bringt die Mörder um, wie an den Juden und allen gotlosen Völkern zu sehen.

◈ An stat das man bisher so viel unzehlige Menschen und Geld zum Krieg angewendet hat, oder zum unnützen Staat, zu Freßen, Sauffen, Huren, Spielen, Redouten, Comoedien, Opern, solte man das Geld zur Erziehung des menschlichen Geschlechts anwenden und große und kleine Biblioteken halten, auch den Armen Bücher geben, auch die herlichsten auserlesensten Bücher auch noch durch den Kern der gelehrtesten Leute verbeßern, selbe auf Kosten des Staats in gantz großer Quantitaet [drucken] laßen, und **NB** die Letern [den Satz] stehen laßen, daß man die Bücher an andre Nationen aufs Wohlfeileste verhandeln könte, dieses würde erstaunlichen Nutzen bringen.

Zum Exempel das Geld, so 1 Regiment kostet, wäre hinreichend, alle Schuhlen eines großen Staats in florisante Umstände zu setzen.

◈ Ein souverainer Stat, da bloß der Soldate um den König ist, verhält sich gegen einen Staat, da die Stände mit regieren, wie ein Straßenreuber, dem Nase und Ohren abgeschnitten sind, gegen einen tapferen und weisen Printzen sich verhält. Gleich wie nun jederman erschrekt für einen Reuber, dem Nase und Ohren abgeschnitten sind, und leicht urtheilen kan, welche feine Seele in solchen Körper stekt, also fürchten sich billig alle Nachbahren für einen souverainen Stadt, und verbinden sich zu desselben Ausrottung.

◈ Solte ein Land glüklich seyn können, das mit Gott, sich selbst und seinen Nachbahren Krieg führet, das sich selbst gleichsam Nase und Ohren abschneidet, die Augen aussticht, die Zunge ausreißet und sich verstümmelt und am gantzen Körper verwundet.

◈ Unsere heutige Weisheit und Staatskunst bestehet hauptsächlich darin, daß man Tag und Nacht studirt, wie man arme Leute unter den Schein des Rechts schinden möge. Diesen Schindern gibt man einen Frantz. Nahmen und nennt sie Plusmacher, Financies, und eben darum ist es keine Schinderey, sondern Politik francoise, denn man darf denen aller infamesten Lastern nur einen Frantzösischen Titel geben, so verwandeln sie sich sogleich in die aller herlichsten Tugenden. Darum ist dringend nötig, das alle Welt Frantzösisch lernet, und redet, damit sich die ehrlosesten Laster durch ein Frantz. Worth in Tugenden verwandeln können.

◈ Welch Land Freundschafft mit seinen Nachbahren haben will, der zeige sein Recht, nach der Wahrheith, und hernach laße er lieber was nach, aus Großmuth, Friede, Liebe, Freundschafft und Hochachtung sich zu erwerben.

◈ Des hochnaseweisen Platonis Staats Kunst ist, Güter, Weiber, Äker und alles gemein zu haben. Hir erscheint die Philosophie in einer ihren größten Licht Pracht, als eine Schandhuhre des Teufels, die der Sathan drehen kan, wie er will, und schminket sie zuweilen mit der geoffenbahrten Warheith des göttlichen Wortes. Mit dieser lügenhafften falschen Philosophie zeuget der Sathan die Kinder des Teufels, die sich mit ihrem Vater und Mutter mehr wißen, als die Kinder Gottes, welche offte blöde [weich, schwach] und kleingläubig sind.

Eine Schwalbe, Taube, ja alle Vögel sind klügere Statisten [Staatskundler] als Plato.

◈ Die Sinnen sind als Häupter der Leidenschafften anzusehen. Beyde, Sinnen und Leidenschafften sind gut, wenn sie durch einen erleuchteten Verstand und geheiligten Willen regiret werden, Beyde sind böse, wenn der Verstand voll Lügen und der Wille voller Bosheith ist

◈ So wenig als man einen der 5 Sinne entbehren kann, eben so wenig kan ein weiser Souverain eins seiner 5 Stände entbehren. Ein jeder Stand ist für sich fürtreflich und hat seiner Natur nach vieles eigen, was das [an] dem andren ohnmöglich zu entdeken ist. Dennoch fehlet den Könige nicht nur ein Stand oder Sinn des Landes, sondern es fehlen wohl 4 Sinne oder Stände. Zum exempel: in Pohlen ist gar kein Stand, der mit dem König harmonirt, den die Reichstage werden zerreißen. Also ist Pohlen ein unsinniger Stadt. Preußen hat nur einen Sinn, das ist die Soldatesque. Spanien nur einen, das ist der Pfaffe. Frankreich der Soldate und Pfaffe, also 2 Sinne. Beym Keiser [gemeint ist der katholische römische Kaiser deutscher Nation in Wien] der Pfaffe und haupsächlich, der Soldate gilt wenig. Engeland hat wohl seine Sinne, gleichwie auch Schweden, und aus diesen Grunde werden diese Länder einen hohen Grad der Glükseeligkeit erreichen, denn ihre Gesetze sind vernünfftig, und es werden alle Gesetze geachtet, und sogar der Bauer nicht verachtet. Dennoch ist in Engeland die Freyheit alzu groß, fast rasend. Und in Schweden hat der König alzu wenig Macht und Autoritet [Bandow bezieht sich auf die in Schweden sogenannte "Freiheitszeit" 1720-1772]. Die Mittelstraß zwischen einer rasenden Freyheit und einer rasenden Souverainitet macht ein Land glücklich.

◈ Die Stände und Provißiones sind, wenn sie in ihren Fach in Ordnung bleiben, höchst nothwendig und algemein nützlich. Durch die Einigkeith jeden Standes in seiner rechten Ordnung kan fast alles möglich gemacht werden, zum Besten des Staats. Wenn jeder Stand aber dem andern Eingriffe thut, die Privilegia gebrochen werden, und die Obrigkeith die Unordnung einreißen läßt, so wird diese Unordnung [zu] Quellen des Unglüks, des Elends und der Armuth.

Die Beherschung aller Stände ist eine Sache von der äußersten Wichtigkeith. Wenn die Stände ungezähmet sind, so zerreißen sie alle Bande menschlichher Geselschafft. Als Rasende wütten sie in ihren eigenen Eingeweide, wie die Ungeheuer, und der Staat ermordet sich nach und nach selbst u. fält in einander.

◈ Närrisch stoltze Stats Leute und gottlose, naseweise Freygeister verrathen, plaudern bösen närrischen Rath etc., schaden dem Lande durch Pracht, Freßen, Sauffen, Betrügen, Huren. Sie kriegen ihr Gehalt umsonst und sind dem Lande so schädlich, als Spitzbuben, zu mahl wenn sie Frantz. Narren sind. Darum solte die Grund Regel seyn, daß ein Fürst solchen Leute heimlich aufpaßte, so würde ihr Betrug offenbahr.

◈ Ein guter Bürger

1. ernähret sich selbst und offt etliche 100 seiner Mit Brüder, welche wieder das ihre zum algemeinen Besten beitragen.
2. gibt er dem König, was des Königs ist. Wären lautter gute Bürger, müßte ein König erstaunliche Einkünffte haben. Er [der Bürger] trägt alle Lasten geduldig.
3. Er ernähret den Priester, Schulmeister, den Medicus, Advocaten, Rath u. Gerichte, alle Civil Bediente, er bezahlt alle honet, die ihm oder die Seinigen bedienen und ernähret seine Mitbrüder.
4. Er ernähret die bösen Bürger, die Banqurouteurs, die Spitz Buben in allen Ständen, worunter gottlose Juristen, Advocaten und Richter die vornehmsten [obersten] sind und gemeiniglich mit den gemeinen [gewöhnlichen] Spitz Buben in Gemeinschafft stehen, denn wenn man einen Spitzbuben verklagt, so muß man offt den Proceß verlieren, und noch wohl 3 mahl so viel verproceßen, als die Sache werth ist. Wenn diese vornehme Spitzbuben nicht mit den gemeinen in Companie stünden, so würden letztere bald ausgerottet. Darum sind die vornehmen Juristen als Häupter der Spitzbuben anzusehen.
5. Er ernährt mit Freuden den Soldaten, und 1 Bürger ist zuweilen der Grund, wodurch 1 gantz Regiment ernähret wird.
6. Er gibt den Armen, Weisen und Witwen, erhält seine nächste Verwandte und andre Haus Arme, gibt auf den Straßen Betlern, Arm(en-)Büchsen, in allen Collecten, in den [Sammel-] Beken, gibt zu Universiteten und andren Schuhlen, unterhält arme Studenten.

1.4 Über König und Adel

Bandow stellt zwar die Rolle des Königs nicht infrage, läßt aber an den preußischen Herrschern kaum ein gutes Haar. Sie stehen für nichts als Krieg und Verschwendung, und der Adel besteht für ihn nur aus sittenlosen Parasiten. In der Person Ludwig XIV kritisiert er mit aller Deutlichkeit seinen König Friedrich II, und daß "die Edelleute ein unnützes Meuble" sind, zeigt ihm die Schweiz, die ohne diese besser auskommt als andere Staaten mit ihnen. Aber dennoch vermeidet er grundsätzlich zu werden. Die göttliche Ordnung scheint ihm die Hierarchie vorzugeben, und daran rüttelt er nicht. Aber über die realen Personen und ihre Fehler und Schwächen gießt er Gift und Galle. Er verurteilt Unterdrückung und Ausbeutung der Untertanen, geißelt Ungerechtigkeiten, Prunk und Verschwendungsucht. Vor allem den Krieg lehnt er aus tiefster Überzeugung ab und verdammt ihn. Nichts desto weniger geht sein preußischer Patriotismus angesichts preußischer Kriegstaten mit ihm durch, und er stellt mit Genugtuung fest, daß sein König in der Schlacht bei Roßbach [1757] den Franzosen Achtung abgenötigt hat. Eben so rühmt er die Taten der Brandenburger Soldaten in allerlei Kriegszügen.

Ganz richtig beschreibt Bandow das Aufkommen des Adels aus den Reihen ehemaliger Wegelagerer und Räuber, aber er übersieht, daß die Fürsten und Könige auch nichts anderes sind, als die Nachfahren der rücksichtslosesten und erfolgreichsten von ihnen. Obwohl er die Republik als Staatsform aus der Geschichte und am Beispiel der Schweizer und nicht zuletzt am Beispiel vieler Städte kennt und schätzt, ja sie für Frankfurt/Oder direkt vorschlägt, ist ihm der Gedanke eines republikanischen Preußen noch gänzlich fremd. Zwar sagt er, die Bürger und die meisten Bauern sind frei geboren, aber in seinem Staatskonzept stehen sie doch ziemlich rechtlos am unteren Ende der gesellschaftlichen Skala. Für sie hat er sein Lieblingskonzept vorgesehen, das der "Landsoldaten".

Richtig böse wird Bandow, wo sich sein religiöses und sein kaufmännisches Gerechtigkeitsgefühl gleichzeitig regt. In Gestalt der Domherren mästen sich seine reformierten Widersacher an Privilegien, die sie seiner Meinung nach auf Kosten der Lutheraner, auf jeden Fall aber zu Unrecht genießen. In der Tat war in Brandenburg nach der Einführung der Reformation die Einrichtung der Domherren bestehen geblieben. Traditionell rekrutierten sich diese nicht unbedingt sehr geistlichen Herren aus dem Adel und verzehrten, jetzt ohne eigentliche Pflichten, weiterhin nicht unerhebliche Pfründen aus dem konfiszierten Kirchengut.

◈ Gerechtigkeith und Wahrheith ist auch des königl. Stuhls Vestung. Lügen und Ungerechtigkeith hingegen hat alle, auch die größesten Reiche gestürzet.

◈ Könige sind Richter des Landes. Richter aber sind nicht Gesetzgeber. Also müßten Könige richten nach dem Gesetze des Höchsten Gesetzgebers. Sonst sind sie Abgötter, die sich selbst zu Götzen machen und sich selbst verehren und anbethen laßem.

◈ Ein Landes Knecht kann wohl, jedoch in gehörige Maße, seinem Landes

Herren einen knechtischen Gehorsam schuldig seyn, und ihn als einen irdischen Gott respectiren. Denn sonst würde im Kriege nichts auszurichten seyn. Jedoch verstehe ich dieses nicht gründlich.

Von einen Landes Kinde aber fordert ein Landes Vater mit Recht einen kindlichen Gehorsam und freundschafftliche Treue, wie das Haupt von den Gliedern.

Ein Landes Knecht muß nicht raisoniren [nörgeln, argumentieren, schimpfen]. Je mehr aber der Landes Vater den Landes Kindern erlaubet, zu raisoniren, und nach Freyheith und vernünfftigen Gründen zu handlen, desto glüklicher ist der Staat und desto stärker die Einkünffte des Landes Vaters.

Ein Landes Vater muß seinen Landes Kindern einen freundschafftlichen Zutrit erlauben, sonst verdinet er diesen herlichen Nahmen nicht.

◈ Wir sind so dum, das wir nicht ein mahl richtige Begriffe von der Erde haben. Am wenigstens haben wir Begriffe von den Ständen. Der König ist das Haupt des Landes und gleichet einigermaßen der Seele eines Körpers. Wen wir nun unsere Seele recht kenneten und wüßten, wie sie den Körper regieret, so würden wir auch ein Land nach der Wahrheit zu regieren wißen. Da wir nun uns selbst nicht kennen, wie viel weniger, was außer uns ist. Es frägth sich demnach, wie ist der Verstand beschaffen, warum ist der Wille so verkehrt, wo ist der große Platz in welchen das Gedächtniß die erstaunlich[st]en Dinge aufbehält, so der Verstandt zu begreiffen fähig ist.

Die Erkentniß der menschlichen Seele ist von der äußersten Wichtigkeith. Gleichwohl kennen die Gelehrten sie offt am wenigsten. Viele entbehrliche Fragen sind entschieden und mit Praemien belohnet, aber die Haupt Fragen werden selten berühret. Nicht[s] ist nothwendiger als zu fragen, wer bin ich. Wenn jemand alle seine Kunst auf die Erkentniß der Seele angewandt hat, so wird er nie Ursach haben, aufgeblaßen zu seyn. Was ist die Liebe von reinen Hertzen, was ist das Gewißen, was ist der Glaube.

◈ Die Stände gleichen einigermaßen unseren Sinnen. Die kennen wir zwahr auch nicht recht, jedoch etwas beßer als unsere Seele, weil sie gleichsam Leib und Seele mit einander verbinden und aus 2 verschiedenen Wesen eine Persohn machen. Je mehr Wahrheit im Verstande des Menschen, je vernünftiger die Seele und je vollkommener die Sinne, desto glükseeliger ist die Persohn. Solche Persohn braucht kein Gesetz, sondern thut von Natur Gutes, gleich wie ein guter Baum von Natur gute Früchte bringet.

Also ein wohl eingerichtet Land braucht auch gleichsam kein Gesetz, sondern thut aus Liebe den Willen des Königs, weil alles nach dem Gesetze der Natur regiret wird. Lügen sind wieder das Gesetze der Natur, darum gehet alles verkehrt, und die schärffsten Gesetze richten nichts aus.

◈ Ein König verhungeret selten, aber offt desto mehr Unterthanen sterben vor Hunger und Kummer.

◈ Ein Etat oder Reich, so den Armen schindet und aussauget, den König reich zu machet [machen], thut eben als ein Unsinniger, der sich in der Kälte nakend ausziehet und mit den Kleider den Kopf umkleidet.

◈ Die Armen werden allezeith unterdrüket. Warum muß nur ein großer Narr mit dem König sprechen, hingegen der weiseste Arme sich verkriechen, und seinen Mund nicht aufthun, wenn er auch für Millionen Gutes stifften könnte.

◈ Die Historie ist eine gewaltige Satire der größten Helden. Denn die Geschicht Schreiber entdecken [bloßlegen] die großen Fehler der Helden, selbst indem sie schmeicheln und loben.

◈ Wenn Alexander mit eigener Hand, und nicht durch so viel 1000 Soldaten so große Thaten gethan, so wäre er recht groß zu nennen. Aber [er war] doch nur einer der größten Räuber, einer der größesten Mörder, Ehebrecher.

◈ Eben diejenigen Fürsten, welche eine so schrökliche Kriegeszucht ausüben, das es dem menschl. Geschlecht unanständig und schändlich ist, auch darum von Gott verbothen, eben dieselben verbiethen die wohlanständig wohlgeordnete Kinder Zucht, die höchst nöthig und der Wohlfahrth des Landes unentbehrlich ist. Um eine Kleinigkeith wird ein Mensch auf öffentlicher Straße entblößet und schindermäßig zugerichtet [Spießrutenlaufen u. dgl.].

◈ Ist aber dieses [das sündliche Verderben] schon bey einem einzelnen Sünder [Einschub Bandow: entsetzlich groß], wie viel 1000 mahl mehr bey einem gantzen sündlichen souverainen Staat, da der vermeinte Souverain befiehlet als ein Gott und die Schlaven ihn auch mehr fürchten, ehren, vertrauen und anbeten als Gotte.

◈ Mußte unsre gantze Arme zu Felde gehen, das Geld außer Landes verzehren, Hunger und Durst, Frost u. Hitze, Krankheith, Furcht und Schreken ausstehen, zu ihren eigenen und ihrer Feinde oder viel mehr ihrer Brüder, den Teutschen, Unglück, zum Schaden unserer und anderer Länder und **NB.** als Mörder ausgehen, wie der Teufel, so wird sich kein ehrlicher und redlicher Soldat scheuen, als Gott auszugehen, denn Gott ist die Liebe und der Schaffer aller Creaturen und hat uns die Welt roh gelieferth, uns aber zu seinem Eben Bilde zu kleinen Schöpfern gemacht, daß wir die Natur ausbeßeren, und allerley künstliche Sachen machen können. Der Krieg ist allemahl ungewiß, und wird das gantze Land und Millionen Unterthanen aufs Spiel gesetzt, entstehet aus Lügen und Hochmuth, und endet sich mit Stehlen, Mordbrennen, Morden und erschröklichen Schandtaten. Der Eigensinn und Hochmuth eines Kopfes beraubet seine eigenen Unterthanem um viele Millionen und läßt sie Hungers sterben, wie Ludwig des 14ten abscheulichen Gedächtniß.

Z.E. Ein souverainer Tiranne als Ludwig der 14te ist Uhrsach, daß mehr als 1 Million Menschen erschlagen sind, viele Millionen sind beraubet, ihre Häuser verbrand, geschändet, verhungert, verzagt, gefangen verführt [weggeführt], zur Abgötterey u. Gottes Lästerung verführet, ihnen die Gewißens Freyheit geraubet. Oh die abscheuliche Hure des Teufels, das Pabstthum ist hiran schuld.

Hätte Ludwig [XIV] so viel Millionen zu Verbeßerung des Landes angewendet, als er anwandte, gantz Europa mit Bluth zu überschwemmen, würde er nicht von allen richtig und gesund Denkenden verabscheuet, sondern geehret werden. Und Frankreich könte Meister von gantz Europa seyn, ja es könte ein rechtes Paradis seyn.

◈ Man fordert die Rechte des Königs auf eine gantz fürchterliche, erschrökliche Arth bis auf den gäntzlichen Ruin eines Bürgers, ja bis auf Leib und Lebens Straffe. Ist wohl das geringste Gleichgewicht dagegen von Seiten der Obrigkeith zu hoffen?

Sie schänden und notzüchtigen ihre eigenen Gesetze zum Schaden der Unterthanen und halten sich gar nicht verbunden, ihr Wort zu halten. Dieses aber ist teufelisch, den der Teufel ist kein Sclave seines Wortes. Aber was Gott zusaget, das hält er gewiß.

Bandow stellt sich die Frage nach den Ursachen der Brandenburgischen Rückständigkeit und macht dafür vor allem den 30jährigen Krieg und seine Folgen verantwortlich, unterzieht jedoch die Regierungen der Kurfürsten Georg Wilhelm (1619-1640), Friedrich Wilhelm (1640-1688), Friedrich III = König Friedrich I (1688-1713) und der folgenden Könige Friedrich Wilhelm I (1713-1740) und Friedrich II (ab 1740) einzeln einer kritischen Betrachtung:

◈ Die Brandenburger sollen so sehr faul seyn, allein, die weisen Grichen, deren Gelehrsamkeith und Künste, Tapferkeith und Arbeitsamkeith welt bekand sind, sind jetzt noch viel fauler als die Brandenburger. Hieraus schließe ich, daß die Ursache der Faulheith vielmehr bey der Regirungs Arth als bey den Unterthanen zu suchen sey.

Eine genaue Untersuchung wird dieses zur Genüge bestätigen. Wenn man recht genau betrachtet, das unter der Regierung *George Wilhelms* der Krieg 30 Jahr im Lande unerhört gewütet hat, so daß nicht allein unerschigliche [unerschwingliche] Contributiones eingetrieben worden, sondern über dieses fast alle Stätte offt ausgeplünderth, die Einwohner ermordet und verjaget, und endlich Städte und Dörffer zerstöret und verbrandt.

1. Die Brandenburger sind verfolgt [schon] vor dem 30j. Krieg
2. Im 30 Jährigen Krieg unter Georg W.
3. Unter [Kurfürst] Fr. W. dem Großen die vielen Kriege
4. Unter [Kurfürst] Fridrich [III] Rest.[auration?], Verschwendung, Pracht, Hurerey, Verkauffung der Unterthanen, Kopfgeld etc.
5. Unter Fr. Wilhelm [I] der 2te 30Jährige Krieg, so viel 100 Millionen Rtl. gekostet und Millionen Menschen.
6. und [Unter] Fr. 2te, Freygeister, Herrenhuter, Atheisten, Hurerey, Sodomiterey, Ehebr., Gottes Lästerer, Krieg, Verschwendung, Freßen, Sauffen, Narren Stath, die Frantzosen an Leib und Seele, die fremden Broddiebe und Betrieger, welche eben so nützlich sind, wie hungerige Wölfe im Schaffstall, der erschrökliche unerhörte Krieg.

◈ Die armen Brandenburger waren den Pabst, den Keiser und den Marggraffen zugleich zinsbahr, der Adel raubete, die Bischöfe führeten Kriege und verblüfften [verdummten] die Leute zur Unwißenheith und Aberglaube.

Unter Friedrich Wilhelm
konte sich daß Land ohnmöglich sogleich wieder erhohlen, wenn auch beständig Friede gewesen wäre. Da aber dieser fast beständig Krieg führete, so war es umso weniger möglich, weil alles junge, stärkste und beste Volk im Kriege aufgeopfert wurde.

◈ Unter Friedrich Wilhelm haben wir den erschröklichen 30 jährigen innerlichen Krieg der Soldaten mit den Unterthanen als gestanden [ausgestanden], welcher viele 100 Millionen gekostet hat. Die Soldaten haben oft die Häuser den Bürgern über den Kopf angezündet.

◈ Weil in Berlin noch etwas Freyheit übrig geblieben, so haben sich da die Fabrique etabliret. Auf allen kleinen Stätten hat es die erschrökliche Sclaverey gehindert.

◈ Hätte jemals ein Reich so sehr auf große Christen Seelen [geachtet], [als] [wie] Friedrich Wilhelm, K.a. [König aus] Preußen auf große Körper ["Lange Kerls"], und hätte man so viel Volk und Geld auf die Ehre Gottes als [wie] für die Ehre des Teufels aufgeopfert, so hätte man natürlicher Weise und mit leichter Mühe ein unvergänglich und unüberwindlich Reich gestifftet. Z. Exempel, wer hat jemahls [hat jemals jemand.] soviel Geld an Schuhlen und Universiteten und Verbeßerungen des Civil und Bauer Standes gewant, als Fr. Wilhelm an die Soldaten.
1. In den großen Kriegen unter Friedrich Wilhelm haben die Brandenburger gezeigt, daß sie nicht faul sind.
2. Sie zeigten sich bey Sorr [Soor in Böhmen, wo Friedrich II am 30.9.1745 mit 19

000 Mann ein fast doppelt so großes sächsisch-österreichisches Heer besiegte] und Frideberg [Hohenfriedeberg, Sieg Friedrichs am 4.6.1745] nicht faul, als die ausländischen [geworbenen] Soldaten weggelauffen [desertiert] waren.

Unter Fridr I.

war die Verschwendung den Unterthanen eben so schädlich, wo nicht noch schädlicher, als die Kriege unter Fr. Wilhelm, denn die weibischen Lüste haben viel mehr Völker zu Grunde gerichtet, als die Kriege. Über dem blieb der Krieg nicht nach. Hienächst wurden die besten und gesündesten Unterthanen, da mancher wohl 1000 Taler werth war, etwan pro 10 Taler verkaufft, wie das Vieh.

◈ Fridr. I muß auch wohl eine Frantzösische Zucht genoßen haben, den er wird als ein seltsamer Ceremonien Meister beschrieben.

Unter Friedr. 2

◈ Unter Friedr. 2 hat der Krieg viel 1000 aufgerieben, viele 1000 sind von der Hurerey gestorben, die Freigeysterei hat großen Schaden angerichtet. 40 Tausend Taler Pensiones kriegen die Frantzosen. Viele 100 000 Taler sind an Fremde gewand, welche [Taler] von den alten Einwohner erpreßt sind. Wenn man damit junge Brandenburger aufgeholffen hätte, wäre es viel beßer, weil sie eine natürliche Liebe zum Vaterlande haben.

◈ Unter Fr. 2- t^en^ [Friedrich II] Freygeister, Herrnhuter, Atheisterey, Hurerey, Sodomiterey, Ehebr., Gottes Lästerer, Krieg, Verschwendung, Freßen, Sauffen, Narren Stath [Modekleidung], Frantzosen an Leib und Seele, die fremden Broddiebe und Betrieger, welche eben so nützlich sind, wie hungerige Wölfe im Schaffstall, der erschreckliche, unerhörte Krieg.

◈ Die Frantzosen haben vor der Roßbacher Schlacht [5.11.1757] gantz abscheulich geprahlet und den König von Preußen verachtet, ja sie haben ihn le Roy de puce, den König der Flöhe genennet. Aber nach der Rosbacher Schlacht waren sie durch die Schläge vernünfiger worden und hatten mit aller möglichen Ehrfurcht von Sr. Pr. Majestät gesprochen.

◈ Die Rechte zwischen einen König und seinen Unterthanen müßen das gleiche Gewicht halten. Wenn der König gewaltige Straffen fordreth von einem Defraudanten, der die Accise oder Zoll betrigt, so ist der König schuldig, nach den selben Maaß Stab, Straffe zu geben, wenn die Zoll Bediente die Unterthanen betrügen, welches sehr häuffig, zumahl im Zoll geschieht.

Bandow zitiert einen Kaufmann Didrich, der nach seiner Meinung fälschlich der Unterschlagung beschuldigt worden war und 317 Taler Strafe zahlen mußte, und er rechnet vor, was er selber zurückzufordern hätte, wenn die Zollbeamten für alle ihm angetanen Betrügereien bestraft würden:

Die Königliche Kr.[iegs] u. Dom.[änen]Kammer in Königsberg und die Zoll Bediente haben mich um 1450 Decher [Decken, Häute] Kalbfelle gebracht. Ich habe 18 mahl so viel Zoll geben müßen als man sonst gibt, auch die Accise von diese verdorbene Leder, folglich muß mir nach Proportion des Verlustes meines Capitals nach obgedachten Maß Stab vergütet werden 1450 Decher à 8 Gr. sind 483 Taler 8 Gr. [1 Taler = 24 Groschen]

◈ Weil ein König doch sterben muß, so kan es ihm nichts schaden, wenn er von der verme[n]ten Souverainitet daß virgiebt [aufgibt], so ihm selbst und alle seine Nachfolger, und **NB** allen Unterthanen unglükseelig gemachet hat, und dagegen eine Souverainitet nach götl. Willen einführet, und sich und sein Land vom Sohn Gottes Souverain oder frey machen läßt.

Die Fürsten

◈ Wir haben keinen souverainen Keiser in Deutschland. Wie viel weniger haben wir souveraine teutsche Fürsten. Sie besitzen die Souverainität mit Unrecht. **NB.** Die Edelleute haben sich selbst und die andern Unterthanen den Fürsten zu Sclaven als feige Memmen und schmeichlende Verräther unterworffen.

Als die Schweitzer fast völlig durch die Edelleute zu Sclaven gemacht waren, schüttelten sie das Joch ab, jagten die verrätherischen Feinde der Bürger und des Vaterlandes, die Edelleute ["Edelleute" betont Bandow: **NB**! **NB**! **NB**!] zum Lande herraus und machten sich frey. Offenbahrer Beweiß, daß die Edelleute ein unnützes Meuble im Lande ist, denn diese Repubklik hält sich beßer als alle andere ohne so gena[n]dten Adel.

Die teutschen Fürsten, die sich anfangs zur Augsburgischen Confession bekanten, thaten es aus Überzeugung, wageten Ehre, Gut u. Bluth, Land und Leute, Leib und Leben als rechte Glaubens Helden, die bereit waren, als Mertirer zu sterben. Hir heißt es, ist der Anbruch [= Sauerteig in Luthers Bibelübersetzung] heilig etc.

Die teutschen Fürsten hingegen, die catolisch und reformirt geworden sind, haben es aus weltlichen Absichten gethan, in Geringsten nicht aus Überzeugung. Darum sind die heutige Catoliken und die heutige Reformirte mit schuld an der Gotlosigkeith und Gottes Lästerung, Mord und Raub ihrer Vorfahren, den[n] sie verteidigen die gotlose Lehre und Handlung ihrer Vorfahren.

◈ Große Fürsten, zumahl in Frankreich, fangen um der Ehre ihrer Krohne Krig an. Sie glauben, ihre Ehre sey beleidiget, da es doch unmöglich ist, weil sie keine Ehre haben. Sie suchen aber die vermeinte Ehre in der Schande, und so opfern sie das unschuldige Bluth ihrer Unterthanen ihren teuflichen Stoltz, Ehrgeitz und andren

Lastern auf. Solte es eine Ehre seyn, ein Meineidiger, Betrüger, Gotteslästerer, Mörder, Verfolger Raubes etc. zu seyn.

◈ Der teutschen Fürsten größte Wollust sollte seÿn, alle Zeith aus zu kauffen [sich zu nehmen], um ihre Unterthanen heilig und glüklich zu machen, und die benachbahrte Unglükliche, die Unrecht leiden, in Schutz zu nehmen. Hingegen ist die Zeith in Opern, Comoedien, Redutenm Spielen etc. sehr schlecht angewendet, da macht man das Volk sündigen, da opfert und dienet man dem Teufel.

◈ Die Spiele solte man gantz und gar verbithen. Stat die selben aber solte man nützliche exercitia und wetstreite zum gemeinen Besten des Staats halten. Ein Spieler hat nichts zum Zweck. Er ist ein Geld und Tage Dieb. Er bringt sich selbst und die Seinigen in Unglück. [Vgl. Lotterie, S. 90!]

◈ Die Spiele solte man gantz und gar verbiethen und keine Müßiggänger im Staat leiden. An stat der Spiele aber nützliche Exercitia und Wettstreite zum algemeinen Besten des Staats halten, denen Gelehrten aber beständig Arbeith geben, schwehre Dinge zu erforschen, gegen raisonable Praemia. Den ein Spieler hat nichts zum Zwek. Er ist ein Geld und Tagedieb. Er bringt sich, die Seinen und andere Leute um zeitliche und ewige Wohlfahrt.

Ein Fürst kan oberster Bischoff im Lande seyn, wenn er ein rechter Christ ist, aber ein Fürst, der eine falsche Religion hat und ist Summus Episcopus über eine gesunde und tichtige [tüchtige] Religion, der ist als ein Antechrist anzusehen.

◈ Ist ein gemeiner Heuchler schon infam, wie viel mehr ein Heuchler der Fürsten, der den Fürsten und Land und Leute verderbet.

◈ Den gotlosen Fürsten äffet das Volk nach. Darum schikt Gott Viehsterben, Heuschreken, Krieg, Mißwachs etc.

◈ Darum ist es den Teutschen Fürsten eine Schande, daß sie erlauben, daß die Ehrlichkeith und Tugend der alten Teutschen durch Frantz. u. Italienische Comoedianten, Täntzer, Operisten, Gaukler, Moden Narren, Romainen, falsche, ja teuflische, mörderische Staats Kunst etc. ausgerottet und ein Theil der teutschen Nation zu Affen der elendesten Narren in der Welt gemacht werden.

◈ Es ist jetzt fast alle Nahrung räuberisch. So gar große Potentaten berauben sich unter einander und stehlen sich die Unterthanen.

◈ Der Teufel hat von Anfang der Welt die meisten Potentaten an seine Ketten der Finsterniß geführet, wie die Jäger die Jagt Hunde.

Der Adel

◈ Vom Adel des Landes

Der Adel dient zum Schaden des Landes durch ihre große Verschwendung in Kleider, und durch ihre Freßen und Sauffen wird das Geld der Armen, so sie erpreßen, zum Lande hinaus geschickt. Eben so machen es die großen Amtleute.

Die Adelichen sind meistentheils Freygeister, Ateisten und Gotteslästerer, Tirannen, Menschenschinder, Hurer Ehebrecher, Sabbath Schänder.

◈ Die Edelleute sind auch größesten Theils Menschen Feinde, Sclavenmacher, stoltze [hochmütige] infame Ehebrecher etc.

◈ Die Adelichen schleppen das meiste Geld aus dem Lande, für Narren Staat [Kleidung] und Delicateßen. Ein Signum honoris müßte für Adeliche und Bürgerliche verehrungs würdig machen, die sich hervor gethan das algemeine Beste des Landes zu suchen. Hingegen müßte Tractiren und großer Staat eine Schande seyn.

◈ Die Brandenburger Edelleute sind teils seit vielen 100 Jahren Räuber gewesen. Zum Theil auch rechte Schand Buben. Es ist entsetzlich, wievil Buben Stük die Noblesse unter Fr. Wilhelm ausgeübt. Sie waren Straßen Räuber und vielen die Leute auf den Straßen an, sie raubeten den Leuten ihr Geld, sie waren in und außer Landes Menschen Diebe, sie raubeten den Eltern die götliche Macht über ihre eigene Kinder, sie verbothen das Heirathen. Kurtz, sie bestimeten das Gesetz Gottes und das Gesetz der Natur.

NB. Die Bürger, und viel Bauren sind frey gebohren. Es ist höchst schädlich, sie zu leib eigenen Sclaven zu machen, sowohl für Obrigkeith als für Unterthanen.

◈ Die Nobleße der Brandenburgischen Bürgerschafft ist verjagt und ruiniret. Man wird nicht leicht eine ansehnliche Stadt in Europa finden, da nicht angesehene Bürger aus dem Brandenburgischen wohnen. Diese Leute erkanten, daß sie frey gebohren wahren, also suchten sie auch die Freyheith.

◈ Es muß nicht genug sein, einige Ahnen zu haben, sondern man muß auch ausbündig gelehrt und ein Proveßor seyn, wenn man will eine Dohm Stelle haben.

Was nützet jetzt ein liederlicher junger Edelmann dem Staat, der kaum lesen und schreiben kann, aber doch geschickt genug ist, seine und die geistliche Güter durch Huren, Freßen, Sauffen etc. durchzubringen, sehr viele Schulden zu machen, und seine große Narren Courage gegen die unschuldigen Bürger oder alte Weiber zu zeigen, im Felde sich aber hinter ein todt Pferd als todt nieder zu liegen. Solche nichtswürdige Infame gehören theils auf die Festung, an die Karre, an Galgen und Rad, zumahlen als Menschendiebe und Feinde und Verräther des Vaterlandes, die als Landes Knechte sich die Landeskinder gewalttätig zu Sclaven gemacht haben, und sie verkauffen wie das Vieh, solchergestalt die besten Einwohner verjagen, da offt einer mehr wert ist als 1000 solcher jungen Edelleute oder als ein gantz Regiment. Wenn er ein Regiment ernehren könte, wäre er dem Staat eine Million werth. Hingegen ist das beste Regiment doch nur ein Übel und ein freßendes Capital von 2 bis 3 Millionen.

◈ Die Dohmherren Stellen werden nur denen gegeben, die viel Ahnen haben. Es frägt sich aber, ob alle diese Ahnen nicht eben so infam gewesen als der jetzige Dumher [wahrscheinlich als Wortwitz gemeint: "Dummherr"]. Darum solte man zugleich auf echte Tugend sehen, nicht auf die Ahnen allein, sondern vielmehr auf echte Gelehrsamkeit, echte Tugend, echte Gottes Furcht und auf echten, ungefärbten Glauben.

◈ Nicht der Adel von Geburth, sondern bloß der Tugendhaffte muß comendiren. Der Lasterhaffte hingegen mus herrunter, wenn er vom höchsten Adel wäre.

◈ Weil doch die Frantzosen unsren Adel zur Hurerey, Ehebruch, Menschen Schinderey etc. angeführet haben, und die Welschen zur Sodomiterey, Knaben Schänderey etc. so wäre es sehr nützlich, unsre adeliche Jugend hinkünftig den Zigenern anzuvertrauen, damit sie die Wahrsager Kunst lerneten, den sonst gehet diese Kunst verlohren. Desgleichen wäre es sehr guth, wenn die Jugend mit artiger Manir stehlen lernete.

◈ Wir sind frey worden von unseren alten Adel, den der junge Adel hält sich auf Universiteten und Garnisonen so ritterlich, daß sie invalide sind, wenn sie heirathen. Folglich ist die Fortpflantzung unseres heutigen Adels anzusehen als eine Manufactur, so die Kutscher, Laquaien, Juden etc. dirigiren. Den die adeliche Jugend gibt ihren Leib und Seele dem Teufel zum Opfer, auf den frantzösischen Altar einer unzüchtigen Huren, daß sie als Infame bey lebendigem Leibe verfaulen und ersterben, zu Ehren dem Teufel und seinen Engeln. Ihr unvernünfftiger Gottesdienst besteht darin, daß sie eine stinkend infame frantz. Scham anbethen, und götliche Ehre erweisen, und ein solches Luder über alle Dinge fürchten, lieben und vertrauen, wie wir an die unsinnige Duellanten sehen, welche offt infamer Huren Märtirer werden.

◈ [Ein] Vicarius, der wirkliche Dienste thut, kan Bürger ohne Ahnen, ja vieleicht ein Husaren Sohn seyn. Aber ein fauler Dohm Her muß Ahnen haben, von niederträchtigen Vorfahren, die meist den Adel und Geld durch Schindung und Unterdrükung ihrer Brüder erworben haben, und also auch noch niederträchtig das Kirchen Guth durchbringen.

◈ Der Hauptzwek aller unserer Handlungen solte seyn, die Erkentniß Gottes unter die Menschen zu bringen. Es ist aber betrübt [betrüblich], wie entsetzlich die armen Bauren verblüfft [verdummt] werden, an manchen Orthen, da sie keine gute Schuhl Meister haben, und hingeben [hingegen] vom Adel fast zu sclavischen Bestien gemacht werden.

◈ An stat, daß große Herren Ehre jetzt vom Schneider u. Koch dependiret, solte man sie darein setzen, daß man viele Leute glüklich machete, tugendhafft und seelig. Die Ehre des Prangens, Freßens u. Sauffens ist eine Raserey.

◈ An stath der närrischen Pracht des Herren Staats und übermäßigen Gastereyen, solten die Adelichen und Reichen ihr Geld zur Verbeßerung der Schuhlen, Fabriquen, des Aker und Seiden Baues, Gärtnerey etc. anwenden. So könten erstaunliche Dinge möglich gemacht werden.

◈ Es müßte einen Edelman eine Ehre seyn, wenn er fleißig im Garten Bäume pflantzete und durch Arbeithen zu Fatiquen [Strapazen] und Kriegen geschickt machte [sich trainierte].

◈ Wenn ein Herr Lust hat sein Geld recht nützlich anzulegen, ohne Staat [Kleider], ohne Pracht und Narren Poßen, so muß er die Stäthe bauen, die Flüße reinigen, schiffbahr machen, Seehaven machen etc. Wenn die Narren Poßen nicht geduldet werden, so kann freyer Handel seyn. Wo aber der Huren Stath eingeführet ist, und Männer und Weiber sich als Frantz. Affen kleiden, da muß die Handlung gesperret seyn.

◈ Den Edelleuten solte man alle ihre Güter abkauffen, von dem Werth der Güther eine Banco errichten, das Land aber, in gleiche Theile, den Land Soldaten geben

◈ Alle Hofediner solten billig nicht den Edelman sondern dem Statte dienen.

1.5 Über Regierung

◈ Man sagt heut zu Tage, es sey ohnmöglich, eine vollkommene Regierung einzurichten, allein man nehme Rom und Cacedima [?]. Konte bey diesen Heiden die Liebe zum Vaterlande, die Ehrbegirde und die Regirsucht soviel ausrichten, daß sie die Welt bezwungen und noch jetzt von uns bewundert werden. Was wäre und mit göttlicher Hülffe möglich, da uns die Offenbahrung und das Licht der Warheith zu Hülffe kommt. Solte die Erkentniß und Liebe Gottes nichts seyn, und die Römer ihre Göttzen mehr lieben solten, wir unsre Brüder und Vaterland nicht so gut lieben können, als die Heiden? Solten wir nicht beßere Gesetze geben und erfinden können, als sie? Solten wir nicht eben solche Tapferkeith gegen die

Feinde ausüben und eben solche Enthaltung gegen sie Wollüste besitzen, als die Abgötter? **NB.** Wenn wir beßer für die Schuhlen sorgeten!

Das wäre die größte Schande von der Welt.

Sind bisher alle Regirungen unvolkomen gewesen, so hat es an einen recht tapfern Gesetzgeber gefehlet. Tapfere Teutschen, euch ist diese Glükseeligkeith vorbehalten. Sehet euren Glaubensvater Dr. Lutter an. Diser brach durch die dunkelste Finsterniß, durch die fürchterlichste und erschröklichste Hinderniße. Keine weltliche oder teuflische Macht erschrökte ihn. Er überwand und alles strekte das Gewehr. Was nun dieser in der Kirche that, als ein elender Mönch, das wird ja einem Landes Herren in seinen Lande möglich seyn, wenn er Wahrheit liebet und Gott trauet. Die Regierungs Form und Juristerey ist eben so nötig zu verbeßeren als die Religion es war.

◈ Gute Gesetze, die sich auf Wahrheiht gründen, hält man nicht aus Furcht, sondern aus Neigung und Liebe zu sich selbst und dem Vaterlande, als den vereiniget sich mit der Klugheith einer guten Regierung der Wille eines gantzen Volkes, wird höchst mächtig, ja unüberwindlich.

◈ Alles was man nur haben will. kann man durch Ehr u. Gut Gesetz zwingen

◈ Wenn in der Regirung Fehler begangen werden, so ist der Schaden unendlich, darum ist erschröklich, daß an den meisten Höfen Lügner und Knechte des Teufels sind, Säufer, Hurer, Ehebrecher, ja die meisten sind wirklich infam. Es ist eben schlechterdings die Wahrheit nötig zu einer glükseeligen Regierung, als die Wahrheit schlechterdings nothwendig in der Rechen Kunst ist, Verfehlet man eine einzige Zahl, so ist die gantze Rechnung durch und durch falsch. Will man die Wahrheit wißen, so muß der gantze Krahm verworfen und von neuem gerechnet werden

◈ Die Huren Hengste am Stats Ruder verderben sich selbst, ihre Familien, Freunde, gantze Länder, sind Diebe, laßen die Armen Hunger leiden, geben bös Exempel, ja bringen viel ums Leben, verrathen und verkauffen das Recht der Unterthanen, daß sie Geld haben für die infamen Huren.

◈ Ein großer Minister, der jährlich viel 1000 Taler Einkünffte hat, aber das Geld mit den Huren durchbringet, kann mit sein Capital nicht auskommen, sondern macht Schuld[en], betrengt die Leute, verführt seine Kinder, daß sie vornehme adeliche Spitzbuben und Landesverräther werden, Ehebrecher und vornehmer Peubel und Huren Geschmeiß werden.

◈ So lange die Ministers große Güter haben, sehen sie auf ihr particulair Intereße und nicht auf die algemeine verbeßerung des Stats, die Oeconomie der Handlung und Fabriques und Künste.

◈ *Regeln guter Regierung*

Die götliche Regierung ist das Muster einer volkommenen Regierung. Darin herrschet die höchste Ordnung

1. die höchste Gerechtigkeit
2. höchste Weisheith und Erkentniß aller Dinge
3, 4. Heiligkeith, Wahrhafftigkeith, Sanftmuth [Nummerierung?]
5. Die Almacht ewige Unveränderlichkeith. Ein Regent also muß ordentlich seyn, Got, sich selbst u.die Natur erkennen, tugendhafft seyn.
6. Gesetze der Natur
1. Denen Menschen ist eine gesunde Religion anerschafft [angeboren]. Eine guthe, gesunde und richtige Religion muß kräftig beschützet, die falschen aber zerstöret werden.
2. Die Tugend, die Tugenden belohnen, Laster aber bestraft werden.
3. Wißenschafften u. Kunst die Studia u. Künste befördert, die Tagediebe und Loterbuben aber auf Festungen zur Arbeith gehalten werden.
4. Die Herrschafft nach dem Ebenbilde Gottes jeder in sein Eigenthum geschützet werden.
5. Die Vermehrung seit fruchtbahr die Ehe und Vermehrung nicht gehindert werden, sondern beförderth.

Wer diese Dinge beysammen besitzt, ist zeitlich glüklich zu nennen. Und wo der Mensch das Ebenbild Gottes recht in sich erneuren läßt, ist er auch ewig glüklich

◈ So wenig nun als man einen der 5 Sinne entbehren kann, ebenso wenig kan ein weiser Souverain eins seiner 5 Stände entbehren. Ein jeder Standt ist für sich fürtreflich und hat seiner Natur nach vieles eigen, das den anderen ohnmöglich zu entdeken ist. Dennoch fehlet dem Könige nicht nur ein Stand, oder Sinn, des Landes, sondern es fehlen wohl 4 Sinne oder Stände.

Zum Exempel: In Pohlen ist gar kein Stand, der mit dem König harmonirt, den die Reichstage werden zerreißen, also ist Pohlen ein unsinniger Stadt.

Preußen hat nur einen Sinn, das ist die Soldateque.

Spanien nur einen, das ist der Pfaffen

Frankreich der Soldate und Pfaffe, also 2 Sinne

Beym Keiser der Pfaffe hauptsächlich, und der Soldate gilt wenig.

Engeland hat wohl seine Sinne, gleichwie Schweden, und aus diesen Grunde werden diese Länder einen hohen Grad der Glükseeligkeith erreichen, denn ihre Gesetze sind vernünfftig, und es werden alle Stände geachtet, und sogar der Bauer nicht verachtet. Dennoch ist in Engeland die Freyheith alzu groß, fast rasend, und in Schweden hat der König alzu wenig Macht und Autorität. Die Mittelstraß zwischen einer rasenden Freyheith und einer rasenden Souverainitet macht ein Land glücklich.

◈ In jeden Lande solte billig ein Collegium errichtet werden, von den gelehrtesten und redlichsten Patrioten, welche ihr einziges Augenmerk auf die algemeine Wohlfahrt des Landes richteten, und welchen sich jeder treue Patriot anvertrauen und durch ihnen (das Kollegium) befördert werden könte.

◈ Die tägliche u. monathliche veränderte Gesetze sind dem Lande so nützlich, als wenn man die Bäume alle Monath versetzen oder umpflantzen wollte

1.6 Über Außenpolitik

Bandows lobenswerte Idee einer grundsätzlichen Friedenspolitik steht in krassem Widerspruch zur Kriegspolitik seines Königs und ist eigentlich erst spät im 20. Jahrhundert wenigstens in Europa zum Leitbild der Politik geworden. Viele seiner Ideen wirken auf uns angesichts seitheriger Erfahrungen recht naiv, andere entsprechen auch heute geltenden Idealen. Allerdings will Bandow den permanenten Handelskrieg, d.h. die Konkurenz im freien Handel an Stelle des bewaffneten Krieges setzen. Mit den gedachten Mitteln dafür ist er nicht kleinlich (vgl. Handel) und muß auch beim Durchdenken der Sache gewisse Abstriche machen, denn auch der Handelskrieg kann für einen Staat recht unangenehme Folgen haben. Andererseits steht er ganz in der preußischen militaristischen Tradition mit seiner Idee der "Landsoldaten". Dabei vergißt er bald seine friedlichen Ideale und freut sich bei dem Gedanken, wie mächtig und unüberwindlich Preußen mit einer riesigen Armee sein könnte.

◈ Für Krig müßte man sich mehr hüten als für der Pestilentz selbst, den der Krig hat alle florisante Handlung zu grunde gerichtet, und die besten Künstler [Ingenieure, Fachkräfte], Fabriquanten und Kaufleute gehen aus dem Lande. Die innerliche gute Verfaßung ist nötiger als der Seehandel. Teutschland übertrift ohne Seehandel dennoch alle andren Völker.

◈ Die größeste Politik müßte seyn, daß man sich schwach stellete, und pro forma eine kleine Sold. Arme[e] unterhielte, niemahls extra ord. große Armeen ins Feld stellete, niemahls seinen Übermuth zeigete, den Hochmuth komt für den Fall, aber die Sanftmüthigen werden das Erdreich besitzen. Folglich müßten recht demütig vernünftige Staats Grund Regeln geleget werden.

◈ Man müßte öffentlich declarieren, daß man niemals ein Volk mit Krieg überziehen wolte, und alle Völker zu Bundes Genoßen einladen, die gleiches Sinnes wären. Wer aber solch ein friedlieben Land angreifft, der müßte als ein Ertzfeind des Menschengeschlechts unters Joch gebracht werden, desgleichen, wer ihm beystehet. Die überwundenen Unterthanen müßte man als Brüder halten, so lange sie Frieden halten.

◈ Ein Staat, der blooß Defensive gehet, und alle seine Städte und Festungen darauf einrichtet, kann es am höchsten bringen, und alle seine Feinde zu Schanden machen.

◈ Gar heimlich hielt Christus seine Gewalt, er ging in einer armen Gestalt. Den Teufel wolt er fangen.

Also solte es auch ein christlich Reich machen.

Wenn uns ein Feind anfile, so solten wir sie ins Land laßen, uns an den Gräntzen nicht wehren, sondern sie mitten ins Land loken. Als den [sodann] alle Gräntzen gewaltig besetzen [sperren], diesen Feinden Liebes und Guthes erweisen und sie solcher Gestalt ins Land zu behalten. Die Halsstarrigen aber erstlich doch mit Barmhertzigkeith. Hernach nicht prahlen, *sondern die Sache lieber geringer machen*, als die Heldenthat ist. Unsere Land Regimenter müßten sich dum und arm stellen, gegen die Fremden, in gantz schlechten Kleidern gehen, aber Geld samlen, und in der Stille fleißig arbeiten und handlen.

◈ Man müßte mit allen Nachbahrn einen ewigen Frieden machen, mit der Condition, daß man niemahls jemand attaquiren wolte, wenn man auch recht zu haben glaubte, oder es so schien.

Dahin gegen aber müßte man zu Friedens Zeithen beständig alle pretensiones [Ansprüche, Bedürfnisse] nachgrübeln, wenn man nun attaquiret würde, so förderte man nicht allein die Krieges Kosten, sondern auch die pretensiones dopelt von intereßen

◈ Die Neue Königl. Stats Kunst [Handel statt Krieg] müßte auf das Äußerste Cache tractiret werden [verdeckt behandelt werden], daß man kaum merkete, daß der König mit Preußen käuflich [kaufmännisch] oeconomisch umginge. Man müßte den alten Blauen Dunst laßen, sich beständig soldatisch stellen. Zu mahlen, da alle schnellen Veränderungen sehr gefährlich sind.

◈ Alle Europ. Mächte von echt christl. Religion könten sich vereinigen und Devensiv Alliancen schließen, die Zahl der Hülfs Truppen bestimen und die Böse Buben zu Felde schicken. Auch die Böse Buben unter den Bürgern oder Bürger Soldaten ausrotten und auf Festungen bringen oder regulari Soldaten draus machen.

◈ Wenn Staat Leute so sehr auf die Erhaltung als Vertilgung und Ermordung der Menschen dachten, wie mächtig könten die europäischen Staaten seyn.

1.7 Über Bevölkerungspolitik

Bandow hat die Regel verinnerlicht, daß der Reichtum eines Landes weniger in seiner Ausdehnung und seinen Rohstoffen zu suchen ist, als in der Größe seiner Bevölkerung, sofern diese gesund und gut ausgebildet ist. Starker Bevölkerungszuwachs ist ihm schon ein Wert an sich. Deshalb verdammt er die vielerorts geltenden Heiratsverbote. Aber auch die daraus folgende Sittenlosigkeit ist eine Bedrohung für die Gesundheit der Bevölkerung. Daß er auch für eine gediegene Volksbildung plädiert, zeigt er an anderer Stelle. Vergleiche Kapitel "Schule und Unterricht".

◈ Die Menge der Unterthanen, die ihr mäßiges [angemessenes] Auskommen haben, machen die Macht des Stats.

◈ Es scheint, als wenn der Sathan die Vermehrung des menschlichen Geschlechts sehr stark hinderte. Die Mönche und Priester dürfen nicht heirathen. Viele werden in Italien, Türkey und Heidenthum verschnitten. Die Soldaten dürfen in vielen Ländern nicht heirathen, zu mahlen im Brandenburgischen. In Pohlen hindert die Schlaverey an der Vermehrung, noch viel mehr in Rusland, noch mehr in der Türkey, wo selbst die Wollüste und Vielweiberey die Länder entvölkern.

◈ Daß Verboth zu heirathen ist dem Lande wie eine Pestilentz und hat also seine mangelnde Folgen bis ans Ende der Welt. Aber wegen der Hurerey folgen die abscheilichsten Laster und Greuel bis ans Ende der Welt.

◈ Antechristen und Freygeister verbiethen ehelich zu werden, aber die Hurerey erlauben beyde. Frantzosen, Mal de Naple, Mal de Rom [Bezeichnungen für die Syphilis] herrscht bey beyden, nebst einer Ertz Infamie.

◈ Gleich wie Got der Stiffter der Ehe ist, also hat auch Christus sein erstes Wunder auf der Hochzeit zu Cana verrichtet, und keines Weges die Ehe verbothen, sondern viel mehr das Brautpahr mit seiner allerhöchsten Gegenwart beehret und den götl. Ausspruch bestätiget, seid fruchtbahr und mehret euch.

◈ Die beyden Stämme Juda und Benjamin hatten zusammen ein Land, das 14 Meilen lang und 14 Meilen breit war sonder ohngefer, sind 196 Quadra[t] Meilen. Wie wollen 200 voll rechnen. Darauf waren in circa 1.200.000 streitbahrer Mann. Die Königl. Preuß. Länder hingegen sind in circa 3366 Quadrat Meilen. [Folgt eine Rechenoperation.] Wenn unsre Länder nach Proportion so volkreich wären, so müßte der König 21 Millionen streitbahrer Mann stellen, den die Königl. Länder sind 6 Mahl so groß, wie Juda und Benjamin, die Länder der übrigen Stämme betragen ohngefehr noch 500 Quadrat Meilen, sind 700 oder höchstens 800 Quadrat Meilen. ist also ohngefehr so groß als Schlesien oder Preußen

Bandow vergleicht demographische Angaben von Geburten und Todesfällen in allerlei europäischen Städten. Er beobachtet, daß der Geburtenüberschuß umgekehrt proportional der Größe der Städte ist. Z.B. findet er, bei gleichartigen Bevölkerungszahlen, für Preußen einen Geburtenüberschuß von 10256 Seelen = 53%, für London einen Geburtenunterschuß von 6708 Seelen = -31%. Sein Kommentar:

Es ist also der Unterschied gantz erstaunlich groß, und also würden die Soldaten auf dem Lande länger leben, als in Städten wohnten und lebten, und man könte die auswärtige Werbung sparen.

◈ Der mittelmäßige Standt ist der aller beste. Wenn man den Leuten den Bauer Stoltz durch vernünfftige Vorstellung benimt, so können sie in geringen Kleidern weit glüklicher seyn, als vornehme Narren in Samt und Seide.

Vornehme sterben an Freßen, Sauffen, Huren, und von Übermuth, Faulheith und andren Schanden und Lastern. Sie ersauffen sich in Wein, Brantwein, Bier etc. Daher komts, daß in großen Städten wohl 25 auf 100 mehr sterben als gebohren werden. Der Arme hingegen stirbt vom Mangel deßen, was der Reiche verschwendet. Darum wäre ein mittelmäßiger Stand aufs höchste zu wünschen. Damit der Arme nicht aus Dürftigkeith und von übermäßig viehischer Arbeith stürbe, desgleichen von Bekümerniß u. Sorge, der Reiche aber hingegen auch seine völlige Arbeith hätte. Offt könte ein Armer durch ein Glaß Wein, Brantwein, ja, ein Stük Brodt mit Waßer vom Leben erretten, allein aus Armuth und Unwißenheith weiß ers nicht zu brauchen. Also ist ein mittelmäßiger Stand derjenige, so am meisten zu wünschen ist.

◈ Es gehen viel junge Leute wegen Mangel der Nahrung aus dem Lande. Die solte man durch gute Anstalten im Lande zu erhalten suchen.

◈ Das Verboth zu heirathen ist tirannisch und wieder Gottes Geboth, ja es ist teuflisch, nach Pauli Ausspruch.

Denen Soldathen und Officirs ist fast in allen Ländern das Heirathen verbothen. Es ist aber erschröklich was daraus für gotlose Folgen entstanden sind.

Fast alle ehrlichen Jungfern im Lande wurden gleichsam forcirt als auf einer par force Jacht, bis sie endlich ein Raub und Opfer der Unzucht und öffentlich zu schanden wurden.

◈ Das die Ordens Ritter nicht heirathen dürfen ist teuflisch, mörderisch, schädlich.

◈ Daß alte Weiber junge Männer heirathen ist landverderblich schädlich, gibt zu Ehebruch Anlaß, hindert die Vermehrung etc. Darum solte dieses verboten werden.

◈ Man muß die Leute frühe heirathen laßen und jedes Paar Hurer zusammen koppeln laßen, wie es die Dantziger machen

1.8 Über Werbung

Die Werbung von Soldaten für die preußische Armee geschah mit ziemlich derben Mitteln, einschließlich Gewalt ("Pressen") und nicht nur innerhalb Preußens. In vielen deutschen Ländern waren die preußischen Werber verboten. Viele junge Männer flohen aus Preußen, um der Werbung zu entgehen. Junge Männer aus anderen Ländern mieden Preußen aus Furcht vor der Werbung. Bandow hebt die nationalökomischen und demographischen Nachteile hervor, die dem Land dadurch entstehen und hat manche Ideen, wie das für die Werbung ausgegebene Geld besser zu verwenden sei. Abgesehen von Investitionen innerhalb Preußens, nicht zuletzt Förderung des Unterrichts und des Handels, befürwortet er die Anwerbung von Fachleuten zur Verbesserung von Handwerk und Industrie ("fabrique"). Kritisch berührt er auch das Problem der Desertation, das durch zwangsangeworbene Soldaten entsteht.

◈ Fridrich Wilhelm hat 30 Jahr regiret, in welcher Zeit sich seine Unterthanen um 1/3 vermehret. **NB** Das ist gewis sehr viel daß dieses möglich worden ist, ohngeachtet, das Heirath [der Soldaten] verbothen war, und viel 1000 Menschen aus dem Lande gegangen sind, aus Furcht vor die Werbung.

◈ 10 Tausend sind jährlich wenigstens aus Furcht für der Werbung weg gegangen, und eben so viel haben sich gefürchtet, herein zu kommen, also 20 Tausend junge, blühende Leute hat man järlich ausgestoßen [wdurch, wie Bandow meint, dem Staat potentielle Familienväter und ungeborene Kinder verloren gegangen sind].

◈ Die Werbung u. das Verboth der Ehe ist ein treist [dreistes] Teufels Werk. Viele tausend Luteraner sind dadurch verhindert worden, gebohren zu werden, viele 1000 sind erschlagen, gehangen, arquebusirt, zu Tode geärgret und gemartert etc.

◈ Wir kauffen leider Mörder und Spitzbuben; solten unserm Lande nicht die Straffen derselben treffen?

◈ Wer nicht wieder die Straßenräuberischen Werber und Menschendiebe streitet, machet sich ihrer Sünde theilhafftig.

◈ Für einen Potsdamer [Gardesoldaten] hätte man viel 1000 kleine Leute werben und auf dem Lande plaßiren können.

◈ Wenn man die Nachkommen der Brandenburger, so wegen der Werbung geflüchtet sind zurük rieffe, und ihnen ihr Erbtheil verspräche, so würden sie, nebst anderen Fremden wieder kommen.

◈ Die zerstreuten Brandenburger muß man wieder ins Land zu ziehen suchen und selbst ihre Nachkomen besondere Gnade wiederfahren laßen wenn sie wieder kommen und **NB** ehrlich sind. Vieleicht bringen sie andre Künstler [Fachleute] mit.

◈ Wenn man das Capital, so man angewendet hat zur Werbung, hätte gebraucht zur Bezahlung der Intereßen für aufgenommenes Capital, und hätte die zur Handlung und fabrique gebraucht, was für große Dinge hätte man nicht damit ausrichten können.

◈ Wenn wir das Geld, so zur Werbung angewendet ist, zum Kornhandel angewendet hätten, so hätten wir uns längst gantz Europa zinsbahr gemacht, und hätten eine weit größere Armee halten können, womit wir also auch größere Thaten hätten thun können.

◈ Das Geld, was bisher die Hr. Officirs auf außerordentlich große [großgewachsene] Leute gewand, würde an ausländische Früchte [solche zu züchten] beßer angelegt. Sie könten sich dafür gleichsam ein Paradis [einen Obstgarten] anlegen.

◈ Es gehen viel junge Leute wegen Mangel der Nahrung aus dem Lande, die solte man durch gute Anstalten [Wirtschaftsunternehmen] im Lande zu erhalten suchen.

◈ Ist Schlesien durch die großen Ausländer [geworbenen langen Kerls] erobert? Keines Weges, liefen nicht die meisten davon? Wurden sie nicht unsre Verräther, stritten sie nicht wieder uns? So viel wie unsere Armee geschwächt ward, eben so viel ward jene gestärkt. Haben die Ausländer nicht unsre Exercitia an alle fremden Völker verrathen? Hat Österreich nicht gantze Regimenter in Italien errichtet von Brandenburger Deserteurs?

◈ Man muß die geschiktesten, ehrlichsten u. frömmsten Prediger, Professores unter den Lutheranern von allen Orthen herruffen, auch die geschiktesten u. frömmsten Schullehrer, Mediciner, Juristen, Philosophen etc. Kaufleute, Künstlert, alle ehrlichen Handwerker. Besonders müßten alle Brandenburgischen Abkömlinge mit gantz besondere Gnaden wieder aufgenommen werden, weil sie von den edelsten Abkömlingen der Brandenburger sind.

◈ Wenn hir eine christliche Regierung eingeführet würde, so würde viele 1000 Teutsche aus Holl., Engel., Fr.reich etc. wieder ins Land kommen.

2. Militärwesen

Trotz seiner auf friedfertigen Handel ausgerichteten Philosophie und seiner im Prinzip antimilitaristischen Einstellung, offenbart Bandow eine beträchtliche Faszination für alles Militärische. Vor allem scheinen die militärische Ordnung und Disziplin es ihm angetan zu haben. Daneben spielt wohl auch seine Staatstreue eine Rolle ("Gebt dem Kaiser, was des Kaisers ist"). Ausgehend von den bestehenden Verhältnissen und sicher auch beeinflußt von skandinavischen Vorbildern und russischen Soldatendörfern entwickelt er Ideen, wie die Wehrbereitschaft (oder besser gesagt: Kriegsbereitschaft) seines Staates gleichzeitig zu stärken und zu verbilligen sei, sodaß eine noch so große Armee nicht nur kostenfrei gehalten werden kann, sondern in Friedenszeiten sogar noch einen finanziellen Ertrag abwirft. Seine Patentlösung sind die "Landsoldaten", eine Art Volksarmee, bestehend aus Wehrbauern, die Ödland besiedeln und in weitgehend selbstversorgenden Dorfgemeinschaften organisiert sein sollten

Diese Landsoldaten sollen entsprechend den örtlichen Bedürfnissen auch Handwerker sein, gemeinschaftlich auch Fabriken und Handel treiben und sogar Banken unterhalten können. Auf jeweils eine bestimmte Anzahl solcher Dörfer käme eine Festung, in die man sich zu Kriegszeiten zur Verteidigung zurückziehen könnte, dazu kämen gemeinsame Einrichtungen wie Schulen und Spitäler. Zuletzt wäre das Land überzogen von Landsoldaten-Dörfern. Der Adel, soweit er etwas taugt, würde als Offiziere integriert; seine Latifundien würden ihm genommen und zu Soldatendörfern aufgeteilt, blieben aber in königlichem, d.h. staatlichen Besitz. Übrig blieben nur einige größere Städte, die ausdrücklich nicht auch noch Ackerbau betreiben sollen. Ihre Einwohner sind in der höheren Verwaltung, im Großhandel, im Unterrichtswesen beschäftigt, hinzu kommen auch die Geistlichkeit und die "Künstler". Unter letzteren versteht Bandow Ingenieure und Spezialisten. Die Schönen Musen liegen ihm ziemlich fern. (Vgl. seine Meinung zu Theater und Schriftstellerei.) Wie das Ganze dann weiter gehen sollte, hat Bandow wohl doch nicht ganz zu Ende gedacht. Der Gedanke an Expansion liegt bedenklich nahe, zumal Bandow gegen die Annexion von Nachbarländern offenbar keine Einwände hat, sondern sich bei Neuerwerbungen immer sofort Gedanken macht, wie diese auf beste Art gewinnbringend zu organisieren seien. Nach seinen religiösen Vorstellung ist die Vorherrschaft der "Deutschen" (= der germanischen Völker) über den Rest der Welt ohnehin göttlicher Ratschluß und Ziel der Geschichte.

Bandow hat sein Projekt nirgends verwirklicht und ist anscheinend nicht einmal bis zu dessen ernsthafter Propagierung gelangt. Aber später von totalitären Staaten versuchte bzw. mehr oder weniger verwirklichte Gesellschaftsmodelle lassen sich hier schon erkennen. Einstweilen beschäftigte sich Bandow jedoch ausführlich und liebevoll mit immer kleineren Details seines Idealstaates.

2.1 Über das Militär

◈ Der erste und größte Krieges Held war Kain, welcher nach dem Exempel des Teufels ein Mörder wurde. Fragt sich ob der Soldaten Stand von Gott sey.

◈ Der Nachtwächter und der Vogt stellen ins Kleine vor, was eigentlich ein Soldat und die Armee sey.

◈ Das gantze Land muß in Absicht eines jeden Standes als eine Persohn betrachtet werden. Den Soldaten können wir als die Hand des Menschen ansehen. Dieselbigen ist natürlich kein Mord Schwerth angewachsen. Es heißt auch nicht im Anfang, du solt deinen Bruder Abel erwürgen u. berauben, sondern im Schweiß deines Angesichts solt du dein Brodt eßen.

◈ Soldaten müßten nur zur Verteidigung gebraucht werden. Als dan wird Akerman, Künstler, Kaufman als der Grund des Stats recht befestiget, und alles was auf diesen Grunde gebauet wird, ist glückseelig. Obrigkeit und Priester können auch als dan ruhig und glückseelig leben, den das Land bringt mehr hervor als wir brauchen, wenn wir nur ein vernünfftig und zufrieden Hertz hätten.

◈ Es sterben jetzt mehr Menschen von Gram, Verdruß, Prügel, Barbarey und Sclaverey als der Krieg jemahls wegnehmen wird, und dieses nicht allein bey den Soldaten, sondern auch bei den Bauern, so unter der Sclaverey seufzen und hungern, auch bey Bürgern, welche durch Nahrungssorgen aufgerieben werden. Das gleiche bei Witwen und Weisen von Predigern und andern Bedienten [Beamten].

Durch eine liebreich vernünfftig väterliche Regierung werden die Leute wieder so alt als vor Zeithen und sich erstaunlich vermehren.

Aktuelle Preußische militärische Organisation:

68	Reg. Infanterie
15½	Garnison Regimenter
3	Canonier
1	Frey Corps
87½	

13	Curaßirer
15	Dragoner
9	Reg. Husaren
1	Regiment Bosniaken[2]
1	Garde Corps

2 Bosniaken = Lanzenreiter-Regimenter aus Soldaten slawischer oder balkanischerHerkunft, von Friedrich II 1745 als Pendant zu russischen Kosaken-Regimentern aufgestellt.

126½ Regimenter

Bey einem Infanterie Regiment sind

1540	Musquetiere
320	Grenadierer
120	Unter Officirs
36	Tambours
4	Pfeiffer
8	Hoboisten
60	Officirs

1	Esquadron besteht aus
156	Gemeine
13	Unter Officirs
8	Officirs
2	Trompeter
1	Fahnen Schneider
180	

5	Esquadrons 900 Mann

[*Ohne Kommentar, aber anscheinend die Stärke der preußischen Armee um 1755:*]

87½	Regiment Infanterie à 2140 Man	186.180	
13	Regimenter Cürasirer à 800 Man	10.400	
15	Dragoner à 1000 Man	15.000	
9	Husaren à 1000 Man	9.000	
	Bosniaken	2.000	
½	Regiment Infanterie ist nicht mitgerechnet		1.070
	Minirer	1.000	
	Schon exercierte Leute auf dem Lande	20.000	
	244.650		

Soldatische Ehre

◈ Nur ein Musketir zu seyn, muß nach Arth der alten Teutschen eine große Ehren Stelle seyn. Wieviel mehr die Stelle eines gebietenden Befehlers dieses Helden.

NB. Es war bey den alten Teutschen eine große Ehre, wenn jemand verschafft gemacht [befördert] wurde.

◈ Die alten Teutsche hielten diese für infame Schelme, die aus der Schlacht zurück kamen und ihre Obersten verlohren hatten.

◈ Ein vernünfftiger Officir schämmet sich nicht, Erinnerungen anzunehmen, selbst von dem gemeinen Mann. Aber ein dummer hochmüthiger Narr opfert die Arme[e] seinem Eigensinne auf.

◈ Die alten Teuschen führeten auf den Schiffen das Steuer Ruder eins ums andere. Also ist vieleicht guth, daß man auch gemeine Soldaten anführete, das Commando eins ums andre zu führen, damit sie im Fall der Noth dazu geschikt sind.

◈ In Dennemark ist ein Krüger [Gastwirt] General gewesen, in Stokholm ein Kaufman Fritze und ein Struenseen.

◈ Billig solte alle Woche ein paar mahl die Soldaten und Officir im Catechismuß examinirete werden, damit würde unsre Armee vernünfftig, getreu, gehorsam.
NB. Die Catoliken könten das examen mit anhören.

◈ Eine Armee von ehrlichen Soldaten ist unüberwindlich denn ihre Officir dürfen nichts fürchten [weil sie sich auf diese verlassen können], ja, die Feinde selbst, oder die Einwohner des feindlichen Landes fürchten sich nicht vor solche Armee [weil sie sich anständig benimmt] darum siegeten die Römer mit kleinen Armeen gegen große. Wenn aber Officir und Soldaten Spitzbuben sind, so hat eine Arme alles zu fürchten in einen feindlichen Lande.

◈ Echte Christen desertiren nicht. Uns sind 60 Tausend Mann desertirt. Dieses hat dem Feind 120 Tausend Mann geforteilet, unsre Exercitia und Heimlichkeiten verraten. Über dieses liefen uns noch wohl 60 Tausend Mann zu [würden uns zulaufen], in einem so langen Feldzug, wenn sie wüßten, daß man vernünfftig und christlich mit ihnen umginge. Folglich würde dieses 180 Tausend Mann Unterschied machen. Aus diesen und unzehlig anderen Gründen ist zu beweisen, daß daß Christenthum unüberwindlich seyn würde, wenn es nach götlichen Worth ein[gef]ühret würde in allen Ständen.

◈ Ein Krieges Held, so lauter Catoliken commandiret, kan es so weit nicht bringen, als einer, der echte Lutheraner commendiret, weil jene voll Aberglauben, diese aber voll wahren Glauben, Weisheit und Warheith und Kräffte sind.

2.2 Über Land-Soldaten

Eigentümlicher Weise gibt Bandow nirgends in seiner Kladde eine ausdrückliche Begründung für seine "Landsoldaten", die er sich als Alternative zum traditionellen

Kriegsheer vorstellt. Man muß sie sich aus seinen Teilvorschlägen und seinen Erklärungen zu den erwarteten Vorteilen durch dieselben zusammensuchen. Es existierten wohl auch schon "Landregimenter" in dem Sinn, daß sie außerhalb Berlins plaziert waren. Bandow erkannte, daß damit mehrere Vorteile verbunden waren. Diese Regimenter waren bei besserer Gesundheit, fielen der Stadtbevölkerung weniger zur Last und konnten im Land auch mit inneren Ordnungsaufgaben betraut werden. Seine Grundidee war aber, sie auch mit produktiven Arbeiten zu beschäftigen und durch sorgfältige Auswahl und Schulung der Soldaten letzlich das gesamte Militärwesen zu reformieren.

Eine Volksarmee

◈ Es ist nicht genug, das ein Soldat gut exerciren und sich gegen äußere Gewalt beschützen kan, sondern es werden innerliche Kräfte dafür erfordert. Die aufs Beste exercirte Arme[e] kan der Hunger zu Grunde richten.

◈ Es ist nicht genug, daß der Soldat gut exerciren kan, sondern es ist eben so nötig, daß er alle Strabatzen ausstehen kan. Je mehr der Mensch von Jugend auf zur Arbeith, **NB** in gehörigem [angemessenem] Maß. gewöhnet wird, desto stärker wird er und kommt zu einer fast mehr als menschlichen Stärke. Ein Sackträger z.E. kan 8 Scheffel tragen, ein Bürger, der selten schwehr arbeitet, wird hingegen 1 Scheffel schon sauer. Also ein Soldat, der müßig im Quartir ist, ist keine Strabatzen gewohnt, wird im Feld leicht krank und ist der Armee zur Last. Daher schmeltzen unsre Armeen durch allzu häufige Arbeith, weil sie Müßiggang gewohnt sind. Hingegen wer schwehre Arbeith gewohnt ist, der erhält sich durch Tragung schwehrer Bagage und starke[r] Märsch[e] und würde hingegen sterben von Müßiggang.

◈ Müßiggang und Unwißenheit herrschet bey den Soldaten. Diese könte durch Gartenbau abgeholfen werden. Eine Regimentsbibliotek von teologisch, moral, Jurist., histor, geografisch, oeconomisch und soldatischen Bücher wäre sehr nützlich.

Wie kan man von einem dummen, abergläubischen Soldaten [a.a.O.: Bauern] verlangen, daß er sein eigen Glück mache. Er muß theils mit Bösen, theils mit guthem dazu gezwungen werden

◈ Der vernünftigste, beste und gelehrteste Mensch ist niemahls recht für, sondern meistens wieder sein wahres Intereße. Also ist es von einem Dummen gar nicht zu verwundern, sondern es ist höchst nothwendig, ihm zu zwingen, daß er sein Glük macht

◈ Denen Land Soldaten könte man in Anfang noch den Sold geben. Zumahl da man so viel Summen zur Etablirung der Colonisten [Salzburger u.a. Religionsflüchtlinge?] verschwendet.

◈ Wenn etliche regulirte Regimenter abgeschafft werden, so gibts trefliche Fonds zu Etablirung der Land Regimenter

Rekrutierung der Landsoldaten

◈ Weil der größte Theil der heutigen Soldathen infam ist, nämlich Gotteslästerer, Sabbathschänder, ungehorsame Mörder, Ehebrecher, Hurer, Diebe, Lästerer etc. so ist es nothwendig, die Bauer Knechte zu die neue Land Regimenter zu nehmen und hirnägst die Besten und Tugendhafftesten von den Regimentern. Desgleichen ist nötig, auf Landeskinder zu sehen, die tugendhafft und treu sind. Hingegen muß man die alten, lasterhafften Buben aussterben laßen. Hiedurch könten alle alten Regimenter in 20 Jahren fast gantz eingeschmoltzen seyn. In 20 Jahren wäre gleichsam eine neue Welt.

◈ Durch eine Conduiten Liste [Führungs-Verzeichnis] aller gemeinen Soldaten aller Regimenter könte man den Kern der ehrlichsten Leute auf dem Lande plaßiren, den diese sind große und starke Geister, hiedurch würde die Kinderzucht [Erziehung] treflich werden. Die großen Körper ließe man bey die Stadt Soldaten zur Parade. Ihre Kinder müßte man ihnen aber nicht laßen, weil sie selbe ohne dem nicht ernähren könten, hingegen aber zu allen Lastern anführen. So könte man von bösen Ältern guthe Kinder zum Besten des Stats ziehen. [Bandow hält offenbar nichts von Vererbung.]

◈ Niemand müßte zu einen Land Soldaten angenommen werden, der nicht als ein geistlicher Soldath im Christenthum und als ein weltlicher Soldat in exerciren geübt wäre. Alle Jugend des gantzen Landes wären Cadets zu neuen Regimentern. Die Schüler müßten von gantz klein auf ihr Geld, oder Brodt, mit knütten, nehen, graben, seen [sähen], spinnen, weben, ärnten etc. verdienen. In Sonderheith aber durch recht vernünfftige Meister in geistlichen und leiblichen Waffen geübet werden, und nie müßig gehen. Den Müßiggang ist aller Laster Anfang und des Teufels Ruhe Bank. [Sprich: aller Laster Anfank...]

◈ Lauter Teutsche müßten zu Land Soldaten gebraucht werden. Aus der Schweitz könten wir [die] jüngsten, gesündesten und robustesten Leute haben. Wenn man sie nicht sehr strapazirte, würde man die Menge krigen, so sonst in Frantz. Dienste ziehet. Junge Schweitzer so nach Frankreich gehen, könte man zu Land Soldaten brauchen, jedoch sie sind reformirt. Folglich gibts Disharmonie im Lande.

◈ Durch unverheirathete Soldaten wird die Hurerey sehr stark eingeführet. Die

Freiwächter[3] sind großentheils ehrliche und brave Leute, die Lust haben, sich zu ernähren, desgleichen auch die Beurlaubten[4] .

◈ Unter dem Pretext, daß man Invaliden plaßirte, könte man künfftig die Anlagen der Land Soldaten machen. Künfftig würden sich nicht [nur] alle Land Soldaten im Überfluß finden, sondern sie würden auch Geld davor geben, wie für eine Bedienung [eine Beamtenstelle, für deren Zuweisung man bezahlt], zumahl wenn ein Land Soldate vorzüglich geehret würde, und keine Infame unter ihnen geduldet, sondern ausgestoßen werden, damit man lauter honette Leute hätte.

Der freye Wille ist viel mächtiger als die Sclaverey, wie der König mächtiger als ein Musketier. Es ist unglaublich, was ein Volk thun kan, wenn es nur mutig ist mit seinem Oberhaupt, und daß beider Intereße nur eines ist.

◈ Daß Werbungs Recht in den Cantons, das bisher so schädlich gewesen, könte aufs Nützlichste gebraucht werden, den alle beste und stärkste Bauer Knechte wären zu königlichen Diensten.

Festungen

◈ Jedes Land Regiment müßte 1 oder mehr Schantzen haben, aber so gut angebracht, daß sich im Fall der Noth die Weiber mit Kanonen verteidigen könten, welche aber dazu eine jede von ihren Mann unterrichtet werden.

NB. In den Mittel punkt wäre eine Vestung, oder veste Stadt, exercier Platz etc.. Da könte man alle Exercitia geheim tractiren [alle Übungen geheim halten], da bräuchten die großen Landstraßen nicht hinzu gehen, oder man nähme eingeschlossene Plätze zum Exercieren.

Die auf dem Lande nicht gut thun wolten, müßten Stadt Soldaten werden [d.h. kaserniert], die in der Stadt nicht guth thun müßten Vestungen bauen bey Wasser u. Broth. Die sich aber beßern, mußte man auch nach Proportion ihres Verhaltens nach und nach beßer halten, und wenn sie sich völlig beßern, die los geben und sie wieder nach Proportion ihrer Meriten nach und nach belohnen und ehren. Weil jeder Soldat sein Land umgräbt und also nicht pflügen darf [Pflügen den Bauern vorbehalten?], so kan das Pferd desto mehr gute Erde zu mahl in rauhen Wintern anfahren, dies ist eine Motion für den Soldaten und für das Pferd.

◈ Etliche Jahr müßten die neu geworbenen Land Soldaten, gleich denen Dähnen, zum algemeinen Besten des Staats zur Schifbahrmachung und Verbeßerung der

3 Freiwächter (laut Meyers Conversations Lexikon 1898): “Beurlaubte Mannschaften der preußischen Armee, welche auf ihre Löhnung verzichteten und ein bürgerliches Gewerbe treiben, aber die Garnison nicht verlassen durften. Sie mußten von dem Verdienst dem Companiechef abgeben, wofür sie dann vom Wachdienst frei waren und deshalb F. hießen. Die Chefs benutzten diesen Erwerb als eine Zulage zu ihrem spärlichen Gehalt. Unter Friedrich Wilhelm I mußte der ersparte Sold zur Anwerbung von Ausländern benutzt werden.”

4 Bei den Beurlaubten dürfte es sich um in Ehren Entlassene handeln.

Flüße gebraucht werden etc., weil sie da jung u. stark sind, so ist ihnen nichts gesünder als fleißige Arbeith, hingegen ist ihr Müßiggang aller Laster Anfang. Besonders könte dadurch die pestilentzialisch schädlich landverderbliche und schändliche Hurerey vermieden werden, damit sie hernach in ihren Wohnungen eine desto gesegnetere Ehe führen könten. Die in ihren Wohnungen ein gottloß Leben führen, müßte man zu Vestungs Soldaten machen.

◈ Die Land Soldaten müßten nach den Rang Häuser kriegen, und so lange gemeinschafftlich am Haus Bau arbeiten, bis die Reige an ihnen komt. Alsden wird einer plaßirtt und an stat seiner wieder ein ehrlicher Kerl erwählet. Aber lauter Freywillige. Sie müßten aber alle so lange gemeinschafftlich arbeiten, bis sie alle plaßiret wären. Ja, wenn ein Regimente auch schon plaßiret wäre, so müßte es das neu anzulegende Regiment mit Rath und That beystehen

◈ Als die Kinder Israel das Gelobte Land einnahmen, so durfte Ruben und Manasse [die zuerst eingewanderten Stämme] [sich nicht um sich selbst kümmern] bis sie ihre Brüder zur Ruhe verholffen. Also müßen die Soldaten, die guth Land haben, das schlechte ihrer Brüder verbessern helfen.

◈ Wenn alle Jahr 10 Mann per Companie plaßiret würden, so könten die übrigen helfen das Land ragolen [entwässern], Baumpflantzen, Häuser bauen, gute Erde an und schlechte weg fahren. Dahingegen müßten die plaßirten hernach die Ankomlinge wieder helffen.

◈ Die Maurer Gesellen unter den Soldaten könten für Meister oder als Gesellen und Polirer die andren Soldaten als Jungens mit sich arbeiten laßen, so daß die Gesellen etwas mehr kriegten als die Jungens und Handlangers.

Diese Landsoltaten müßten so viel Kühe als möglich halten, damit wir Butter und Käse genug im Lande hätten. Hierduch kriegte man viel Mist und könte viel Unter- und Oberfrüchte gewinnen. Auch könnte der Seiden Bau hoch getrieben werden.

◈ Ein ehrlicher Soldat, der nebst Frau und Kindern arbeitet, schaffet bey seinem kleinen Gehalt seinen Kindern Brot, erziehet sie in der Furcht Gottes, stirbt endlich ohne Schuld, und laßet noch dazu seiner Frau u. Kindern ein kleines Vermögen

◈ Die Land Soldaten könten zugleich mehr gute Ordnung im Lande erhalten helffen, in sonderheith könten die Husaren gebraucht werden [weil sie schneller beweglich sind], auf alles Acht zu geben, damit zur Ausübung gebracht würde, was befohlen ist. Durch solche Leute könte der Schleichhandel gestöhrt werden.

Ein Regiment hält gemeine Mann	1492
Tamburs	42
Unterofficirs	118
Ober Officirs	50
	1702

❖ Husaren, Jäger u. Dragoner könten am besten plaßirt werden. Die Pferde könten zugleich zum Ziehen gewöhnet werden. Mit kleinen Wagens zu 1 Pferd könten sie Mist, Erde etc. anfahren und auch ihre Wahren zum Verkauf bringen. Solchergestalt würden die Pferde dauerhafft und zum Ziehen gewöhnet, die Leute wären auch strabatzirt [trainiert], exerciren und die Lufft gewohnt.

❖ 1 Regiment Dragoner, oder Husaren,. oder andere Reuter, müßte campiren und Bäume pflantzen. Der Mist von ihren Pferden würde den Sommer über hinreichend seyn, die Bäume an der Wurzel mit Mist zu belegen.

Grenadir Companin könten anfänglich dazu gebraucht werden, auch könte man ihnen Reuter ins Quartir geben. Vermittels der Reuterey ist es wohl am besten zu zwingen.

Platzbedarf der Landsoldaten

❖ Nur die gehorsamen, vernünftigen, frommen Soldaten müßten auf dem Lande plaßirt werden. Es wäre schon eine große Wohlthat, wenn ein ehrlicher Soldat einen Garten von 500 Ruthen [1 Rute ca. 25m2]· die Ruthe a 2 Taler, ist ein Capital von 1000 Reichstalern, so man ihm in Händen gebe, doch als ein Königl. Eigenth. [um] und als einen Sold eines Landes Knechtes. Wenn 500 Ruthen auf 1 Mann gerechnet werden, so können 3555 Mann auf eine teutsche Meile plaßiret werden, oder 2 Regimenter. Die Ruthe a 2 Taler gerechnet, wäre alsden 1 teutsche quadrat Meile dem König 3 Millionen und 5 hundert 55 Tausend Reichstaler werth.

❖ Durch unumstösliche Landes Gesetze müßte festgesetzt werden, wie viel jeder Land haben solte. Bey diesen Gesetze müßte es ewig bleiben und niemals geändert werden.

❖ Wenn das Land in geteilet [eingeteilt] wäre, so könte fast niemahls Heu, Korn und andere Früchte auf dem Felde verderben [durch kleinräumigen Betrieb werden Ernteverluste leichter ausgeglichen].

❖ Es ist zu untersuchen, ob auf die 500 Ruthen hinreichend sind, oder ob 6 bis 800 Ruthen auf 1 Soldaten Familie gerechnet werden muß. [An anderer Stelle berechnet Bandow 868 Ruthen auf einen Mann, inklusive 11, resp. 7 Ruthen für Wege und Stall.]

◈ In Berlin braucht 1 Soldate höchstens 500 Ruthen, zumahlen wenn Ihnen der Straßen Mist gratis gebracht wird. Sie können sich auch mit viel weniger behelfen.

◈ Bey Sans Souci könte die Probe am besten gemacht werden, wie viel zur Unterhaltung eines Menschen nöthig wäre. Der König könte selbst die Inspection haben. Alle Alleen müßten gerade von Mitternacht gegen den Mittag und von Morgen gegen den Abend liegen, so auch die Straßen, damit künftig alles harmoniret, wenn das gantze Land so eingerichtet wird.

◈ 400 Quadrat Ruthen scheint genug zu seyn, wenn man dabey weben und spinnen, knütten [stricken], nehen, knöpeln [knüpfen] oder andre Arbeith thun will, als welches eine höchst nothwendige Sache ist, zur Gesundheith, den von der schweren Feldarbeith ruhet man sich bey solche leichte Hausarbeith aus.

◈ Wenn 400 Quadrat Ruthen auf eine Meile geteilet werden, so gibts 4444 solche Theile, folglich können 4444 auf eine Meile wohnen. Wenn 4 Familien jährlich nur 1 Kind zeugen, gibt 1111 Kinder. Folglich würde alle Jahr auf [pro] Meile 1 Bataillon gebohren, vom mänlichen Geschlecht. Wenn nur 10 Meilen so zurecht gemacht werden, so gibts schon 44.440 Soldaten, 100 Meilen aber würden 4444 000 Mann.

Ich schätze aber, daß 400 Meilen so eingerichtet werden könten. Als den könte die Land Militz auf diese 400 Meilen 1 Million und 777 Tausend 600 Mann betragen. Wolte man einer Familie 800 Ruthen geben, so würde es auch schon considerable genug sein, den es würde bald 900 Tausend Man betragen.

Alle solchen Kinder wären geborne Soldaten. Die Ältern würden ihre Kinder guth erziehen und exerciren. So könte das Exercitium aufs höchste gebracht werden.

Cossäten (ein Vergleich)

Cossäten oder Cossaten sind Häusler auf Herrenbesitz. Das Wort leitet sich ab von "Kate" und kommt aus dem Holländischen. Wahrscheinlich haben es holländische Einwander mitgebracht. Von diesen Cossäten spricht Bandow nur einmal, so wie hier zitiert. Anscheinend sind sie mehr oder weniger leibeigen und gehören insofern zu den Armen, deren Los Bandow verbessern will. Jedoch hat er sich mit ihnen nur im Vergleich mit seinen Landsoldaten beschäftigt. Obwohl das Preußen Bandows in seinen, bis zu diesem Zeitpunkt hinzu eroberten oder erworbenen, Provinzen durchaus auch freie, selbsteigende Bauern hatte, sind diese für ihn kein Thema. Zwar spricht er davon, daß viele Bauern frei geboren sind, also nicht unterdrückt werden dürften, aber den Begriff "Bauer" verwendet er durchweg nur im Sinne des Bebauers des Bodens, ob ihm dieser gehört oder nicht.

◈ 8 Coßäten haben in Bredo sich in 1 Hufe [ca. 20 ha] getheilet, wovon sie leben.

Diese Hufe lieget in 3 Felder, folglich können sie nur 2/3 misten. Mann und Frau müßen alle Tage zu Hofe dienen, oder Knecht und Magd schicken. Sie haben aber guthe Viezucht und können auf benachbahrte Dörfer etwas Land ausmisten und dahero also etwas Nutzen ziehen. Die Viezucht scheinet also wohl das Hauptwerk zu seyn, bey der Oeconomie, der Düngung wegen

5640 Ruthen hat 1 Hufe [ca. 16 ha]. 675 Ruthen hat 1 Coßäte. 1/3 ligt brak, 450 Ruthen beseet also jährlich 1 Coßäte nur, lebet davon, hält sich auch wohl Magt und Knecht, oder 2 Coßaten halten einen Knecht.

Die Leute [gemeint sind wohl die Cossäten selbst, nicht Knecht und Magd] kriegen so viel Schläge und werden so strapasirt, daß sie wohl Freywächter werden müßen.

Solte nun ein freyer Soldat nicht von 1000 oder 1200 Ruthen leben können, wenn er dabey spinnen, weben oder dergl. Arbeith machen wolte.

Die Beurlaubte und Freywächter müßen sich selbst ernähren und kosten dem Staat soviel als wenn sie wirklich dieneten. Folglich wird der König, das Land, und die Freywächter betrogen.

[Corrigendum von Bandow :] I Hufe hat 90 Morgen a 180 Ruthen = 167.200 Ruthen für 8 Cossaten. 2025 Ruthen hat also 1 Coßäte, und keineswegs nur 450 Ruthen, und über dieses Heu und Vieh Weide.

Hausanlage

Daß Hauß u. Hoff müßte auf die Höhe stehen, damit das unreine Waßer den Garten befeuchten könte. 100 Ruten die Breite und Länge könte immer abge[s]teket werden. Jede 100 Quadrat Ruthen könten ein paar Zoll niedriger seyn als das Land nach dem Hause zu, der Rand mit grünen Rasen, oder Plaggen gefaßet, damit es durch den Brunnen unter Waßer gesetzt werden könne. Mit kleine Schleusen könte man das Waßer aufhalten und hernach in die andren Revire lauffen laßen

◈ 1 Haus von 1 Soldat könte von 100 Talern auch wohl noch wolfeiler gebauet werden. Folglich alle Jahr 10 Tausend Mann plaßiret werden, von das Geld so man für fremde Soldaten ausgibt. Daß Haus u. Hoff müßte auf die Höhe stehen, damit das unreine Waßer den Garten befeuchten könte.

◈ 10 Ruten die Breite und Länge könte immer abgesteket werden, jede 100 quadr. Ruthen könten 1 paar Zoll oder mehr niedriger seyn als das Land necht dem Hause zu, der Rand mit grünen Rasen oder Plaggen umfaßet, damit es durch den Brunnen unter Waßer gesetzt werden könne. Mit kleinen Schleusen könte man das Waßer aufhalten, und hernach in die anderen Revire laufen laßen.

◈ Ein jeder Land Soldate könte einen bewalleten Teich mitten im Garten halten, welcher durch die Doppel Plumpen allezeit voll erhalten werden müßte. Hiedurch würde der gantze Garten gewäßert und es könten die schönsten Fische darein seyn, und auf alle Seiten kleine Schleusen oder Röhren, daß Waßer abzulaßen in dürren Zeithen.

◈ Durch einen Brunnen könten viele 100, ja tausen[d] Bäume begößen werden, wenn höltzerne Rinnen, durch kleine Löcher, sie nicht allein wäßerten, sondern auch aus der kleinen Grube um den Baum könte das Waßer sich sanfft über den gantzen Garten ausbreiten.

◈ Alle Bäume müßten nach der Regel gepflantzet gebauet werden von Mittag gegen Mitternacht und von Morgen gegen Abend. Und auch die Häußer eben so, damit die Sonne auf die Früchte desto beßer wirken könne.

◈ Jeder Soldate könte auch einen Teich mit Fischen haben, worin sich der Same beßer hält als in Flüßen Auch sind die Seen eben auf die Arth zu nutzen und mit den Flüßen zu vereinigen

◈ Gewiße Ruthen Land müßten Regiments Regelmäßig gebauet werden, etliche Ruthen aber hätten sie gantz frey zu eigner Wilkühr und Erfindung.

◈ Die Grenzen [zwischen den Grundstücken] könte ein lebendiger Zaun von fruchtbahren Bäumen und Wein scheiden, welche auf einem Wall stehen könten.

Ödland billig zu erwerben

◈ Von die Oder Brüche zu Stettin ist zu vergeben

1. Der Fürsten Schlag bei Stepenitz	2961 Morgen
2. Der Lange Berg	2247 Magdebg.
3. Die Camelshorste	2311 "
4. Die Padagogien Heide	3269 "

◈ Bey Hitzaker kan man viel schlecht Land umsonst haben.

◈ Zwischen Cotbus und Besko ist eine sehr große sächsische Heide, die man mit großen Nutzen an sich bringen kann.

◈ Bey Fürstenberg ist eine gewaltige Heide, welche man vielleicht auf Erbpacht haben könte. 2) ist daselbst in unserm Lande eine sehr große Heide an der Spree, zwischen dem Mühlen Graben und Sachsen, wo man wohlfeil Land haben kann.

◈ Der Anfang könte mit die Horste gemacht werden. 1000 Ruthen ist überflüßig genug für einen Husaren, 500 Ruthen ist vieleicht auch hinlänglich genug. Will man die Weide beybehalten, so hat man nur lauter Obst Bäume zu pflantzen, um jeden Baum einen kleinen Wall zu schütten, so verlieret man nicht nur keine Weide, sondern sie vermehret sich noch wohl unm 1/4, and als den kann man den Obst Bäumen die gehörige Tife in der Erde geben, so daß sie weder zu naß noch zu trocken stehen.

Alle Arten von Birne, die besten Äpfel, die besten Pflaumen, Kirschen, Apricosen, Pfirsiken, Mandeln, Castanien, Walnuß, Lampertnuß.

NB. Baumwollen Bäume könte man hir vieleicht ziehen, und die Samen oder Pflantzen aus Griechen Land ziehen.

NB. Libenau könte als ein Muster dienen, die Horste im Guthen Stande zu bringen, Gurken, Bollen, Merretich etc. kan guth verfahret (exportiert) werden.

Großgrundbesitz verstaatlichen und zur Nutzung aufteilen

◈ Die Leibeigenen Güter in Pommern können gekaufft und am besten eingerichtet werden. Der dortige dumme Bauer würde dadurch klug.

In Sonderheith aber würden die dummen Pohlen und Meklenburger unsere gute Anstalten nicht an andere Mächte verraten, sondern unsere Macht stille wachsen lassen.

◈ Die Bauer Höfe, so die Edelleute wiederrechtlich eingezogen haben, könte man mit Bauren von den Königlichen Ämtern besetzen. Die Ämter aber hingegen mit Soldaten.

Land-Neuerwerb

◈ Der Fluß Maas ist einer von Teutschlands Haupt Flüßen, an welchen der König von Preußen etwas Lande hat [Herzogtum Cleve].

◈ Ost Frißland lebet fast von lauter Viezucht, und kan eben deswegen gantz unglaublich verbeßert werden. Es können die schönsten Anlagen von Plantagen, Gärthen etc. gemacht werden, auch Teichen.

◈ In Ost Frisland scheinen große Waldungen zu sein. Es wäre gut, selbe jetzt zu kauffen, da sie nicht viel gelten, ehe das Land in Ausnehmen kommt. So könte da eine Armee gehalten werden, ohne das Land zu beschweren.

◈ Ob es nicht möglich ist, Meklenburg zu kauffen, so das der Hertzog das Geld zu Hipotek drauf stehen ließe. Man könte Ihm mehr Einkünffte geben, als er jetzt wirklich hat. Aber das Land nach meinem Anschlag einrichten.

NB. So auch mit Schwedisch Pommern, welches jetzt bluthwenig trägt, aber doch viel tragen kann.

◈ Wenn man die meklenburgischen leibeigenen Güther aus kauffte, so könte der König mitten in Meklenburg eine Armee halten. Und dieses gehet vieleicht auch in Pohlen an. In Pohlen könte man nach und nach Teutsche einpflantzen.

◈ 1772 den 4 Mertz hat der König Polnisch Preußen in Besitz genommen, es wohnen daselbst 371.600 Seelen und in Dantzig ohngefehr 60.000, Sa. 431.600

Offiziere

◈ Alle Edelleute krigten Officirs Stellen und verzehreten Intereßen in Königes Diensten.

◈ Wenn der König Güter kauffte, so müste der Edelmann das Geld darauf stehen laßen. Solcher Gestalt könten die meisten Güter gekauft werden.

Es müßten aber die Güter nicht im Nahmen des Königs, sondern in einen andren Nahmen gekaufft werden, damit nimand die Sache merkete.

◈ Die Officir bräuchten kein größer Land, jedenfalls nicht viel größer, den weil der Edelman zu viel Land hat , so muß er Hofediener haben, diese aber arbeithen mit Verdruß, weil sie nichts davon haben, laßen sich lieber stoken und bloken [Stocken und Blocken = den Delinquenten mit nach oben gefesselten Händen an einen Pfahl oder bäuchlings über einen Bock gespannt verprügeln] und thun doch nichts. In seinen Eigenthum hingegen arbeitet man mit Lust, denn Lust und Liebe zu einen Dinge macht alle Mühe und Arbeith geringe.

◈ Die Officirs müßten befördert werden, je nachdem sie Fleiß anwendeten, daß die Soldaten das Land baueten und tugendhafft lebten. Die Officirs müßten gestrafft werden, wenn sie die Laster einreißen ließen.

◈ Auf alle ausländischen Früchte, so hir nicht gewonnen werden, müßte rafiniret werden, und könnte die Sache zu einer erstaunlichen Höhe steigen, wenn ein eigenes gelehrtes oeconomisches Collegium von ehrlichen Männern nieder gesetzt würde, welches die neuen oeconomischen Soldaten zu ihren eigenen und des Landes Besten antriebe, durch gute Rathschläge und scharffe Befehle.

Die Höfe selbst könten an einigen Orthen mit Wein Trauben Lauben bedekt seyn, und vol Bäume stehen.

◈ Manches Land Regiment könte seine Kinder selbst erziehen, manches aber könte seine Kinder im Regiments Weisenhause erziehen, damit man sehe, welche am besten geraten, und ob nicht viel Ältern ihre Kinder umbringen [gemeint ist wohl nicht "töten", sondern "verderben"].

⬥ Lieber denen Soldaten in den Casernen etwas mehr gegeben damit sie nicht die Bürger martern, und das Land in einen üblen Ruff bringen.

⬥ Nicht allein über die Männer sondern auch über die Weiber müßten Vorgesetzte über 10, 50, 100, 1000 gesetzt werden, daß sie auf die Ordnung, Reinligkeith, Kinderzuch[t], Haushaltung, Keuschheith und alle weibliche Verrichtung Achtung geben müßten. Diese weibliche Ehren Stellen müßten durch Ehren Kleider unter schieden werden. Die Ehrbegierde würde sie zu ... [?] Tugend antreiben. Guthe Kinder Zucht müßte mit Ehrenstellen belohnt werden.

Soldatenräte

⬥ Aus jeder Companie solten die Musketirs billig die klügsten, redllichsten und gottesfürchtigsten wehlen, so könten diese Leute für das Beste der Musketirs sprechen. So auch bey jeder Profesion, bey jeden Kreiß von Bauern und bey jeder Stadt.

Selbstversorgung

⬥ 2 Land Regimenter können also gantz bequem auf 1 Meile wohnen und ihre Nahrung haben. Wenn aber nur an jeden Regimente 50 Tausend Taler jährlich ersparet werden, so bringt jede Meile eine Tonne Goldes jährlich. Folglich wäre alsden dem Könige 1 Meile dürres Land 2 Millionen werth, das jetzt wenig oder nichts traget. Hingegen würden die Städte frey und flohrirent werden.

⬥ Ein jedes Dorf könte den schlechtesten Platz, den sie sonst nicht brauchen können, zu einer Corporalschafft hergeben und ihnen erlauben, den Straßen Mist, den doch die Bauern nicht achten, abzuhohlen.

⬥ Vieleicht könte eine zimliche Anzahl von Soldaten sich großen Theils aus Glaß Häuser ernähren, und den äußersten Fleiß anwenden, die ausländischen Früchte im Lande zu ziehen, nicht zum Staat u. Ehrgeitz, sondern zum Nutzen des Landes, desgleichen einländische Früchte, als Erdbeeren, besonders im Herbst zum Wein, oder zum Brantwein. Die Zweige von Kiefern könten dazu verbrand werden, so würden die Kiefern desto beßer wachsen, recht große Fenster Scheiben, aber die Glaß Häuser mit doppelte Fenster, und Friß [Fries] oder Tuch darzwischen, wie auch inwendig.

⬥ Denen Edelleuten müßte verbothen werden, solche Anlagen [Bewässerung, Glashäuser etc.] zu machen, denn sie könten sonst rebelliren, wozu sie ohnedem geneigt sein. Alle Leibeigenen Dörfer müßte der König kauffen, da sich daselbst diese Einrichtung am besten machen läßt.

◈ Welche Land Soldaten die besten und meisten Früchte gewönnen, solten u. müßten gradatim [stufenweise] nach Proportion öffentlich belohnt u. geehret, die Faulen aber öffentlich scharf bestrafft, ja, weg gejagt vom Regiment.

◈ Zu Kriges Zeiten könten Weiber und Kinder Land und Garten bauen.

Einkünfte

◈ Alle königlichen Länder werden ohngefähr höchstens 24 Millionen jährlich eintragen, davon werden alle Bediente, die Arme und das Königliche Haus unterhalten.

◈ Ein Soldate könte jährlich auf seinem Revir mehr als 1000 Reichstaler [an der Zucht und dem Verkauf von Obst und Beeren] gewinnen. Nach dem jetzigen Preiß wäre es möglich 10 Tausend Reichstaler auf dem Revir eines Soldaten zu gewinnen. Viele fremde Früchte, so hier guth wachsen würden, sind uns unbekandt. Hätten wir sie, müßten sie viel Vortheil stifften.

Den 10ten Theil oder den 20 [sten] von den jährlichen Früchten könten sie geben zu Mondur, Gewehr etc.

◈ 20.000 Rtl. gibt wohl jährlich ein Regiment. 50 Regimenter könten dieses, so jährlich zum Schaden außer Landes geschleppet wird, zum Nutzen des Landes anwenden. Ein Hauß von 1 Soldat könte von 100 Talern, auch wohl noch wohlfeiler gebauet werden. Folglich könten alle Jahr 10.000 Mann plaßiret werden, vor das Geld, so man für fremde Soldaten ausgiebt.

Fabriken

◈ Fabriquen könten bey den Land Regimentern außerordentliche Dienste thun und ungemein forciret werden, wenn die Kräffte des gantzen Regiments einträchtigklich zum gemeinen Nutzen arbeitete.

◈ Bey jedem Regimente könten jährlich gewiße Gelder bestimmt werden zur Verbeßerung des Landes und ein Praemium für die, so die besten Anschläge geben. Zum Exempel: die besten Papier Mühlen, Öhlmühlen fehlen im Lande stark.

Wenn die Regimenter solcher gestalt certirten [wetteiferten], wie bey der Werbung, so könnten erstaunliche u. unglaubliche Dinge erreichet werden.

Soldaten certireten mit Soldaten, officir mit officir, Companie mit Companie und Regimenter mit Regimentern.

Handel

◈ Wenn Land Soldaten eingerüstet würden, als den könte Haupt und Glieder gemeinschafftlich honet Handlung treiben.

◈ Wenn die Regimenter Capitalia gesamlet hätten, so könte alle Regimenter in Companie ihre Capitalia zusammen schießen und considerable und nützliche aus u. einländische Handlung treiben, fabriquen anlegen etc.. Und alle Flüße, Bäche und Seen miteinander vereinigen, und dahin sorgen, daß alles Land gewäßert und fruchtbahr gemacht werde.

Banken

◈ Jedes Land Regimennt müßte eine sichere Caße Banco haben. Zur Caße müßte nicht nur einer, sondern viele die Schlüßel haben, Hierin könnte jeder Landbürger sein Geld geben auf Intereßen, sodaß damit ein gemeinschaftlicher Companie Handel getrieben würde, wie die großen Handels Companien, nach Proportion des Capitals. Hierdurch würde ein solches Regiment so vermögend werden, daß sie einen langen Krieg ausstehen und sich doch selbst ernähren könten.

NB. Eintracht macht Macht. Haben die See-Companien so viel geschafft, mit äußerster Gefahr, warum solten Land Companien nicht auch etwas schaffen.

◈ Die Land Soldaten könten für ihr Geld, wen sie kleine Capitalia samleten, Blanko Zettels kriegen, **NB.** Diese wären ihnen allemahl so guth als bahr Geld, und sie könten doch die Intereßen ziehen und, **NB.** hiedurch könte ein erstaunlicher Kornhandel angelegt werden. Jede Provintz könte einen erstaunlichen Schatz samlen und damit öffentliche gute Anstalten machen, zum Besten des Staats. **NB.** Wenn ein jeder Unterthan sein Geld in Banco sicher unterbringen könte.

◈ Ein jedes Land Regiment könte sich zugleich auf eine besondere Proveßion leegen und an solchen Orthen außer Landes werben, wo die besten Meister wären, und wo man sich am meisten auf eine Kunst oder Proveßion legete. Auf diese Arth könte man zu einer sehr großen Volkomenheith kommen.

◈ Jedes Regiment müßte einen Tresor haben, worin jeder Capitain sein Capital lieferte, und alle Capitains mußten, sowohl als der Oberste, gemeinschaftlich desponieren. Ja, sogar von Unter Officir und Gemeinen müßten Gevolmächtigte dabey seyn, und eben so viel zu sprechen haben, weil das Capital der Gemeinen gehöret. Jeder Soldat müßte sein Geld in Tresor, oder Regiments Banco, gegen landübliche Zinsen geben können, aber gantz frey und ungezwungen, den sonst würde nicht viel einkommen. Die Soldaten, so gut wirtschaffteten und braf Geld in Banko lieferten, müßte man für andre ehren.

◈ Alle fremden Müntzen müßte man in unsern Lande einen Preiß setzen, gegen unsre Müntzen, und bey scharfer Straffe verbiethen, die höher zu nehmen.

Kleiderordnung, Uniformierung
◈ Durch Land Bürger in soldatischer Ordnung, könte eine regelmäßige Kleider Ordnung am aller besten gezwungen [erzwungen] werden.

Es müßten aber diese bewapnete Land Bürger wohl informirte teutsche Luteraner und keine andre seyn.

◈ Die Land Soldaten Weiber und ihre Kinder müßten uniform gehen, im Sommer tägl. in roher Leinwand, des Sontags in roher gedrukter Leinwand, im Winter hingegen in ordinairen Tuche u. dergl. wollenen Wahren, so werden die Männer durch den Stoltz der Weiber [nicht] ruiniret.

◈ Nicht allein über die Männer, sondern auch über die Weiber müßten Vorgesetzte über 10, 50, 100, 1000 gesetzt werden. daß sie auf die Ordnung, Reinligkeith, Kinderzuch[t], Haushaltung, Keuschheith und alle weibliche Verrichtung Achtung geben müßen. Diese weiblichen Ehren Stellen müßten durch Ehren Kleider unterschieden werden. Die Ehrbegirde würde sie zu vorigen Tugenden antreiben, gute Kinder Zucht müßte mit Ehrenstellen belohnet werden.

Wettbewerb
◈ Wenn die Regimenter solcher gestalt certirten, wie bey der Werbung, so könten erstaunliche u. unglaubliche Dinge verrichtet werden. Soldaten certirten mit Soldaten, Officir mit Officir, Companien mit Companien und Regimenter mit Regimentern.

◈ Die Unter Officir müßten sich distinguiren im Gartenbau, ja sogar die Gefreiten über 5 Mann. Je höher der Officir desto mehr müßte er sich hervorthun. **NB** Wie sonst bey der Werbung.

◈ Jede Companie müßte sowohl als jedes Regiment certiren, ja auch jede Corporalschafft, und müßten jährlich denen fleißigsten noch Belohnungen für ihren Fleiß und Tugend gegeben werden.

2.3 Fluß Matrosen
◈ Durch die Land Soldaten könten fast alle Flüße und Bäche schiffbahr gemacht, wenn ein jeder seyn Revir im dürren Herbst ausgräbet. Hierdurch könte der Holtz- und Korn Handel, ja aller Handel ungemein, ja alles Land verbeßert werden. Auf allen kleine Bächlein müßte man mit kleinen Fahrzeugen fahren können.

◈ Alle kleine Flüße schifbahr zu machen und längst denenselben Soldaten, oder vielmehr bewehrte Bürger zu setzen, mit großen Gärthen, als zum Exempel längst der Stegenitz, Dosse und dergl.

Hierdurch würden die Leute viel Kühe halten, und Pferde sparen können. Hiedurch könte allen Städten zu Waßer aller Überfluß zugeführt werden, auch alle Früchte leicht außer Landes geführt werden.

◈ Die Land Soldaten könte man auch Fluß Matrosen heißen. Sie könten zu Waßer u. zu Lande, zu Pferde und zu Fuße dienen.

Längst denen Ströhmen und der See Matrosen zu halten, die Häusgen und Land hätten, und ihre Provißiones zu Schiff nehmen, könten theils Seiler seyn. Hieraus könten See Matrosen erwachsen. Man könte hiezu Leibeigene brauchen, oder Soldaten in doppelten Sold, oder sie bewerten nach Arth der Amtleute, wenn sie beständig einerley Arbeit thäten und unter militairischer Ordnung und Commando stünden, so könten sie considerable Dinge zu Land und Waßer ausrichten.

Die Schiffer haben keinen Zuwachs vom Lande, sondern ernähren sich bloß von der Schiffarth. Sie werden offt in ihrer Nahrung gestöret und müßen offt brak liegen. Diese Matrosen würden halbso wohlfeil leben könen, und können nicht allein zu Waßer, sondern auch zu Lande dienen, also brauchte man nicht zu preßen noch zu werben, sondern nur Ordre zum Marsch geben.

An der Mündung jedes Baches und kleinen Flußes müßte die Ansetzung der Soldaten zuerst geschehen, damit nach und nach alles schiffbahr würde, und die große Menge unnützer Pferde erspart würde. Stat derselben desto mehr Rind Vieh, welches Käse, Butter, Milch etc. gibt und geschlachtet werden kann.

◈ Je mehr solcher Fischer, Fluß Matrosen, desto mehr, desto treuere und hertzhafftere Soldaten hätten wir, auch desto mehr Kähne und Schiffe zum Transport in Kriegs Zeithen.

◈ Wie viele Teiche könten längst ein solch Flüßgen, wie die Panke ist, angelegt werden, besonders, wo starke Fälle sind, natürlicher Weise. 2. Und wie viele Teiche könten bey Mühlen angelegt werden., 3. Könten viel Teiche angeleght werden, weil das Waßer durch Kunst hinein getrieben würde.

◈ Längst der Elbe könte man denen Soldaten fürtreflich lernen, wie sie im Felde schantzen müßten. Unglaublicher Schade würde hiedurch abgewendet, und Einwohner an den Ströhmen würden glüklich zu preisen sein.

Die jetzigen Einwohner sind nicht unter einen Huth, leisten keinen Gehorsam, darum kan nichts zu Stande kommen, weil sie faul sind und abergläubisch.

◈ Billig solte man die Parole [Befehl, Tagesbefehl] bey die Land Soldaten einführen, damit man nicht durch öffentliche Patente [Risiko für Ideendiebstahl) gottlose Völker mächtig machete, zu unsern Schaden .

3. Religion

3.1 Über Katholiken

Bandow zeigt sich in seiner Nachfolge Luthers als ein rechter Katholikenfresser. Seine Kritik besteht großteils aus unflätigen Beschimpfungen. Neben Vorwürfen, die uns Heute wenigstens teilweise berechtigt erscheinen, wie das weltliche Macht- und Prachtstrebens der Katholischen Kirche, ihre Fortschrittsfeindlichkeit, ihre Doppelmoral u. dgl., gilt sein Zorn vor allem der Verhinderung der Fortpflanzung bei der Geistlichkeit, entgegen dem Gebot "seid fruchtbar und mehret euch". Von dieser Warte aus, und auf Grund ziemlich abstruser Hochrechnungen kommt er zu dem Ergebnis, der Papst sei der "Mörder" von Millionen Ungeborenen.

◈ Wo Gott eine Kirche bauet, da bauet gemeiniglich der Teufel eine Capelle. Als Gott seine Kirche bauete, bauete der Teufel das Pabstthum.

◈ Die lateinische oder päbstliche Religion ist ärger corumpiret als die lateinische Sprache. Die Ital., Frantz., Span. und Portugisische Sprachen sind eben so rein Latein, wie die päbstliche Lehre rein Gottes Worth ist.

◈ Das Pabstthum hat die leibliche und geistliche Hurerey eingeführet.

◈ Die Greuel des Pabstthums gründet sich auf Freÿgeisterey und Scheinheiligkeith.[5]

◈ Die ehemaligen Keiser sind als lastbahre Esel anzusehen, auf welchen der Pabst ritte und ihnen über dem die erschröklichsten Lasten zu tragen auflegte, welche sie auch gantz willig, wie Esel mit aller feigen Niederträchtigkeith [Demut] trugen.

◈ Die dummen teutschen Barbaren haben nicht allein das Joch der Römer abgeschüttelt, sondern sie auch völlig überwunden, hirnägst auch das Joch des Pabstes abgeschüttelt und die Schande seiner Blöße entdeket. Hingegen die hochnaseweise Lateiner tragen das Narren Joch des Pabstes als from scheinende dumme Esel.

◈ Der Pabst und die päbstliche Kirche, oder Geistlichkeith ist, als eine ehebrecherische Hure, nicht von Gottes Worth, sondern von den Lügen des Teufels schwanger und bringet Bastarte, Hurenbälge, gebohrne Betrüger, Spitzbuben zur Welt. Die Papisten als Papisten sind also ehrlos infame Hurenbälge des Teufels

---

5 Daß ausgerechnet das Papsttum ein Ergebnis der Freidenkerei (also der Aufklärung!) sein sollte, ist nur insofern zu verstehen, als Bandow unter Freidenkerei schlicht alles zusammenfaßt, was seiner Meinung nach nicht dem reinen Wort Gottes entspricht.

und nicht Kinder Gottes. Darum heißt der Pabst die Mutter aller Hurerey und aller Greuel auf Erden.

◈ Die Catoliken sind des teuschen Nahmens unwürdig, sondern ihre eigne Feinde, und römische Sclaven, nicht Gottes Kinder, sondern Huren Kinder, vom Teufel und Pabst gezeuget.

◈ Catoliken sind Hurenbälge der großen Huren, der Mütter aller Greuel und Hurerey auf Erden. Frankreich ist der erstgebohrene Hurensohn des Teufels und des Pabstes.

◈ Die lügenhafften Pfaffen und der Antechrist sind schuld, daß die Christen noch nicht die Welt eroberth haben. Sie hilten die Leute in der Dumheith, so gingen Künste, Wißenschafften und Handlung verlohren. Die Pfaffen erregten Krieg, als der dreyßigjährige, wovon wir noch die Nachwehen spüren.

◈ Der Pabst läßet die Catolischen Länder Blinde Kuhe spielen. Die Teutschen, die den Pabst folgen, sind nicht werth, das sie Teutschen heißen, sondern Römer.

◈ Vorher waren die alten Teutschen beßer, aber das Pabstthum hat sie barbarisch dum gemacht.

◈ So wie Pharao und alle Tirannen durch ihre abscheulige Laster und Schandt Taten, die Seeligkeith verdient haben, eben so verdienen die Catholische Pfaffen durch ihre schein heilige Werke den Himmel. Diese Pfaffen sind so heilig, daß nach ihren Dünken Christus nicht nötig gehabt hätte, für uns genug zu thun. Sie können selbst für sich und jederman genug thun.

◈ aber darum ist der Pabst der aller infamste, weil der Priester Stand eigentl. der höchste und beste ist, wenn er aber verdorben ist, so ist er der aller infamste.

◈ Es ist wunder, daß die catolischen Pfaffen nicht die Büßenden auflegen, sich ein ander den Ars zu leken, zur Genugtuung für ihre Sünden.

◈ Wenn man Neue Testamente ohne Luters Nahmen an den Catolischen Gräntzen gantz wolfeil und ohne Nahmen verkaufte, so krigten die armen Catoliken die Biebel in Händen, und der Kern und Adel der besten Catoliken würde, die am reichsten und redlichsten wären, würden in unsere Länder kommen. Auch die besten Bauren würden in unsere Länder flüchten.

◈ Die Hamburger lieben die Catolischen, die doch ihre Feinde sind, und haßen die Brandenburger, die doch ihre Freunde sind, von welchen sie leben.

◈ 1767 stand in der Handenschen Zeitung, daß man bey die verjagten Jesuiten [1767 Verjagung der Jesuiten aus Spanien] gefunden hat bahres Geld 77 Millionen piasters und Mobilia 300 Millionen Piasters [zusammen] 377 Millionen Piasters.

◈ Man schätzet in Spanien 80 000 Tausend Mönche. Diese könten wenigstens jährlich 25 Tausend Kinder zeugen. Ich will 600 Jahre rechnen, obgleich das Papstthum wohl 1000 Jahre alt ist.

[Es folgt eine Hochrechnung und der Schlußsatz:]

100 Millionen hat der Pabst ermordet. Diese hätten von Geistlichen abstammen können. Die Geistlichen aber hätten eine erstaunliche Menge Kinder zeugen können. Hier ist das Regelmaß an den Kindern Israel zu nehmen. Diese kamen 12 Familien stark in Egypten [ab], und obgleich die Knaben getötet werden mußten, so fürten sie doch nach 430 Jahr 600 Tausend Familien aus Egypten. Hier ist keine außerordentliche Vermehrung geschehen, sondern die Vermehrung hätte noch viel größer seyn können, wie gegenstehend zu sehen.

[*An anderm Ort eine mehr detaillierte Berechnung auf Basis biblischer Angaben und Bandowf'scher Approximationen, wonach die 72 Personen, die Jacob nach Ägypten gebracht habe, in 430 Jahren sich auf 9.4 Millionen hätten vermehren können.*]

3.2 Über Lutheraner

Bandow ist ein unbedingter Anhänger Luthers. Für sein Erscheinen und seine Tat findet er viele Vorhersagen in der Bibel. Der Papst ist ihm der Antichrist und Luther sein Besieger. Die Reformierten, einmal gleichgesetzt mit den Calvinisten, dann auch (oder gleichzeitig) mit den "Frantzosen", d.h. den Hugenotten, die ursprünglich durch Kurfürst Friedrich Wilhelm nach Preußen geholt wurden, sind ihm aber fast noch ärgere geistliche Widersacher als die Katholiken, denn sie haben Luthers reine Lehre verwässert und intellektualisiert, und sie sind schuld daran, daß die Protestanten zersplittert wurden und die Reformation sich nicht in ganz Europa hat durchsetzen können.

◈ Die Luterische Religion ist die Religion der Teutschen [Bandows Unterstreichung] und gründet sich auf die Bibel. Hiedurch werden ehrliche, redliche, gotfürchtige Leute gezogen. Auf dieselben gründet sich die Handlung.

Teutschland war gleichsam vom Teufel und Pabst gichtbrüchig gemacht. Aber Christus sprach durch Luterum, sey getrost mein Sohn, dir sind deine Sünden vergeben.

◈ 1. [Zuerst] war die Grichische Kirche, den die Grichische Sprache ist zu

Jerusalem gebraucht worden, zu Christi Zeiten, daher auch das Neue Testament Grichisch ist. Es ist die Grichische Sprache, Volk und Religion noch vorhanden.

Die 2te Kirche ist die Lateinische, oder auch die päbstliche. Der Pabst scheint der böse Knecht zu seyn, der den Centner [sein Pfund] verbirget. Das lateinische Volk, Sprache und Religion, ist nicht allein corrumpiret, sondern auch fast gäntzlich verlohren. Die Lateiner sind überwunden, und ist kein lateinisches Volk mehr, daß ein eigen Land besitzet.

Die 3te Kirche ist durch Gottes Gnade die Teutsche, durch Luterum angerichtet, worunter ich aber keines weges die Reformirte oder Calvinisten rechne, weil sie gotteslästerliche Lehren haben, und sehr stark nach frantzösischen Witz richen, ja leider Gott als einen frantzösischen Tirannen abmahlen, wegen der absoluten souveraine eigensinnigen Gnaden Wahl.

◈ Die Lutersche Religion ist darum ohnstreitig die beste, weil sie sich bloß aufs Wort Gottes gründet. Das Wort Gottes aber harmonirt mit der gantzen Natur volkommen. Folglich ist die Lutersche Lehre der gantzen Natur gemäß und ist also einem State in aller Absicht am zuträglichsten.

◈ Können die Engeländer ihre Religion die Englische [die "Anglikanische"] nennen, die sie doch nicht erfunden haben, sondern dieselbe nächst Gott Luterum zu verdanken haben, wie vielmehr nennen wir mit Recht die Lutersche die Teutsche Kirche.

◈ Die sich Protestanten nennen und doch Lutherum, diesen Vater der teutschen Kirche heimlich in seinen Kindern unterdrüken, bilden den Kukuk ab [gleichen dem Kuckuck], welcher seine Mutter, die Grasmüke auffrißt. Ist es nicht eine edelmütige Dankbarkeith, wenn Kinder ihre Ältern, die sie gezeuget haben, ermorden, und im geringsten nicht bedenken, wie sauer sie ihrer Mutter worden sind.

◈ Echte Luteraner, das sind lautere, geläuterte, gereinigte, die ihre Kleider gewaschen und helle gemacht haben in dem Bluthe des Lammes. Sogar die so sehr verachtete und verlästerte Beichte in rechter Ordnung ist treflich für arme Sünder, die in hertzlicher Demuth ihr Sünden Elend erkennen, aber freilich nicht für stoltze Heilige und Gerechte. Jedoch ist manchen das Beichtgeld ein großer Anstoß.

◈ Das Beicht Geld abzuschaffen, scheinet sehr nötig zu seyn, aber nicht das Beichten selbst und das Hände auflegen. Wenn man ernstlich will, kan man stat des Beicht Geldes, den lutherschen Predigern ein beßer Gehalt ausmachen.

◈ Die Beichte stehet stoltzen Geistern gar nicht an. Die Schrifft sagt aber, einer bekenne dem andern seine Sünde, und das Hand auflegen war der Brauch Mose schon, wie auch der ersten Christen. Nur wäre zu wünschen, das man für eine regelmäßige Besoldung der Prediger sorgte, damit das Beichtgeld abkäme.

◈ Es ist den Sectirern eine Schande, daß sie sich von Lutero getrennet. Selbst den Reformirten, welche den Splitter Luteri mit einem Vergrößerungs Glaß betrachten wolten, aber der große Balke in ihren Auge hindert ihren Gesicht, so daß sie als hochmüthige Heuchler die Tugend für Laster und götliche Warheith für Lügen ansehen. Die Erkentniß ist das Auge der Seelen.

◈ Wenn ein Glied leidet, so leiden sie alle und müßten alle auff Hülffe bedacht seyn. Darum müßen die Luteraner zusammen halten, sonst können sie nach und nach Schaden nehmen, wie man leicht nach und nach ein Haar nach dem andren ausziehen kan, aber wer kan einen gantzen Pferdeschwantz zerreißen.

◈ Es ist dem Lande zuträglich, den Luteranern vorzüglich vor andren Gutes zu thun.

◈ Man muß die geschiktesten, ehrlichsten und frömmsten Prediger Profesores unter den Lutheraners von allen Orthen herrufen, auch die geschiktesten und frömmsten Schuhllehrer, Mediciner, Kaufleute, Künstler, alle ehrliche Handwerker. Besonders müßten alle Brandenburgische Abkömlinge mit gantz besonderen Gnaden wieder aufgenommen werden, weil sie von den edelsten Abkömlingen der Brandenburger sind.

◈ Man muß keine Juristen, noch Handwerker, noch Königl. Bediente annehmen, die nicht die Christliche Religion recht kennen und bekennen. Es wäre ein Kapital zu stifften für die, so auf diese christliche Ordnung genau acht hätten, damit die nachkommende freygeistische Fürsten es nicht wieder verunstriten [bestritten, infrage stellten].

◈ Der Churfürst von Brandenburg hat geurteilet, wer Lutherum verachtet, der ist kein Christ. Nicht nur alle reformierte und lutherische Priester Kinder, sondern auch alle, die von denen abstammen, so vor diesen [zuvor, früher] Münche und Nonnen sein musten, haben ihr leibliches Leben den ehrlichen Vater aller gläubig vernünfftigen Teutschen zu danken. Denn alle Priester, Mönche und Nonnen durften nicht heirathen.

◈ Seither der Reformation Luteri ist nicht allein der Pabst, sondern auch der Türke gefallen. Hingegen sind in protestantischen Mächte viel größer worden, auch sind seit dem die Wißenschafften im Flohr gekommen. Nicht allein ist vor Ursache, daß viele Millionen Priester Kinder ehelich gezeuget sind, sondern auch viele Millionen andre Kinder, von denen, die sonst in die Klöster gegangen sind, sodaß die Summa gantz erstaunlich ist.

◈ Lutheraner, laßt euch nichts vorschreiben Die Reformirten Lehre riechet gar zu sehr nach die Frantzosen. Die Teutschen, so derselben anhangen, haben die Frantzosen an ihren Seelen, wie auch am Leibe. Gleichwie die Frantzosen keine Sclaven von ihren Worten sind [sich nicht an ihr Wort gebunden fühlen], und sich dieser ihrer Schande rühmen, also bilden sie sich auf einen solchen Gott ein, auf deßen Wort man sich keines Weges verlaßen könne. Und weil die Frantzosen die Betrügerey Fineße nennen, also glauben sie auch einen solchen Gott. Gleich, wie der König von Fr.reich ein König der Esel genennet wird, weil seine Unterthanen Sclaven sind, also bilden sie sich auch ein, Gott wolle auch den Menschen seine Freiheit rauben. Deßwegen haben sie die eselhaffte Lehre von der Predestination erdichtet.

◈ Die meisten jungen Land Prediger verstehen keine Wirtschafft. Bringen viel Eigenliebe, Eigensinn u. Thorheit von Universiteten. Sie könten vieles nützen und viel ersparen, auch viel verdienen, wenn sie oeconomischen Unterricht und gute Zucht genossen hätten. **NB.** Und den Überfluß des Ersparten denen Prediger Witwen und Weisen zufließen lassen.

◈ Die besten Inspectores, die echte rechte Christen wären, solten 2 und 2 alle Stätte und Dörffer examiniren. Solcher Gestalt würde man erfahren, das [wo] elende Erkentniß und Ausübung des Christenthums [herrschen], und auch die große Faulheith und Unwißenheith und Ruchlosigkeith etlicher Priester.

◈ Es ist alles an gute Prediger gelegen. Lutherus mag davon ein Exempel sein. Fehlet es aber an guten Lehrer, woher will man gute Schüler nehmen. Darum muß unsre höchste Sorge auf die Schuhlen gerichtet seyn, denn ist die Jugend versäumet, oder gar verdorben und verführet, so ist alles verlohren, weil man dadurch anstat treue Hirten reißende Wölfe und Neidlinge bekomt.

◈ Wie finster sieht es aus, wenn wir 400 Jahr [ca. 1350] zurük denken. Noch viel hat sich seit der Reformation geändert, welche nicht viel über 200 Jahr ist [Luthers Thesen 1517, Augsburger Bekenntnis 1530, Schmalkaldische Artikel 1537, Kladde um 1750]. Es scheint, als ob man die großen Thaten Gottes durch Lutherum geschehen, gäntzlich vergeßen wolle, welcher gantz Europa, so wie Joseph hat Egipten in größten Floor gebracht.

◈ Luter ist noch von keinen heutigen Freygeist für einen Betrüger gescholten wordem. Vieleicht ist es ihnen ein mahl leid, daß sie ihn so einfältig beschrieben, und daß sie ihn nicht auch als einen Ertzbetrüger beschrieben.

◈ Der grobe Luter schimpfte und fluchete wie ein Landes Knecht und wußte nicht zu leben. Für seine Grobheith fürchtete sich gantz Europa und strekte das Gewehr gegen ihn [die Waffen vor ihm]. Er hatte keinen Espri, sondern war so dum, wie die alte Teutsche, und redete so einfältig als die Bibel. Hätte Luter Espri gehabt, so hätte er wohl den Frantz. Calvinus gefolget, in der Lehre von der Predestination. Denn gleich wie die Frantzosen keine Schlaven [Schlaven = S'chlaven = Sclaven] von ihren Worthen sind [ihr Wort nicht halten], also laßen sie solches auch vor Goth.

Luterus hatte mehr Mühe, die ungezogenen, abergläubisch verblüffte und dumme Leute durch Worthe zu bekehren, denn solche Leute wollen durch Schläge zurecht gebracht und bekehrt seyn. Darum hat ihm die damahlige Dumheit nicht geholffen, sondern der Glaube an Gott. Es sey den, daß ein tod Kranker viel leichter zu curiren sey, als ein unpäßlicher. Darum rasen die Feinde Luteri, wenn sie die Reformation in natürlichen Dingen setzen und uns weltliche Intereßen [unterstellen]. Warum machten sich dann die Könige nicht vorher loß vom Pabst.

◈ Die Gesänge der Luteraner sind exellent und keine Religion hat sie so vortreflich. Luter hat exellente Nachfolger, die herliche Bücher geschrieben haben, welche alle Bücher von andren Secten weit übertreffen.

◈ Ein Krieges Held, so lauter Catoliken commandiret, kann es so weit nicht bringen, als einer, der rechte Luteraner commendiret, weil jene voll Aberglauben, diese aber voll wahren Glaubens, Weisheit und Wahrheit und Kräffte sind.

◈ Warum wolt ihr catolische und reformirte Prediger Diebe und Mörder seyn, da ihr ehrlich leben könt, wenn ihr euch bekennt, die Luteraner zu folgen, oder viel mehr dem Worthe Gottes

Warum wolt ihr von geraubten Gütern leben

Warum wolt ihr Gottes Worth verdrehen und also Gott lästern

Warum wolt ihr die Sünde eurer Väter erfüllen

Warum wolt ihr der Väter Straffe euch erkauffen

Warum wolt ihr die Thorheith und Hochmuth euerer Vorfahren verteidigen zu euerer zeitlichen und ewigen Schande.

◈ Ein Haupt Buch zu machen, worin die Setze der Religion zu Debet und Credit gebracht werden, die Sache desto klarer zu erkennen.

◈ Der Luterische Gottesdienst ist auch darinn beßer als der Reformirte, weil man die Jahrzeiten beßer besinget, und mehr Erinnerung und Gelegenheith hat, Gott zu danken.

◈ Schämt euch, ihr undankbahren Teutschen, daß ihr bisher Gott nicht hertzlich für die Reformation gedankt habt, legt dem Pabst zum Trotz ein eigenes Fest der Danksagungen aus.

Als [wie] die Juden Mose zu Ehren das Osterfest gefeiert haben, feierten die Juden billig das Osterfest wegen der leiblichen Erlösung, 2 Tage lang. Wieviel mehr feiert ihr billig ein Erlösungsfest, das soviel wichtiger ist, als die Seele höher ist den der Leib.

◈ Wenn der König sich lutersch erklärte. so würde er einen erstaunlichen Zulauf von allen Teutschen Nationen haben. Es würde auch einen erstaunlichen Eindruk in alle europeischen Völker geben, wenn der König die Heldenthaten Luteri preisete, die er durch Gottes Gnade errichtet.

3.3 Über Reformierte

Die Reformierten, worunter Bandow abwechselnd oder gleichzeitig einheimische Reformierte, holländische Calvinisten und französische Hugenotten versteht, standen seit dem Westfälischen Frieden 1648 gleichberechtigt neben den Lutheranern. In Preußen hatten sie, seit Kurfürst Johann Sigismund zur Reformation überging, eine führende Stellung. Bandow kritisiert zwar die Prädestinationslehre Calvins und beschuldigt die Reformierten, den evangelischen Glauben gespalten und die vollständige Durchsetzung der Reformation verhindert zu haben, aber er tut das mit merkbar geringerer Vehemenz als in seinen Tiraden gegen die Katholiken und gegen die Freigeister. Sein Ärger speist sich deutlich mehr aus seinem Neid gegen ihre Privilegien als aus seinem Glaubenseifer. Ziel seiner Angriffe sind vor allem die Domherren. In Preußen hatte sich die Einrichtung des Domkapitels nach der Reformation gehalten, aber es war praktisch funktionslos geworden. Nichtsdesto weniger bezogen die Domherren, die sich traditionell aus dem Adel rekrutierten, weiterhin ihre Pfründen aus dem eingezogenen Kirchengut.

◈ 1614 hat Churfürst Joh. Sigismund die Reformirte Religion in die Mark Brandenburg eingeführet.

◈ Der Deßauer war reformirt und hat die gotlose Soldaten Zucht hauptsächlich eingeführet. Fast alle Ministers sind Reformirte.

◈ Es ist eine weise Staats Kunst, das eine Hand voll Reformirte das gantze Land vol Luteraner unterdrüken, oder halb dragonermäßig [d.h. wie in Frankreich.

wo die Hugenotten durch Zwangs-Einquartierung von Dragonern drangsaliert wurden] bekehren soll.

◈ Reformirt und Calvinisch sind beydes nicht teutsche, sondern ausländische Worthe.

◈ Reformirt ist eine Frantz. Religion. Frantzosen reden, denken, schreiben, lesen, eßen, trinken, kleiden, tantzen, spielen, huren etc. sind lauter Zeichen der Überwindung der närrischen Teutschen.

◈ Hätte der Frantzose Calvinus nicht durch die Lehre von der Predestination den Luther klug gemacht, so wären alle Teutsche noch unvernünfftig wie das Vieh, denn sie würden sonst die Heilige Schrifft geglaubt haben.

◈ Weil Calvinus sein Kleid zerrißen, so müßte er mit den nakenden Ars gehen, wenn er nicht Luthers Rok gestohlen hätte. Er stiehlet auch, wo er weiß und kann, die Kirchen Güter in seinen Nachkomen, die doch die Lutheraner bekehren wollen.

Die Frantzosen und die frantzösische Religion, i.e. Calv., bringen uns den Unglauben, der Pabst und Italiener den Aberglauben. Beyde Nationes sind unsre Narren auf unsren Schaubühnen, was kann man aber Kluges von diesen Narren lernen? Beyde Nationes verbiethen unser Worth Gottes in ihren Ländern. Solten wir nicht ihr Worth des Teufels wieder verbiethen, die verfluchten Lügen Romainen, womit sie unsre Jugend nach Leib und Seele ermorden, oder doch infam machen?

◈ Calvini Vernunft übergehet [übersteigt] aber noch die Göttliche Vernunfft, so uns in der Heil. Schrifft offenbahret ist.

◈ Die Reformirten sind schuld, daß die Reformation nicht algemein geworden, denn sie machten die Leute irre und fielen Luterum als meuchelmörderische falsche Brüder in den Rüken, da er gleichsam dem Pabstthum ein Treffen lieferte. Da nun die Reformation verhindert wurde, ist die Freygeisterey und Aberglauben daher entstanden. Denn **NB.** welchen von disen 3 Religionen [Lutherisch, Calvinistisch, Reformiert] sollen die Leute folgen?

Wie, wenn von ihnen die verlohren Seelen in allen 3en Religionen gefordert würden, nun seit etliche 100 Jahr. Desgleichen die großen Unordnungen, so wegen der Freygeisterey und Aberglauben entstanden, das Blut der Märtirer und das geraubte Guth der armen Witwen und Weisen durch freygeistische Richter und Advocaten etc.

◈ Die Reformirten haben fast in allen Ländern die Lutheraner um ihre Religions Freyheith gebracht, so daß die Consistoria fast nichts mehr bedeuten, und daß man das Wahlrecht fast allenthalben aufgehoben hat, wieder den Westphälischen Frieden, wieder das Gesetz der Natur, wieder die Gewißensfreyheith.

◈ Daß man die Kirchen Zucht aufgehoben hat, daran sind wohl gantz die Reformirte schuld.

◈ Die Reformirte haben schon offt nebst ihren Fürsten (aber vergeblich) Victoria gekreet und geruffen. Die reformirten Frantzosen kosten dem Lande viele Millionen. Dafür haben sie die Sitten unsrer Fürsten, Graffen, Edelleute, Bürger u. Bauern verdorben.

◈ Daß die Reformirte das weltliche und geistliche Regiment geführet haben, im Brandenburgischen, ist wohl als eine Haupt Ursache des Verderbens, der Schlaverey, und daß Werbung, wie auch daß Millionen lutherische Kinder durch Heiraths Verbothe verhindert worden sind, gebohren zu werden, so daß man beynahe die Nation ausgerottet hat

◈ Hosea, im 12. Cap. dem 9ten Vers, spricht Ephraim, Ich bin reich, ich habe genug etc. So auch Offenb. B. 17, woselbst allen Ansehen nach die Reformirten oder Calv. redend eingeführet werden.

So lange der Mensch wißentlich [in] Sünden lebet, so lange hat er den Geist Gottes nicht. Gott kan so lange ihm nicht zu seinen Dienst und Ehre brauchen, sondern der Teufel hat seyn Werk in den Ungläubigen. Auch die besten Werke, so er tut, sind gläntzende Laster. Eine kleine wißentliche Sünde kan selbst die Gläubighen auf lange Zeith ungeschikt machen zum Gebeth, zum Dienst Gottes, zum stündlichen Eifer für die algemeine Wolfahrth. Die Liebe Gottes und des Nächsten erlöschet, als zum Exempel die subtileste Unkeuschheith in Gedanken, ziehet die Gedanken von Got ab und hindert alle gute, heldenmütige Gedanken.

◈ Die Reformirthen müßen [auf] ihre canonische Bücher besch[w]eren [schwören], folglich sind alle reformirte Priester meineidig, sobald sie von der Predestination abgehen, und sich nach dem götlichen Worthe richten.

◈ Wäre Calvinus ein ehrlich Mann, so würde ich auch mehr von seiner Religion halten.

◈ Die Reformirten sind irre und wißens nicht, Kirchenräuber und wißens nicht etc. Es schreißt [du] hir, und weißt nicht, daß du bist arm, elend, blind, nakt und bloß.

◈ Die reformirten Gemeinen erhalten ihre Prediger [von] nicht[s], als <u>vom</u>

Schweiß der Luteraner, [Bandows Unterstreichung] folglich handeln die Reformirte unrecht. 1 mahl das sie die Luteraner bestehlen, 2. das sie die Arbeith ihrer Prediger umsonst empfangen. Der Prediger arbeitet für ihnen, ein Arbeiter aber ist seines Lohnes werth. Den geben sie nicht selbst, sondern aus andere Leute Beutel.

◈ Wer denen Reformirten zum Besten Almosen gibt, der thut eben als wenn er den Kindern das Brod nimt und wirfft es vor die Hunde. *Oder noch ärger* [Bandows Unterstreichung]: Der seinen eigenen Kindern das ihrige nimmt und gibt es bösen Buben, die bestimmt sind, gedachten Wohltäters Kinder zu verführen zur Gotteslästerung, zur Kirchenräuberey, zur Verderbung der rechten Christen etc..

◈ Zu Frankfurth [a.d. Oder] sind nur 12 reformirte Studenten, und dazu werden 4 reformirte Profesores Theologie gehalten, welche vom Raube leben, den die Luteraner gehört Universitet und Einkünffte.

◈ In Erfurth sind 4 reformierte theologische Profeßores, und kaum 10 à 12 reformirte Studenten. Diese leben von geraubten Luterschen Gütern. Wenn stat derselben Lutersche Theologen da wären, würde die Universitet viel mehr in Aufnehmen seyn. Sie könten auch nicht so geschwinde nach Jena, Leipzig etc. gehen.

◈ Auf der Neustad in Berlin bezahlen die Luteraner für das Geläute, wenn gleich nicht geläutet wird. Hingegen geben die Frantzosen und Reformirten nichts. Dem allen ohngeachtet kriegen doch die Frantzosen die Hälffte dieses luterschen Geldes, und die Reformirten 1/4 deßelben Geldes. Folglich kriegen die luterschen Kirchenvorsteher nur 1/4teil von ihren eigenen Geld. Daß sind reformirte Kirchen Räubereyen. So geht es fast allenthalben.

◈ Wer den Gottes Kasten bestiehlet und nur das Geringste davon weg nimt, der mus sterben ohne alle Gnade und Barmhertzigkeith als ein Kirchen Räuber. Wie viel mehr aber der, der nicht allein den Gottes Kasten bestiehlet, sondern auch die ausstehende Capitalia und liegende Gründe, und der endlich gar die Kirche selbst mit gewapneter Hand stiehlet oder raubet. Kleine Kirchen Diebe, die etliche Groschen stehlen, hält man infam, und werden noch gar gerädert. Aber die großen Kirchen Räuber belohnet man mit lutersche Einkünffte. Die reformirte Prediger hat man doch nicht gerädert, ob sie gleich viel 100 Kirchen nebst den Kirchen Güter geraubet haben, vielleicht, weil es heilige Diebe seyn wollen, die zugleich den Menschen ihre zeitliche und ewige Seeligkeith rauben...[Bandow berechnet mit Bezug auf Mose, daß die Reformierten den Lutheranen nicht nur den 10fachen Wert der Kirchen wiedergeben müßten, sondern zum Kapital auch noch 50% Zinsen usw.]

◈ Es muß niemand zur Hebung [in Genuß] der geistlichen Einkünffte kommen, und müßten die Domherren niemand wehlen, der nicht zum algemeinen Besten des Vaterlandes approbirte Vorstellung gethan. **NB** Diese Leute haben nichts zu thun und können also ihren Gedanken auf das Beste des Vaterlandes richten. Der König hat Macht, dergleichen Gesetze zum Besten des Vaterlandes zu geben.

Es wäre überdem guth, neue Stifftungen zum Besten der echten Patrioten zu errichten, damit man tüchtige Leute durch dieses Mittel kennen lernete, und gute Köpfe angetrieben würden, zum algemeinen Besten was Guthes zu denken und fleißig zu studiren.

◈ Die jetzigen Reformirten bestätigen die Kirchen Räubereyen und gotteslästerliche Lehren ihrer Vorfahren, und leben selbst vom geraubten Kirchenguth.

◈ Ein Kirchen Räuber ist infam und der Heeler ist so guth als der Stehler. Wenn nun die jetzigen Ref. Priester die geraubten Kirchen und Kirchengüther [nutzen], so sind sie öffentliche Heeler und öffentliche Räuber der Kirchen.

3.4 Über Juden

Zu Bandows Zeiten lebten in Berlin etwa 3000-4000 Juden, knapp 4% der zivilen Bürgerschaft. Sie waren in ein paar Schüben von den Brandenburgischen Herrschern eigens ins Land geholt worden, um dessen Finanzen aufzuhelfen. Es waren nur wohlhabende Juden, sie hatten eine Einwanderungsgebühr zu entrichten, ihre Steuer waren wesentlich höher als die der übrigen Einwohner und flossen direkt in die königliche Kasse. Im Gegenzug war es ihnen erlaubt, auf verliehenes Geld 12% Zinsen zu nehmen, im Gegensatz zu den Christen die nur 6% nehmen durften, und sie genossen weitere Privilegien, z.B. beim Handel, die ihnen das Geldverdienen erleichterten. Bandow nimmt an diesen Privilegien besonders Anstoß, weil sie direkt in die Verdienstmöglichkeiten der christlichen Kaufleute eingreifen. Mit Recht weist er darauf hin, daß es sich dabei eigentlich nur um eine indirekte Besteuerung der Bevölkerung zugunsten des Königs handelt. Seine Aversion gegen die Juden gilt diesen, wie auch den Franzosen, in erster Linie als Konkurrenten, die er als zu Unrecht vom Staat begünstigt sieht.

Natürlich sind in einer Gemengelage dieser Art allerlei Betrügereien möglich und werden um so leichter begangen, je mehr dabei zu gewinnen ist. Was Bandow aber nicht auffällt, bzw. von ihm nicht herausgestellt wird, ist die Habsucht des Königs, die hinter den Privilegien der Juden steht und ist die Gedankenlosigkeit oder Charakterschwäche derer, die sich z.B. von Wucherern ("Plusmachern") – und nicht nur jüdischen – ruinieren lassen. Studenten, Offiziere und der unten genannte Herr Grüneberg haben sich ja durchaus freiwillig auf den Handel eingelassen.

Im Gegensatz dazu ist sein "Antisemitismus" (wenn man diese Bezeichnung verwenden kann) ganz und gar religiöser Art und hat mit Volk oder Rasse nichts zu tun. In Bandows Vorstellung sind Juden und "Deutsche" Brudervölker vom Stamme Noahs. Da die Juden aber Christus nicht erkannt haben und eigensinnig an überholten Glaubensvorstellungen festhalten, sind sie von Gott verflucht und in alle Welt zerstreut. Aufgabe der Christen ist es keineswegs, sie auszurotten oder zu vertreiben, sondern sie zu bekehren. Dann ist nichts mehr an ihnen auszusetzen. Bandow meint sogar, daß allein das Bespiel eines vorbildlichen christlichen Staates sie zum Übertritt zum Christentum bewegen könnte.

◈ Die Juden schändeten die Gräber der Propheten, so ihre Vorfahren erwürgt hatten. Allein, sie mordeten doch Christum und seine Jünger. Darum wurden sie als Todes würdige Infame von die Römer ausgerottet, so wie es ihnen Christus vorher gesagt, es würde alles gerechte Bluth von ihren Händen gefordert werden.

◈ Christus wurde auch von den gottlosen, undankbahren Juden besiegt, oder es schien so, aber er stand sigreich wieder auf, und gab den Juden ihren Lohn durch die Römer.

◈ Einige wollen, daß die Juden ein weltlich Reich wieder anrichten solten, und den Tempel des Ezechiels. Allein, das würde wohl recht heißen, im Geist habt ihr angefangen, im Fleisch wollet ihr vollenden.

◈ Die Juden solten merken, daß ein neu Gesetz von Zion ausgehen solte, und von Jerusalem.

◈ Gleich wie die jetzigen Juden keine rechten Juden mehr sind, sondern sinds nicht, also auch die Catoliken sind keine rechte Christen, die lateinische Kirche ist samt den Lateinern ausgerottet.

◈ Die Juden nennen bis diese Stunde die teutsche Nation nach ihrem Stamvater Ascenas, welcher der erstgebohrne Sohn Noe, Japhets oder vielmehr Gomers war. Folglich war er die Erstgeburth Noe, bis ind vierte Glied, welches eine Sache von sehr großer Wichtigkeith ist.

◈ Die Kinder Esau durfften von den Kindern Israel nicht vertilget werden, als sie das Gelobte Land einnahmen. Uns ist auch nicht erlaubt, die Juden zu vertilgen, sondern sie vielmehr durch unser gutes Exempel zu bekehren.

◈ Durch eine recht christliche, regelmäßige Regierung würden die Juden auf unserer Seite fallen.

◈ 1571 ist Joach[im] II [Kurfürst von Brandenburg] von eines Juden Vorgeben und alle [sind wegen eines Juden Vergehen alle..] Juden verbannet worden. [Der jüdische Münzmeister Lippold war verdächtigt worden, Joachim II ermordet zu haben]. Nun aber haben sie leider mehr Freyheit als die eingebohrenen Teutschen Brandenburger. Entsetzlich ist ihr Wucher, so sie von der Armuth erpreßen, noch entsetzlicher aber, daß die Obrigkeith sie in aller Gottlosigkeith schützet. Zum Exempel, es ist ihnen erlaubet 12 pro cento Intereßen zu nehmen, denen Christen aber, bey Verlust des Capitals, nur 6 pro Cento. Offenbahrer Beweis, daß unsere Räthe erkauffte Verräther des Landes sind. Die Officiers verkauffen die Juden Privilegien.

Sie bahnen ihrem Messias den Weg durch die infamsten Spitzbübereien, und sie stellen sich demselben als die größten Räuber vor. Diese Vergehen solte der Fiscal straffen.

◈ Daß die Juden alles mit Geld erzwingen können, daß siehet man an der Naturalisations Bille [Bill of Naturalization] In England geschiehet dieses einen solchen großen Parlamente, welches sich laut Engl. Bericht, mit 500 000 Pfund Sterling [hat] bestechen laßen, welches über 3 Millionen Reichstaler beträgt. Wieviel leichter ist ein einzelner Richter oder ein paar College oder Presidente bestochen. Sie rühmen sich, daß sie den Diedrich [den Nachschlüssel] zu allen Collegia [Entscheidungsgremien]haben.

Dahingegen siehet man, was eine freie Nation für herliche Vorzüge hat, den die Engeländer haben die Naturalisation wiederruffen. 196 Herren vom Oberhause sind versamlet gewesen, welches die größte Anzahl ist, so bey jetziger Regirung versamlet gewesen, es haben nur 8 Herren gefehlet.

Engeland hat wohl ohne Zweifel die vernünftigsten Gesetze unter allen Ländern in der gantzen Welt. Warum aber sind sie so hart, selbst den besten, vernünftigsten und reichsten Fremden die Naturalisation abzuschlagen, wenn sie gleich gute Christen sind.

◈ In unsern Ländern hingegen ist jeder Jude ein gebohrner Kaufman. Er hat das Erbrecht auf die Kaufmanschafft, die Kaufmanschafft aber ist die Generalitet des Nehrstandes. Wenn nun das Haupt einer Stadt aus Juden besteht, so muß es nothwenig in der selben eben so elend aussehen, als in den meisten Polnischen Städten, wo die Juden die Häupter der Stadt sind. Daher ist gantz Pohlen ein Spot [ein Witz] gegen eine teusche Provintz als Sachsen, wo keine Juden gelitten werden. Wo findet man einen Juden, der Tagelöhner, Spinner, Weber, Wolkämer

[Woll-Kämmer] , Handlanger, Knecht, wo findet man Jüdinnen, die waschen, nähen, spinnen, vielmehr haben sie Knechte und Mägde von den Christen.

◈ 1754 sollen in Rom 153 136 Christen und 11000 Juden (7,2 %) gewohnt haben [*Zum Vergleich: 1748 hatte Berlin nach Bandow 107 380 Einwohner, davon 21 905 Soldaten (20,4%), 7 193 Franzosen (8,4% der Zivibevölkerung) und 2 007 Juden (2,3%). 1777 waren es 140 719 Einwohner, davon 31 964 Soldaten (22,7%), 5 346 Franzosen (4,9%) der Zivilbevölkerung und 4145 Juden (3,8%).*]

◈ Die Juden führen die Seidene Wahren [ein], wovon schwehrlich der 10te Theil veracciset [verzollt] wird. Wenn man also die Summa aller Seide und aller seidenen Wahren wißen will, und wievil Geld aus dem Lande geschleppet wird, so kan man die veracciste Sumen sicher mit 10 multipliciren, als den wird die rechte Summa des Verlustes hirraus kommen, so das Seiden tragen veruhrsachet. Von dieser Summa des Aufwandes der Stadt Berlin können wir Schlüße machen auf die Länder, und dieses wird unsern Fleiß verdoppelen, den Seiden Bau mit Macht zu treiben **NB.** Die Seide und seidene Wahren kosten jetzt noch eins [noch einmal] so viel wie sonst, darum ist der Schaden doppelt.

◈ Der Kaufmann Grüneberg in Frankfurth an der Oder erzählte mir in der Margareten Meße 1751:

Es hätte ein ehrlicher, wohlhabender und sicherer Kaufman nothwendig 800 Rtl zu Auszahlung eines Wechsels dringend nötig gebraucht, und hätte ihm um Anschaffung deßelben gebethen. Weil aber wenig wohlhabene Kaufleute da sind, war es nirgend als bey einem Juden aufzutreiben möglich. Der Jude sagte, er hätte so viel als sie verlangten. Als man aber das Geld wirklich haben wolte, sagte Er, er hätte es nicht, er wolte sich aber bemühen, es anzuschaffen. Allein sprach er, ein Judas, was wolt Ihr mir geben, wenn ichs euch auf 2 Monath anschaffe. Man erboth sich gleich 12 Przt. [Prozent] zu geben. Ja sagt er, davon krieg ich nichts, sondern der, von dem ich das Geld schaffe. Kurtz, er wolte 100 Taler zum recompens haben, und der Kaufman muste es aus dringender Noth bewilligen, und weil die 2 Monath umwahren, hatte derselbe Kaufman so viele Fatalia, daß er das Geld noch auf 2 Monath nehmen mußte, und mußte wiederum Ein hundert Taler den Juden accordiren, oder er wolte mit Ihm nach Wechselrecht verfahren, also verlohr der Kaufmann in 4 Monathen auf 800 Taler 200 Taler und mußte über dieses noch 12 Przt. Intereßen bezahlen. Wenn dieses 1 gantzes Jahr gedauret hätte, so hätte der Jude, an 700 Taler verdienet, und der Kaufman von die 800 Rtl nichts mehr als 104 Taler übrig behalten.

◈ Umstehende Seite [das Beispiel des Kaufmanns Grüneberg] zeiget ein Exempel der Juden Schinderey [Wucher], an einen erfahrenen, wohlhabenden, sicheren

Kaufman. Der Wechsel ist pro forma auf eines anderen Juden Namen gestellet, die Schinderey desto besser zu treiben. Nun schließe man von dieses Exempel auf arme einfältige Bürger, die keine Rechnung zu machen wißen. Ich habe selbst einige Familien gekant, die durch Juden sind ruinieret worden. Es ist unverantwortlich, daß man diesen Gaudieben erlaubet, Geld auf Pfender zu geben, à 12 Przt. Hingegen, wenn der Christe, das gantze Kapital ohne Pfand risquirt, so verliert er daßelbe, wenn er mehr als 6 Przt. nimt. Ist dieses nicht wieder alle Vernunft. Wie viele junge Leute haben Sie nicht gäntzlich ausgeplünderth, als [wie] junge Edelleute, Studenten, junge Officirs, junge Kaufleute etc.

◈ Die Juden dürffen 12 pro Cento nehmen, weil sie der Obrigkeith viel geben müßen. Aus eben diesen Grunde würde es sehr einträglich seyn, wenn man die Landstraßen an die Straßenräuber verpachtete, man müßte die Nachkömlinge des Cartush aufsuchen. [*Louis Dominique Cartouche, geboren 1693, hingerichtet 1721, war ein berüchtigter Pariser Dieb und Bandenführer mit Verbindungen zu zahlreichen einflußreichen Persönlichkeiten der Pariser Gesellschaft.*]

◈ Die größte Wohltat so einem gefangenem Volk nach dem Naturrechte wiederfahren kann, ist diese, daß man Ihnen ebenso viel einräumt als denen Landeskindern. Ihnen aber nicht allein das Gedoppelt sondern sogar vielfach gedoppelt wiederfahren zu laßen, ist wieder alle Vernunft.

3.5 Über Freigeister

Die Freidenkerei oder Freigeisterei, wie sie bei Bandow ausschließlich genannt wird, war die philosophische Grundlage der Aufkärung, deren Kind Bandow selbst auch war. Indessen folgt er ihr sozusagen nur auf halbem Wege. Ganz Utilitarist, ganz Merkantilist, ist er fortschrittsgläubig, was die Möglichkeiten der praktischen Anwendung naturwissenschaftlicher Erkenntnisse betrifft, zeigt sich technisch interessiert und experimentierfreudig. Große oder kleinere Philosophen seiner Zeit sind ihm jedoch keine Bezugspersonen. Er erwähnt keinen davon. Dagegen interpretiert er den Zeitgeist ganz aus einer anscheinend unerschütterlichen religiösen Verankerung im Luthertum und in der Bibel. Oder läßt die Heftigkeit seiner Angriffe vielleicht gar Zweifel erkennen? Die Vorstellung einer wohlorganisierten, gesunden und friedlichen Welt, etwa im Sinne Rousseaus, kann er mit seinem Glauben ohne Schwierigkeit vereinbaren. Durchaus ablehnend steht er aber der religiösen Freidenkerei gegenüber, die sich erlaubt, Glaubensgrundsätze in Frage zu stellen und das eigene Denken, die Vernunft zur Richtlinie allen Handelns zu erheben. Ganz und gar ablehnend stellt er sich gegenüber dem "anything goes" der Aufklärungszeit, nach dem Grundsatz, "gar keine Pflichten mehr anzuerkennen", und dem wachsenden Atheismus. Zu beachten ist, daß er den obersten Freidenker Preußens, den König, weitgehend von seiner Kritik ausnimmt und stellvertretend nur dessen Standesgenossen und Ratgeber angreift.– Im Folgenden nur eine kleine Auswahl seiner Schimpfkanonaden gegen die Freigeister. In der Kladde nehmen sie einen weit größeren Raum ein, wiederholen sich aber auch auf ermüdende Art. Irgendwie verraten sie auch eine uneingestandene Faszination am "Bösen".

Von die Freygeisterey
Der Teufel ist der Anfänger und Vollender des Unglaubens, bis in die unterste Hölle. Er philosophirete zuerst wieder Gottes Worth und war der erste scheinheilige Misticus. Er machte die Menschen frey von Gott, von der Gerechtigkeith, frey von der Wahrheith, frey von der Liebe, frey von Glauben, frey von allen Friede mit Gott, frey von aller Freude etc., frey von allen Tugenden u. Unschuld. Er erklärete das Worth Gottes Evam [der Eva], so wie er es Christum auch erklären wolte, und sprach: dieses alles will ich dir geben etc. Deine Augen werden aufgethan werden und **NB!** du wirst seyn wie Gott. Der Teufel predigte im Paradise, er predigete und versuchete Christum, er prediget noch, durch Heuchler und Freygeister.

◈ Cain war nächst dem Teufel u. Adam der erste Freygeist und erschlug in seinem Bruder alle seine [dessen] Nachkomen. Eben so ist mit Hurerey der Mord verknüpft. Jubal, Kain der 2te Freygeist, war ein doppelter Mörder. Deswegen wurde ihr Same verflucht. Als nun ihre Nachkommen sich der Hurerey ergaben, und daraus Tiraney und Grausamkeit entstanden, wurden sie deswegen von der Sündfluth verderbet.

1. B. Mose, C. 6, V. 2-7 zeiget, daß sich beide Geschlechter vermischet und verführet, woraus große Tiranney entstanden, den die Bosheith war groß auf Erden und alles Tichten und Trachten war nur böse immer dar, sie wolten sich den Geist Gottes nicht strafen laßen. Alles Fleisches Ende ist vor mir kommen, den die Erde ist voll Frevel, darum will ich sie verderben.

◈ Kain war ein scheinheiliger Heuchler und Freygeist zu gleich. Mit seinem Bruder rottete er sogleich die die Hälffte des Menschengeschlechts aus. Er war ein Politicus. Ratio status erforderte den Bruder Mord.

◈ Der Freygeist spricht, es wäre ohnmöglich, das eine Sündfluth gewesen sey über den gantzen Erdboden. Folglich ist es viel 100, 1000 mahle [unmöglicher], daß Himmel und Erde hat erschaffen werden können, mit so viel Millionen Sonnen u. Weltkörper, die gleichwohl da sind, und die Almacht u. Liebe Gottes beweisen.

◈ Die Gelehrten rasen [sind verrückt], die die Erdbeben nicht als eine Buspredigt, sondern als eine natürliche Sache ansehen.

◈ Die Freygeister wollen den Aberglauben bestreiten [bekämpfen] und sind die ärgsten abergläubigen Narren, die ihr eigenen zeithliches und ewiges Unglük machen.

◈ Die Freygeister sind entsetzlich abergläubisch, denn sie opfern sich selbst Leib und Seele, Hertz und Sinne, alle Kräffte und das gantze Gemüth den Teufel auf, ja ihre zeitliche und ewige Wohlfahrt. Sie lieben den Teufel von gantzem Hertzen, allen Kräfften und gantzen Gemüth, von gantzer Seele

◈ Die Freygeister wollen man soll der Natur ihren Lauf laßen. Folglich ist unbillig, die Raupen, Heuschrecken, Ratzen etc. zu vertilgen, denn sie folgen der Natur. Ein Haus brennt natürlich, die Wasserfluth ist natürlich etc.

◈ Luter sol dum gewesen seyn. Seid ihr naseweise Freygeister so sehr klug, so macht doch die Welt auch klug und befreit sie von Aberglauben. Insonderheith habt ihr Gelegenheith, die Papisten, Heiden, Türken etc. von Aberglauben zu befreien, so wie Luter die teutsche Kirche aus dem Aberglauben gerißen.

◈ Freygeister, starke Geister, daß ist verdolmetschet hochmüthige, rasenden, naseweise, hochgeehrte sage verkehrte Ertznarren.

◈ Die Freygeister treiben ihre Kinder ab, oder verwahrlosen sie, und bringen sie um, sind also dem Staat unendlich schädlich. Darum vermehreten sich die Juden in Kurtzen so außerordentlich [gemeint ist: weil die fromm sind und ihre Kinder nicht abtreiben]. Die Kinder der Freygeister so leben, sind dem Staate eben so nützlich wie die Pestilentz, ja, noch viel schädlicher.

Ein Advocat, der ein Freygeist ist, ist ein ertz General Spitzbube, und hat wohl 1000 Mahl den Galgen verdienet. Der Freygeist ist ein Ertzdieb, er stiehlet ehrlichen Weibern ihre Ehre und Seeligkeith etc., den Männern ihr Geld.

◈ Eine Ehebrecherin verläßt und haßet Mann und Kinder wie eine Raben Mutter. Eine Sau ist ihr vorzuziehen, den sie streitet erstaunlich für ihre Verkel. Darum ist der Sautitel viel zu hoch für Freygeister, man setzet sie nicht dadurch herunter, sondern erhebet sie zu hoch, eben als wenn man einen naseweisen, groben pöbelhafften Narren Geheimen Rath aus Spot nennet.

◈ Ein tirannischer Fürst ist eben so närrisch, als wenn eine Lauß oder Floh alle Bewegungen himmlischer Kreise aufhalten wolte. Sie thun sich selbst die abscheuligsten Spöttereyen an. Wer sich fälschlich für einen König ausgibt, wird billig mit königl. Schmuk triumfierend verspottet. Wie viel 1000 mahl mehr verspotten sich die Freygeister selbst, den sie geben sich für Götter aus, die alles thun können, was sie wollen, denn sie thun was sie wollen und fragen nichts nach Gottes Geboth.

◈ Viele Großen, die viel Ahnen haben, sind Freygeister, folglich Feinde des Vaterlandes und Gottes Rebellen [Rebellen gegen Gott]. Darum solte man sie zu Leibeigenen machen, wie die Wenden.

◈ Viele Laqueien sind offt viele lasterhaffte Tagediebe, die zu nichts als zum unnützen Staat dienen, und im Land weit nützlichere Arbeith verrichten könten.

◈ De la Metrie [Julien Offrey de Lamettrie, Arzt und materialistischer Philosoph, geb. in St. Malo am 23. Dezember 1709, gest. in Berlin am 11. November 1751.] und der Frantz. Gesandte fraßen sich in Berlin todt. Wenn sie eine Sau zu Gaste genötiget hätten, so hätte dieselbe beyder Leben gerettet, und ihnen die Wette abgewonnen, den sie hätte gewiß mehr gefreßen den diese beyde weise Frantz. Freygeister.

◈ Graf Struensee und Graf Brand haben das de la Metri gotlosen Schrifften zu danken, daß ihnen die Hand abgehauen ist, daß sie geviertheilet und aufs Rad geflochten sind. [Johann Friedrich Graf von Struensee, geb. den 5. Aug. 1737 in Halle, dänischer Staatsminister und Liebhaber der Königin, wurde wegen Amtsanmaßung und Amtsmißbrauch verurteilt und zusammen mit seinem Freund Brand am 28. April 1772 in Kopenhagen hingerichtet.]

◈ Die Juristen sind fast alle Freygeister und Ertzfeinde der Bürgerschafft, besonders der Kauffmanschafft. Die Officir sind auch fast alle Freygeister, denn wenn sie Christen wären, so würden sie nicht Diebe, Straßenräuber, Mörder, Hurer, Ehebrecher, Menschendiebne, Verräther und Feinde des Vaterlandes und würden hingegen Got mehr als Menschen fürchten u. gehorchen, und würden sie nicht Ertzdiebe und Spitzbuben unter ihren Companien dulden.

◈ Die Freygeisterei ist eine tolle Raserey. Wenn man nun die Grund Regeln der Staats Kunst aus der Freygeisterey her nimt, so ist es eben, als wenn man die Gesetze des Landes den Dolhause von den Rasenden holete.

◈ Alle Freygeistische Staaten haben so lange in ihr eigen Eingeweide gewütet, als Rasende, bis sie sich selbst verwüstet und vernüchtiget.

◈ Betrachte die Freygeister, die sich im Geistlichen Stande so wohl als in anderen finden. Unter allen Lügnern, Verrätern, Betrügern, Dieben, Räubern und Mördern sind die aus dem geistlichen Stande die ärgsten, den die stellen sich als Engel des

Lichtes, als Gottes Gesandten in Schafskleidern, da sie doch reißende Wölfe sind. Christus sagt von ihnen, ihr seid von eurem Vater, den Teufel, und nach eures Vaters Lust wolt ihr tun. Derselbe ist ein Mörder von Anfang und ist nicht beständig in der Warheith.

Alle anderen Spitzbuben können uns doch nur um zeithliche Güter betriegen. Diese Teufels Diener aber mißbrauchen Gottes Wort, daß sie uns nicht nur um die zeitliche, sondern auch um die ewige Glükseeligkeith bringen.

◈ Die Freygeister geben alles, was sie dem Könige geben, von dem Raube Ihrer Mit Brüder. Die Freygeister geben offt nicht allein nichts, sondern machen sich sogar den König selbst zum Bähr [Bär = Gläubiger, im Gegensatz zum Schuldner] Mancher hat sich etliche 1000 Reichstaler Accise für Caffe, Thee etc. vom König Accise bezahlen laßen, und außer Landes gesandt. Der ehrliche Mann kan nicht mit Caffe Böhnen handeln, weil er daran verliehren muß.

◈ Die Freygeisterey ist schuld an die hohen Imposten [Steuern]. Die Freygeister defraudieren den König [unterschlagen Zölle] und betrügen ihn, und bestehlen die öffentliche Cassa des Landes.

◈ Unser Heiland schimpfet die Freygeister für Diebe und Mörder. Jetzt aber ist es nicht mehr erlaubt, die Leute bey ihren teutschen Nahmen zu nennen, sondern der Dieb ist ein Politicus und der Mörder ein Brave.

◈ Wenn bey Christen Gerechtigkeit u. Friede sich küßen, so beußen [beißen] sich Aberglaube und Unglaube im Kriege. Aberglaube und Unglaube sind eine Pest der Handlung. In unserem Lande hat sich gezeigt, wie sich die Handlung, so auf Freygeisterey gegründet ist, mit Blutvergießen endiget.

◈ Die Freygeister gleichen denen dollen Hunden, die mit ihrem Gifft und Geifer in Sonderheith die Jugend dol machen.

◈ Die Freygeister sind viel 1000 mahl närrischer als die Hunde, die mit den größten Eifer in die Wagen Räder beißen, aber darum den Fortgang des Wagens nicht hindern. Wie viel 1000 mahl wichtiger ist die Natur, wieder welche die rasende Freygeister beißen und streiten. Jedoch die gnädigen Herren werden sich hoffentlich besänfftigen laßen. Ich bitte nur daß einzige, daß sie doch den Himmel wollen in seiner Ordnung laßen.

◈ Ein dumer Schafbok ist der Republik nützlicher als der aller klügste Freygeist, denn ein Freygeist ist allemahl ein Hurenhengst, Dieb, Lügner, und der alle Gebothe übertrit, je höher desto infamer. Der Schafbok bestreitet eine gantze

Herde und lieferth dem Lande die nützlichsten und einträglichsten Thiere von der Welt, zu fabriquen u. Nahrung etc.

Der Freygeist verführet hingegen ehrliche Weiber und Jfrn. [Jungfern] und schändet sie, lernet ihnen Kinder abtreiben, macht sie untügtig [untüchtig] zum Gebähren, da sie doch sonst nützliche Kinder dem Lande liefern könten. Bringen sie aber Hurkinder, so werden sie [diese] zum Bettelen, Stehlen, Lügen, Huren, Morden etc. erzogen, und endlich werden Hurenwirte und Kuplerinnen daraus, welches eine Pestilentz des States ist, den die meisten jungen Leute beiderley Geschlechts werden durch die alten Drachen aufgeopferth.

Ein junger Mensch, der sich etabliret, ist dem Stat 1000 Taler werth. Die aber zur Handlung und groß fabriquen Fähigkeith haben, sind offt 100 tausend Taler dem Stadte werth, ja wohl Millionen. Folglich ist möglich, daß ein Freygeist einen Stadt Millionen Schaden thun kan, wenn er nur einen einzigen tüchtigen Mann, der von Natur größe Fähigkeith hat, durch Hurerey verderbet. Man schließe nur von ihm auf viele 1000 so jährlich verführet werden.

[Siehe weiter bei "Hurerey": "1. werden... 2. werden..." usw.]

◈ Der Unterschied zwischen einen Freygeist und einem Gotlosen ist wie der Unterschied zwischen einer Hure u. Maitreße. Eine Maitreße ist listiger als eine gemeine Canaille, stiftet also auch mehr Hader.

◈ Gleich wie Hure und Maitreße gleich ist, also ist auch ein Gotloser und ein Freygeist einerley, ein Esprit fort ["starker Geist"], ist aber vorzüglich gotloß und rühmet sich seiner Sünde, wie die zu Sodom.

NB. Es ist sehr nötig, die Titel [Bezeichnungen] bekand zu machen, so die Schrift denen alten Freygeistern giebet.

NB. Dadurch schimpfet man sie eben so wenig, als wenn man einen Wirklich Geh. Rath G.Rath nennet. Das ist nicht geschimpft, sondern der eigentliche Titel nach der Wahrheith. Wenn man aber einen ital. Geh. Rath so nennet, so schimpfet man ihn gewaltig, und man spottet ihm greulich. Ein Narr und Freygeist nimt Titel an, die ihn zum Spott gereichen. Hieraus kann man ihren rasenden Unverstand erkennen.

◈ Die Freygeister sind den Nacht Eulen gleich, denen das helle Licht die Augen blendet, in der Finsterniß aber Räuber, sie gleichen auch den Maulwürffen, die das Land verderben.

Von den Vorzügen unserer Zeithen [Eine Satire]

Unsere Freygeister bethen nicht mehr Holtz und Steine an, sondern die Frantz. Scham einer säuisch unzüchtig unrein[en] Hure. Diese Scham ist ihr Gott, welchen so viele tapfere naseweiße Helden als [wie] auf einen Altar fleischlich säuischer

Lüste zum Huren Brand Opfer aufgeopferth und gleichsam verbrandt werden, zu Ehren dem Teufel und seinen Engelen, den sie haben die Frantzosen, wo nicht am Leibe doch gewis an der Seele.

Wie viele heldenmütige Mertirer des Teufels haben sich nicht im Zweykampfe um eine unzüchtige Hure willen, dem Teufel aufgeopferth [Bandow meint: durch duellieren]. Die Opfer, die sie dem Teufel bringen, sind sie selbst, mit Leib und Seele, Leben, Guth und Bluth, Ehre, Haus Hoff, Weib, Kind, alle Kräffte und Glieder Leibes und der Seelen, Vernunfft, Verstand, Wille, Gedächtniß, Augen, Ohren, Zunge, Hände, Füße, alle Sinne und Glieder.

Sie lieben die unreine Frantz. Scham von gantzem Hertzen, von gantzer Seelen, von allen Kräfften und von gantzen Gemüth, und viel über sich selbst, den sie verleuchnen sich selbst, ihre Sehligkeith in Zeith und Ewigkeith, sie verleugnen Jesum Christum und den almächtigen Schöpfer des Himels und der Erden, damit sie nicht gehinderth werden mögen, sich selbst den Teufel als ewig zu einen abscheulichen Opfer heldenmüthig aufzuopfern.

◈ Ein Freygeist ist viel elender dran als einer der blind, taub, stum und lahm gebohren ist, den ein solcher kann solche herliche Sinne und Glieder nicht zur Schändung seines Schöpfers misbrauchen. Der rasende Freygeist aber misbraucht Vernunfft, Sinne u. Glieder wieder Gott, wieder sich selbst und wieder seinen Nächsten. Wie nun diese Raserey bey einzelnen Persohnen ist, also ist sie auch bey gantzen Staaten. Fast alle Staaten hat der Teufel, als ein Schinder, infam gemacht. Fast jedem Staat hat er die Vernunfft in Raserey verkehrt. Fast jedem Staat hat er Nase und Ohren abgeschnitten, die Zunge aus dem Halse gerißen, ja die Augen ausgestochen und gleichsam die Löcher wieder voll geschißen.

Gleich wie nun Christus ehemals die [denjenigen] halff, die vom Teufel überweltiget waren, also kan er auch noch helffen, jede Persohn und jeden Staat, der Ihn um Hülffe anruffet. Glaube: so heißt es noch, die Blinden sehen, die Tauben hören, die Stummen reden, die Lahmen gehen, die Außätzigen werden rein, die Todten stehen auf, und **NB.** den Armen wird das Evangelium gepredigt.

Wie kann Christus aber die helffen, die Ihm nicht glauben, viel mehr, der Teufel helffe sie, wie sie den auch fast alles ins Teufels Nahmen thun. Er kann ihnen darum nicht helffen, weil sie als rasende leibeigene Schlaven des Teufels, seine herlichsten Gaben wieder Got, wieder die Menschen und wieder sich selbst nur brauchen, zu ihrer zeitlichen u. ewigen Schmach und Schande.

◈ Es ist sehr nötig, eine Staats, Leibes und Helden Geschichte der Freygeister zu schreiben [es folgen die üblichen Satiren und Beschimpfungen].

◈ Man solte die Grundregeln der Freygeister und der Christen gegen einander halten [folgen Umdrehungen christlicher Regeln]. Eine beißende Satire hiervon [der Gegenüberstellung] in Vers'chen ist nötig und nützlich.

◈ Die Christen wollen die Freygeister gerne aus ihrer Infamie heraus ziehen. Die Freygeister aber wehren sich desperath und besiegen in so fern die Christen, daß sie doch infam bleiben und an den Ketten der sclavischen Finsterniß einhergehen.

◈ Bey den epicurisch verhurten Freygeistern ist eher Hofnung zur Beßerung als bey den verwirt, abergläubisch Scheinheiligen.

◈ Obgleich fast alles infam ist, so sind doch noch ehrliche Juristen, Priester, Kaufleute etc.. Man muß sie nur suchen und sie beschützen. Für einen [vor einem] ehrlichen Mann fürchten sich wohl 1000 Infame.

◈ Die Freygeister prahlen, es wäre dem Christenthum schon Pulver untergelegt, es in die Luft zu sprengen. Ei warum zündet ihr es nicht an, es kostet ja nur eine Entzündung, so ist es aufgeflogen.

3.6 Über Hugenotten

Die Französischen Hugenotten – für Bandow teilweise identisch mit den Reformierten – gehören zusammen mit den "Freygeistern", für welche er wesentlich den französischen Einfluß verantwortlich macht, zu den Lieblings-Haßobjekten Bandows. Aus der Sicht des unerbittlichen Lutheraners Bandow sind sie religiös unseriös, aus Sicht des Kaufmanns Bandow sind sie zu Unrecht privilegierte Konkurrenten, und aus Sicht des deutsch-preußischen Patrioten Bandow zersetzende Elemente und Verräter ihrer Wahlheimat.

Nach der Aufhebung des Edikts von Nantes 1685, das die Religionsfreiheit in Frankreich garantiert hatte, lud der Große Kurfürst mit seinem Edikt von Potsdam französische Religionsflüchtlingen ein nach Preußen zu kommen. Für 1698 wird die Anzahl der Franzosen in Berlin mit 5767 angegeben, etwa 23% einer Gesamtbevölkerung von ca. 25.000. Nach Angaben bei Bandow hatte Berlin 1748, 107.380 Einwohner, davon 21.905 Soldaten 7193 Franzosen (8,4% der Zivilbevölkerung) und 2007 Juden (2,3%). 1777 waren es 140.719 Einwohner, davon 31.964 Soldaten, 5346 Franzosen (4,9%) und 4145 Juden (3,8%). In der Tat hatte die französische Kolonie in Berlin bedeutende Privilegien und übte besonders auf den Adel, wie auch in anderen deutschen Ländern, einen Einfluß aus, der ihren Anteil an der Gesamtbevölkerung weit übertraf.

Es ist richtig, daß die Historiker die Rolle der französischen Zuwanderer durchweg positiv bewerteten. Die meisten sehen es auch noch heute so. Daß die Berliner Franzosen eine Elite darstellten und eine Reihe von bedeutenden Persönlichkeiten aus ihren Reihen hervorgegangen ist, leugnet niemand. Freilich hatten sie eine Ausgangslage, von der aus auch andere Gruppen ähnliche Leistungen hervorbringen hätten können. Außerdem war ihr Einfluß auf die Meinungsbildung entsprechend, sodaß man wohl auch ein Stück Propaganda in diesem Geschichtsbild sehen mag. Insofern ist es vielleicht nicht gerecht, immer nur die positive Seite der Medaille zu sehen und nach der negativen nicht zu fragen. So kann Bandows grimmige Meinung das gültige Geschichtsbild ein wenig balanzieren.

Von den oben genannten drei Ursachen für seinen Zorn auf die Franzosen wiegt wohl der Konkurrenzneid am schwersten. Aus Bandows Vorwürfen ist erkennbar, daß sie oft begründet sind. Seine religiöse Antipathie und in noch höherem Grad seine kulturelle Antipathie scheinen sich aus seiner alttestamentarischen Strenge und seiner Bewunderung für Martin Luther zu speisen, dessen Grobheit er für eine Tugend hält und die seine eigenen wüsten Schimpfereien rechtfertigen sollen. Angesichts seiner unerbittlichen Haltung ahnt man hier den Einfluß eines rigiden Elternhauses, aber auch eine gewisse Affinität zu dem Unerlaubten, das man nicht wagt, sich selbst zu gestatten. Immerhin gibt er einer Opinion Ausdruck, die wahrscheinlich verbreiteter war, als die offizielle Geschichtsschreibung vorgibt, und in Vielem muß man ihm ja recht geben.

Von der Einrichtung der hiesigen Frantzosen

1.) Sie haben eine freie Republik und arbeiten alle zum algemeinen Besten ihrer Nation und jeder Fam.[ilie] in Sonderheith. Und weil viel reiche Fam. unter ihnen sind, so kauffen sie die narhafftesten Häuser. Sie thun Eingriffe in alle Profesiones, legen sich auf die einträglichsten Künste und Handwerke [Feinmechanik!] und ruiniren alle theuer erworbene Privilegia der Teutschen, heben alle löbliche und tugendhaffte Ordnung auf, so daß infame Leute als Hurer, Ehebrecher, Diebe etc. jetzt in die Profeßiones geduldet werden.

2.) Weil sie seit 80 Jahr in Berlin wohnen [1685 Aufhebung des Edikts von Nantes, plus 80 Jahre = 1765], so haben sie von ihren Vorfahren viel Geld geerbet, und sind also viel mehr eingebohren, als die Teutschen selbst.

3.) Es ist also gleichsam nur eine Familie. Sie kennen sich fast alle, und also erfordert die Ehrbegirde, sich zu helffen. Dahingegen kennen sich die Teutschen selten, sind meist arme Fremdlinge, die sich nicht zu rathen noch zu helffen wißen und noch dazu unterdrükt werden.

4.) Weill Frantz. Mad.[emoiselles], Fecht Meister, Tantz Meister etc. fast in allen großen Häußern sind, ja sogar bei den größten Pr.[inzen] u. Printzeßinnen, so betteln sie sich aus, was sie wollen, recomendiren alle Fr. Künstler, Kaufleute, Handwerker etc., ziehen also den Kern der Nahrung an sich.

5.) Krigen sie jährlich 40 000 Taler Pensiones vom König, und außer dem vielleicht noch wohl so viel Almosen von den Teutschen [Bandow meint öffentliche Förderungen, die allen Bürgern zustehen, aber hauptsächlich mit "deutschen" Steuergeldern bezahlt werden].

6.) Sie haben unglaublich viel Länder [Ländereien], Häuser, Gelder geschenkt gekrigt, und damit haben sie die Teutschen unterdrüket.
7.) Sie haben viel Vorschuß zu Fabriquen gekrigt, und auch damit die Teutschen ruiniret.
8.) Zum Theil haben sie auch ein starkes Gehalt gekrigt, und viel 1000 Taler Vorschuß. Demnach aber ist der König und das Land betrogen.
9.) Dißer Vorschuß hat [unleserlich...]-Credit gemacht, daß sie das Land haben betrügen können.
10.) Sie genießen 15 Jährige [Steuer-] Freyheith.
11.) Ihre armen Söhne und Töchter ernähren sich mit der Frantz. Sprache [die Ärmeren unter ihnen können sich – als Sprachlehrer – allein schon mit ihrer Muttersprache ernähren].
12.) Daher gibts keine Frantz. Knechte u. Mägde.
13.) Darum können sie ihre Armen so reichlich versorgen.

◈ Die meisten Gelehrte und Ungelehrte stehen in den Wahn, daß Churbrandenburg durch die Frantzosen glücklich gemacht sey. Da es doch gantz umgekehrt ist, denn die Brandenburger sind durch Verführung der Frantzosen und deren Information des Adels fast zu leibeigene Schlaven [sprich: Sklaven] gemacht. Durch den Frantzosen wird dem Adel das Worth Gottes entrißen und ihnen dagegen das Worth des Teufels in die Hände gegeben.

◈ Fast alle Geschicht Schreiber schreiben, daß die Frantzosen Teutschland, in Sonderheith Brandenburg glücklich gemacht haben. Und es ist wahr, wer kann es leuchnen, wir haben ihnen unsre Freyheith zu danken
[*Dann zählt Bandowf über mehrere Seiten hinweg mit großer Ironie auf, daß dies lauter negative Freiheiten sind: Freiheit von der Wahrheit, Freiheit vom Gewissen, Freiheit von der Keuschheit, Freiheit von der Gottesfurcht, Freiheit von der Vaterlandsliebe usw.*]
[*Vgl auch Abschnitt "Adel"*]

Den Frantzosen haben wir zu verdanken,
das die Landstände Sclaven sind, daß die herlichsten alten teutschen Landes Gesetze annuliret sind, daß alle Privilegia der Kaufleute, Künstler und Handwerksleuthe annuliret sind (oder noch ärger), den es heist, die Privilegia gelten noch, die Teuschen müßen viel Geld geben vors [fürs] Meister werden und werden also in der ersten Geburth erstikt. Die Frantzosen hingegen treiben alles was sie wollen und geben nichts, haben über dieses 15-jährige Freyheit.

◈ Vermöge einer Uhrkunde Friedrichs des 1 sten Königs in Preußen, sind der dritte Theil aller Marinen Gelder oder Chargen zum Besten der Frantzosen angewendet worden. Billig solte man jetzt alle dergleichen Urkunden aufsuchen und beylegen, damit man sie künfftig denen frantzösischen Prahlereyen entgegen setzen könne. Den es ist unglaublich, wie viele Vortheile die Frantzosen öffentlich und heimlich genoßen haben. Die Einkünfte, wie oben zu sehen, so nur dem König allein gebühren, sind ihnen gegeben. Sie haben königl. Vorschuß gekrigt etc.

Vieleicht wäre es auch zuträglich, die Corsaren, die Banditen, Italienische Comoedianten, Zigener etc. mit dergleichen Pensiones zu versorgen und ihnen die Königliche Einkünffte abzutreten. Besonders könten diese Arth Leute die vortreflichsten Dienstte in Schuhlen thun, den es fehlen uns noch einige Künste Wißenschaften und Proveßionen, als Seeräuber, teutsche Castraten, ordentliche Banditen. Zigener Wahrsager haben wir wohl, aber die Teutschen sind doch noch nicht recht angeführet, wie die Zigener.

◈ [Schätzung Bandows, was die Franzosen Preußen außer den Pensionen alles gekostet haben, wobei er nicht nur sehr großügig aufrundet, sondern auch sehr subjektiv in seiner Schuldzuweisung ist.]

Die Verjagung der Brandenburger [Flucht vor Werbung] beträgt wohl	200 Mill. Tlr.
Das aus dem Land geschlepte Geld	200. - dito
Das Heiraths Verboth [allerdings keine Erfindung der Franzosen]	200. - dito
Die fremden Künstler [Fachleute] und Capitalisten [Investoren]	100. - dito

fürchten sich für unser [vor unserm, meiden unser] Land, ihre Ankunft hätte Vortheile bringen können

◈ Der jetzige Krieg [der 7-jährige] gründet sich auf französische Huren- und Narren Bücher und kostet auch 2 oder 3 bis 400 Millionen.

◈ So viel Dienste als die Frantzosen uns in den Schlesisch u. Böhmischen Krieg gethan [nämlich das Gegenteil], eben so viel haben uns auch die frantzösischen Bürger leider genutzet. Sie liefen alle als Poltrons davon und wurden Landesverräther.

◈ Die Frantzosen sind Verräther und Verkäuffer. Die Holländer haben ihnen ihren Ruin zu danken. Die frantzösischen Kuntschaffter konten alles durch ihnen erfahren, darum gehet die holl. Handlung so unter, wie die frantzösische aufkommt.

◈ Durch die frantzösischen Sprachmeisters und Mademoiselles kriegen die frantzösischen Kauf- und Handwerks Leuthe alle Kundschafft, bey allen Höfen, Printzen, Graffen, Edel Leuten, Ministers, Capitalisten. Dahin gegen wird alle Wahre der Teutschen verachtet, und ihnen wird das Brodt genommen.

◈ Der Narren Putz der Frantzosen zeiget, daß es eine weibische Nation ist. Die Teutschen, die ihnen folgen, sind Affen einer weibischen Nation.

◈ Der Adel ist durch die Fr. Romainen verführt, daß sie Reuber, Menschen Diebe und Tirannen worden sind. Hurerey, Sodomitherey, das gehört nur zur Galanterie. Man muß ja zu leben wißen und sich was versucht haben.

◈ Man muß durchaus verbithen, daß kein junger Mensch nach Frankreich reiset, weil solchen jungen Leuten da der Verstand verdorben wird, und weil sie daßelbst die Frantzosen an Leib und Seele kriegen, folglich die ärgsten Feinde ihres eigenen Glükes und des teutschen Vaterlandes werden, und infamirt wieder kommen.

◈ Die Alten [Teutschen] suchten, den Verstand mit Wahrheit und den Willen mit Tugend anzufüllen, und lerneten die weisen Sprüche und Traditionen der Alten. Die feine frantz. Artigkeith hat einen gantz kurzen Weg erfunden. Jetzt stekt die Gelehrsamkeith und Tugend in die Schuhe, Strümpfe, Hosen, Kleid, Perüke. Ein Schuster, Schneider, Perükenmacher etc, kan uns heut zu Tage alle Weisheit geben. Sie geben uns gleich die Gestalt und Gelehrsamkeit eines Operisten, Täntzers, Harlekins. Wer kan aber mehr verlangen. Ist es nicht übrig genug, den schönen Damen zu gefallen, welche eben so weise sind.

◈ Es ist unserer gantzen Nation höchst schimpflich, daß wir frantzösische Madem.[oiselles], Maitres und Tantzmeisters halten, die ihnen Hurerey, Ehebruch, Freygeisterey und andre Laster lernen [lehren]. Ist dieses so unentbehrlich nützlich und nothwendig, so würde es vielleicht auch dem Lande höchst ersprießlich seyn, wenn wir dem jungen Adel Zigäunerinnen hielten, die ihnen Aberglauben, Wahrsagen, Stehlen und dergleichen Tugenden lerneten.

◈ Die Leute wollen jetzt höflich tractiret seyn. Man darf nichts seinen rechten Nahmen geben. Deshalb ist der beste Rath, daß man künfftig allen Lastern einen frantzösischen Titel giebet, alsden ist es anständig, artig, witzig, gelehrt, fein. Die Mörder, Straßenräuber, Ehebr., Menschendiebe etc. sind thöricht, wenn sie nicht frantzösische Titel annehmen. Wie artig klingt es nicht, wenn man sagt un voleur, hingegen ist es erschröklich grob, wenn man sagt Räuber.

◈ Die Jungfrau Teutschland ist gefährlich krank und hat die Frantzosen nicht allein auf gemeine Arth, sondern auch an den Augen, Ohren, an der Zunge, an Händen und Füßen. Alle Glieder sind von infamen Aussatz inviciret, vom Haupt bis auf die Fußsohlen ist wenig Gesundes, sondern stinkende Eiter Beulen, Aussatz, Mal de Naples und Frantzosen haben sich gleichsam vereiniget, den Staats Körper Teutschlands auszumergeln und zu töten, oder doch wenigstens so infam zu machen, daß er einen Luder ähnlich sehen möge. Wo aber ein Aas ist, da samlen sich die Adeler. Dieselben haben einen scharffen Geruch, die können riechen das jüdische Luder, darum flohen sie hin und fraßens auf. Die Teutschen, das römische Aas. Nicht allein der Leib ist inficiret, sondern auch die Kleider, Häuser. Das erschröklichste aber ist, daß die Seele inviciret ist, der Verstand stinket nach den schändlich infamen Frantzosen, daß Gedächtnisß ist ein Behältniß, worin sich der frantzösische Mist des Teufels sammlet und faulet.

◈ Die Teutschen kann man mit den Löwen, die Frantzosen aber mit den Schweinen vergleichen. Ein Löwe laßet seine Jungen nicht von wilde Schweine erziehen, sondern er informiret sie selbst.

◈ Durch die 40 Tausen Reichsthaler Pensiones, so die Frantzosen jährlich kriegen, könten alle unsre Stätte längst in den größten Flohr gebracht seyn, wenn man den besten Kaufleuten und Fabricanten Praemien gegeben hätte.

◈ Die Wanderschafft der Teutsche Handwerks Bursche macht ein Land bald volkreich, wenn es noch so wüste ist. Allein, sie sehen erst, ob eine vernünfftige Regierung ist. Wo sie die finden, da bleiben sie, und gehen lieber außer Teutschlandt nach Ost- und Westindien, Rußland etc. zum größten Schaden der gantzen teutschen Nation.

Wir hätten also die Frantzosen gar nicht nötig gehabt, zur Bevölkerung unsres Stats. Diese haben uns vielmehr obigen und durch die infamen Romainen dem gantzen Teutschlande einen pestilentzialischen Schaden gethan, der noch viel wichtiger ist, als obige Rechnung.

◈ Vieleicht hat uns Gott zu unsern Besten und als in väterlicher Züchtigung in die frantzösische Knechtschafft verfallen laßen, damit er unsere Nachkommen desto freyer mache durch den Sohn Gottes, den welche der Sohn frey machet, die sind recht frey.

◈ Von die Frantzosen Wenn sie so viel Hochacht[ung] für Sr. Pr. M.[ajestät] hätten. als sie vorgeben, so würden sie die freie Einfuhre hiesiger Wahre erlauben. Dieses ist keine Gütigkeith, sondern Schuldigkeith, denn es fordert die Gerechtigkeith.

Satire

Satire nötig darüber, was wir den Franzosen zu verdanken haben

Es ist eine Satire höchst nötig, daß wir den Frantzosen Leib und Seele, Augen und Ohren, Sprache, Verstand, Tapferkeith, ja alles ihnen zu verdanken haben

Got selbst hätte uns nicht helfen können, wenn es die Frantzosen nicht gethan hätten.

Fridrich Wilhelm der Große hat ihnen alles, sie aber hingegen ihm nichts zu danken, wo wolte er sonst sein Geld loß geworden sein.

Nun ist Spot weise auszuführen, der erschrökliche Schaden, den sie angerichtet, den wir ihnen zu danken haben, unter allen Regirungen, und dieses als unsre Vortheile vorzustellen.

Holland hat ihnen den Ruin zu verdanken [Zusammenbruch der Tulpen"blase" 1637]

1.) einen Frantz. Sprachmeister, der uns lerne, Frankr. als ein Paradis, Teutschland aber als eine Hölle, die Frantzosen als geschikte heilige Engel, die Teusche aber als als grobe, ungeschikte dumme Teufel anzusehen.
2.) Eine Frantz. Madem., die den Jungfern von Jugend auf, zärtlich zu lieben lernet, nicht so grob und dum, wie die Teuschen, die gleich ehelich werden und ihren Gemahl treu sind.
3.) Könte man den Jfrn. Castraten halten
4.) einen Zigener Meister
5.) eine Zigener Mademoiselle
6.) einen Hans Wurst
7.) einen Täntzer für die Jungfern
8.) eine Täntzerin für die jungen Herren

Warum nicht auch Zigeuner als Erzieher?

Es sind noch viel Zigener in der Nachbahrschafft. Diese könten wir als Colonisten ins Land ruffen, ihnen Pensiones geben und ihnen unsre Kinder anvertrauen. Den die Frantz. Madem. lernen [lehren] unsern Jungfern zwahr aus den Romainen, die Comeditet, die Schlangenlist, Politik, die Hurerey, aber ihre Weisheit ist doch noch nicht so volkommen als die Weisheit der Zigener Damen.

Wollen wir also unser Land zur Volkommenheit bringen, so müßen wir die Weisheit der fremden Völker zu Hülffe nehmen.

4. Gesundheit und Erziehung

4.1 Über Hurerei

Unsittlichkeit verteufelt Bandow mit einer Inbrunst, die den Verdacht aufkommen läßt, daß er selber im ständigen Kampf mit seiner Begehrlichkeit steht und deshalb besonders laut dagegegen anschreien muß. Sicher ist manches von dem, was er sagt wahr: die Sittenlosigkeit ist in vieler Weise verderblich für die Wohlfahrt des Landes, und ihre Bekämpfung sicher auch im Interesse der "Infamen" selbst notwendig, sei es zur Rettung ihres Körpers oder der ihrer Seele. Interessant sind manche kleine Hinweise, wie z.B. daß Universitäten eigene Bordelle halten. Sicher waren Eheverbot, Zusammenziehung von Tausenden von jungen Männern als Soldaten und eine Lockerung der allgemeinen Moral, Grund für eine weite Verbreitung von Geschlechtskrankheiten und von sozialer Misere. Trotzdem muß man sich fragen: wie schlimm war es wirklich? Denn Zahlen nennt Bandow keine, und zuverlässige Statistik gab es dazu wohl kaum.

◈ Die Hurerey, sagen die Hurer, müßte erlaubt seyn, weil Gott diesen Trieb in die Natur gepflantzet. Ist aber eben so unsinnig, als wenn man sagt, das Mordbrennen sey erlaubt, weil Gott dem Feuer die Krafft gegeben zu brennen.

◈ Ein Hurer verdirbet sich selbst durch Lüste u. Irthum und Thorheith, setzet sich unter die Schweine und unter die aller schädlichsten und schändlichsten Thiere und erlanget eine teufelische Thorheith und Bosheith.

◈ Hurerey ist ein Götzendienst. Darum wird auch der Götzen Dienst Hurerey genant. Es wird gleichsam die Scham angebetet und mehr geliebt und geehret als Gott.

◈ Die Hurerey ist die aller schändlichste und schädlichste Abgötterey, denn da ist die Scham selbst der Gott so angebetet wird, und der Hurer selbst ist das Opfer so durch das Feuer der Hurenliebe verzehret wird. Gleichwohl schreiben die Romain Schreiber von Königen, daß sie vor eine Hure niedergefallen sind auf die Knie und Angesicht, und sie ordentlich angebetet haben. Dieses rechnen sie unter die Heldenthaten. Eine trefliche königliche Helden That eines großen tapferen weisen Helden Königs.

Siehe die Geschichte Augusti von Pohlen, la Saxe galante und andre.

NB. Die Geschichte der Bathseba ist höchst merkwürdig, die schröklichen Folgen der Unkeuschheith zu beweisen. Diese war der Grund des Mordes Urie und hernach des Krieges, des Abfals des Volks und des Kriges Absaloms, der Schändung seiner Weiber etc.

◈ Die Uhrsache, warum die Hurerey so sehr überhand nimt ist

1. die bösen Exempel der Großen, welche öffentlich Huren oder Maitreßen halten, und nicht allein ihren Kindern und Gesinde böse Exempel geben, sondern auch dem gantzen Lande.
   die auch Bürgern und Soldaten erlaubet, Huren zu halten
   die die Hurerey nicht nach götlichen Gesetze bestraffet.
   Man solte 1 Jahr ein Wochenblat schreiben, von der Hurerey, und jederman um Beytrag zu dieser Materia bitten, und die Unglücklichen um Bekentniß ihrer Noth.
2. Die verfluchten Romainen
3. Daß Verboth zu heirathen ist dem Lande wie eine Pestilentz und hat also seine mangelnde Folgen bis ans Ende der Welt. Aber wegen der Hurerey folgen die abscheilichsten Laster und Greuel bis ans Ende der Welt.

◈ Solte es nicht Sünde seyn, eine durch die Tauffe, Abendmahl und Worth Gottes zum Kinde Gottes angenommene Tochter Gottes zu schänden, die ein Tempel des Heiligen Geistes und ein Ebenbild Gottes ist, die der Sohn Gottes nicht mit Gold und Silber, sondern mit seinem götlichen Bluth erkaufft hat zu seinen Eigenthum? Solte das eine Liebe seyn, daß man sie vom Trohn Gottes und aus der ewigen Seeligkeith in die ewige Verdammniß stürtzet, und sich selbst mit ihr? Ist nicht der Hurer Theil in dem Pfuhl, der mit Feuer und Schweffel brennet? Verdammet sie nicht die Schrifft aller Orthen? Oder gehet ein rasender, mehr als thierischer Trieb über alle Vernunfft? Solte es billig seyn, daß ein geiler Hengst oder Stein Esel über die Menschen regiret? Oder kan der Schöpfer nicht mit Recht Gesetze geben?

◈ Weil die Obrigkeith aufhöret. die Hurerey zu straffen, so fängt Gott an, gantz Europa zu erschröken und Portugal entsetzlich zu straffen [1755 Erdbeben von Lissabon].

◈ Alle honette Leute würden sich freuen, wenn die Hurerey und Ehebruch scharf gestraft würde, aber alles infame Herren Geschmeiß würden darwieder seyn.

◈ Wenn die Hurerey und Ehebruch algemein werden, so fürchten sich ehrliche Manns- und Weibspersohnen zu heirathen. Folglich können keine ehrliche und honette Kinder erzogen werden. Hingegen wird das Land mit Huren Bälgen und gottlosen Kindern aus unehrlichen Ehen angefüllet, so daß das Land die Einwohner notwendig ausspeien muß, wie die Sodomiter, Cananiter, Juden etc.
1. werden durch die Hurerey viel 1000 Kinder der Wirkligkeith entrißen und vernichtiget, die Kinder abgetrieben und umbracht.
2. Eben die Jugendt, durch welche die Geburth der Kinder verhindert wird getödtet, wenigstens krank und verdorren andren zum Exempell [Unfruchtbarkeit].
3. Behalten sie ja noch das natürliche Leben eine Weile, so sind sie doch geistlich

todt, und allen [allem] Guten abgestorben. Auch sind wenig, die nicht bürgerlich sterben, Banquerouteurs, oder Bettler werden, die denen ehrlichen Leuten des Stadts [Staats] zur Last dienen [fallen]. Denn alle Lasten des Landes fallen auf die ehrlichen Leute. Es sind gar zu viele Arthen von Spitzbuben. Der eine ist Richter, der andre Advocat, Jude, Soldate, Banquerouteur etc., alle Stände haben ihre Spitzbuben, die man ausrotten solte.

4. Es ist erschröklich, daß man öffentliche Hurenhäuser erlaubet, besonders auf Universiteten. Solte man nicht bey solchen Umständen die Obrigkeit als Häupter, Anführer und Guverneurs der Kupler und Kuplerinnen ansehen können, und als infame, Todes schuldige.
5. Daß man die Kirchenzucht aufgehoben hat, daran sind gewiß die Reformirte schuld. Der Deßauer war reformirt und hat die gotlose Soldatenzucht hauptsächlich eingeführet. Fast alle Ministers sind Reformirte.

◈ Verhurte Juristen bringen dem Stadt nichts ein, sondern berauben ihn auf vielerley Weise. Dergleichen Mediciner geben auch nichts und bringen mehr um als sie curiren.

Alle Beamte und Gelehrte geben nichts.

Der Adel gibt fast nichts.

Die Priester gar nichts.

Die Armee kostet erstaunlich viel, die Officir borgen und bezahlen nicht, u. die Gemeinen stehlen.

Verhurte Kaufleute, Künstler, Handwerker werden Banquerouteurs und geben niemand, was sie schuldig sind. Wenn es scheint, sie geben was, so haben sie es gestohlen und Leute betrogen, oder sie werden doch zuletzt Banquerouteurs.

Ehebrecherische Fürstinnen, Königinnen sind viel 1000 mahl infamer als gemeine Huren, denn sie setzen falsche Regenten auf den Trohn. Ihre Huren Söhne werden als Landes Betrüger, Verräther, Ertz Spitzbuben gebohren, die ihre vermei[n]te Unterthanen räuberisch, mörderisch um Gut und Bluth, Leib und Leben, um bürgerliche und Religions Freyheit bringen

NB. An Ludwig dem 15ten siehet man, wie dieser Bastart in gantz Europa gemordet, geraubet, verjaget, gehurt und gantz Europa zu die abscheuligsten und bundbrüchigsten Schandthaten verbreitet [verleitet]

- Sachsen, so durch Lutheri Reformation das glükseeligste Land worden wahr, ist durch die eingeführten Redouten und Hurerey jetzo fast banquerout. Augustus[6] wurde vom Thron gestürtzt, Sachsen ausgeplündert durch Schweden und Preußen. Wo erst Hurerey in Schwange gehet, da sind auch Verräther, Mörder Diebe etc., wie in Italien. Dieses sind schöne Folgen der Hurerey und des Ehebruchs.

6 Gemeint sein dürfte hier der Sohn August des Starken, König Friedrich August (1696-1763), aber die Plünderungen durch Preußen und Schweden datieren aus dem Nordischen Krieg 1700-1721.

NB. Augusti Hurkinder sind noch bey seinen Leben bettelen gegangen und gotlose Buben worden. Die aber noch halb erzogen worden, sind Ertz Feinde des Vaterlandes worden und haben Frankreich gedienet.

◈ In London ist wegen der Hurerey eine beständige Pestilentz

◈ Wenn man vor etliche 50 Jahre eine zur Hure ward, so ward davon so viel Spectacle als wenn jetz einer gerichtet wird.

◈ Alle Stände werden durch Freygeisterey und Hurerey verdorben, in Sonderheith die Mägde und andre Dienstbothen.

Weil die Obrigkeith gemeiniglich die Huren schützet, weil selbst unter ihnen Hurer sind, so müßte man dieses Geboth doppelt schärffen, und die Obrigkeith scharf straffen, wen sie durch die Finger siehet.

Die Hurer und Huren arbeiten und spinnen nicht, sondern sind als Spitzbuben und Straßen Reuber anzusehen, den die jungen Leute stehlen oder borgen den Huren Lohn. Sie können aber in der Karre und Spinn Hause trefliche Dienste thun.

◈ Die vornehmen infamen Damens sind ein Scheusaal und Pestilentz des Stats.

◈ Die vornehmen Huren haben zu allen Zeithen unglaublichen Schaden angerichtet- Gantze Länder sind um ihnen verheeret, die herlichsten Gesetze vernichtiget, die redlichsten Männer umgebracht.

Johannis, der erste Martirer, mußte um einer ehebrecherischen Hure sein Leben verliehren. Ihre rachgierige Jalousie.

NB. Die Hurerey, Ehebr., Kn.[aben] Schänderey etc. ist der kalte Brand eines Staats. Wie nun die Glieder, die den kalten Brand haben, abgenommen werden müßen, also müßen auch Huren und Ehebrecher ausgerottet werden.

Die frantz. Hure Pompadur ist das Werkzeug der Pfaffen, durch welche sie das Parlement gestürtzet haben. An diesen wichtigen Parlement siehet man, wie elend leider die Redligkeith belohnet wird und wie hingegen die infamen Huren und infamen Pfaffen immer zusammen halten.

Gottlose Pfaffen sind eigentlich die Cheffs der größten Hurerey, gleichwie die Cuplerinnen die Cheffs der leiblichen Hurerey sind. Beyde sind Werkzeuge des Teufels. Darum halten sie zusammen, sonst könte des Teufels Reich nicht bestehen.

◈ Ein dummer spanischer Schaff Bok ist in der Republik so nützlich, daß man 100 Freygeister u. Hurenböke gegen einen Schafbok vertauschen solte. Es könte keine vortheilhafftere Handlung in der Welt erdacht werden.

Denn hirdurch würden unsere Woll Manufakturen und die alte teutsche Redligkeith, Gottes Furcht, Tapferkeith, Keuschheith und Glükseeligkeith wieder blühend werden. Teuschland würde dadurch von Gottes Lästerern, Verräthern, Mördern, Dieben, Ehebrechern, Hurern, Lügnern, Verläumdern, Verführern und von den Aposteln des Teufels befreiet werden, denn alle diese Schandthaten sind mit der Hurerey verbunden.

◈ Die Böke und Bullen solten billig eine Suplik eingeben, und um ihre gebührende honores bitten, weil sie so unglaublichen Nutzen stifften, hingegen die menschlichen Huren Hängste hingegen thun unendlichen Schaden, und sind deswegen höchst infam.

Hingegen würden diese Hitzigen Hengste auf den Spanischen Galeeren trefliche Dienste thuen können, gegen die Corsaren oder in Indien etc.

◈ Die bloßen Brüste und andere dergl. Huren Trachten sind eine mörderische Lokspeise des Teufels, die man dahero für höchst infam halten solte. Es ist eine mörderische Pestilentz der Jugend beyderley Geschlechts. Hierdurch werden viele 100tausende krank, närrisch, wahnwitzig, toll, unsinnig, unzehliche werden so abgemartert, daß sie untüchtig zur Ehe werden, ja daß sie gar vor der Zeith sterben.

◈ Daß Mal de Naple, so die Frantzosen von die Italiener geerbet haben, und jetzt Frantzosen genennet wird, wird wohl ein Mahl Teutschen heißen müßen, wenn wir uns nicht bekehren.

◈ Der geringste Mensch ist dem Stadt [Staat] als [wie] ein Capital von 200 Reichstalern. Folglich verliehret der König jährlich durch die Hurerey 9 Millionen und 600 000 Rtl. an Capital [an ungeborenen Kindern].

◈ Die Hurerey hat viele 100 Könige gestürtzt, und ihre Länder. Die größten Helden werden dadurch zu feigen Memmen, die geschiktesten und besten Kaufleute, die Seele des Landes, ersterben u. werden banquerouteurs und privilegirte Spitzbuben, eine Schande der Kaufmanschafft, eine Pestilentz des gantzen Wesens, die Adelichen machen sich dadurch ebenfals infam, einer wird des anderen Henker und erwürgen sich wie eine infame Hure. Der größte Kü[n]stler, der ein Hurer ist eine Schande seiner Kunst und wehret sich kaum des Bettelstabes. Die studirende Hurer, so wohl die Juristen, Theologen, als Mediciner sind hernach eine Pestilentz des Stadts [Staates], daraus werden Ingnoranten in allen Faculteten und lauter Lügner, Mörder, Gottes Lästerer, ungerechte Richter, medicinische Mörder, geistliche Mörder und Diebe etc. [und weiter so im selben Stil]

◈ Man muß nicht glauben, daß die Großen Huren halten, keines Weges, sondern sie halten Maitreßsen, welche ihre Herren am Narren Seil herumführen und ihnen Zaum und Gebiß ins Maul und einen Ring in die Nase legen. Wenn die aller infamste Hure einen Titel kriegt, als Maitreße, Madame, Mademoiselle etc. also bald ist sie honet. Eben so ist es auch mit Straßenräubern, Mördern und Spitzbuben. Daß alles ist keine Infamie sondern Fineße.

◈ Alle honette Leute würden sich freuen,wenn die Hurerey und Ehebruch scharf gestrafft würde, aber alles infam[e] Herren Geschmeiß, besonders obrigkeitliche Persohnen, würden darwieder seyn.

◈ Als die Pharisäer eine Ehebrecherin zu Christus brachten, so sprach er nicht, sie solten sie nicht steinigen, sondern sie solten sie steinigen, aber wer ohne diese Sünde unter ihnen wäre. Da gingen sie alle davon. Ihr böses Gewißen verdammete sie. Dieses zeuget von den damahligen infamen Zeiten, nicht aber, daß Christus das Straffamt dieses Gestzes aufgehoben hat. Christus war nicht zum weltlichen Richter gesetzet, darum sagte er zum Weibe, hat dich niemand verdamet von denen, die dich nach götl. Gestz verdammen solten, so verdamme ich dich auch nicht, den ich bin kein weltlicher Richter.

4.2 Über soziale Maßnahmen

◈ Die Armen in den Armen Häusern muß man nicht einerley tracktiren [behandeln], sondern in Claßen eintheilen, nach dem sie honet sind, oder sich beßern, oder verschlimmern, muß man sie guth oder schlecht, gering oder hoch, ehrlich [entgegenkommend] oder unehrlich [hier: hart] traktiren, aber allesamt fleißig im Christenthum informiren, damit alle die richtige Erkentniß vom Christenthum empfangen und also seelig in Glauben sterben.

◈ Daß Invaliden Hauß könte zu einen unvermögenden Armen Hauße [für behinderte Arme] gemacht werden, wie die Charitet ist. Man müßte Claßen einrichten, Gute bey Gute und Böse bey Böse bringen, auch Belohnung und Bestraffung festsetzen

Praemia zum Besten der Armen, wer den besten Vorschlag thäte, zu Verbeßerung der Armen Anstalten, wie auch zum algemeinen Besten aller Menschen, wäre sehr nötig und nützlich.

Für berührige [rüstige] abgedankte Soldaten könte man kleine Häuserchen mit hübschen Garten Lande bauen so könten sie sich davon in Alter reichlich ernähren.

◈ Spin und Arbeits Häuser müßten in lauter kleine Logimente bestehen, sonst verführen sie sich ein ander und beßerten oder bekehren sich nicht.

Durch wohlfeile Zehrung könten durch die Spin Häuser alle Städte beßer floriren. **NB.** 8 Scheffel Korn rechnet man Jährl. auf 1 Persohn, ohne Vorkost und andere Wahren. **NB.** 2 Pfund Brod täglich für 1 Persohn.

◈ Daß Invaliden Hauß gebe ein gutes befestigtes Spin Hauß.
Daß Opern Hauß gibt auch ein gutes Zucht und Spin Hauß

◈ Die Perleberger Weinberge, und Golmer Feld könte nützlich zum Besten der Schuhle und zum Weisenhause genutzt werden, wenn Wein u. Obstbäume da angelegt würden. Das Weisenhaus könte mit der Stadt Schuhle vereiniget werden. Daß Golmer Feld könte auf Erbpacht vors [für das] Weisenhaus angenommen werden, desgleichen andre schlechte Felder. Auf diese Arth könte fast jede Stadt ein Weisenhaus haben.

◈ Weisen Häuser müßten an wüsten Orthen angelegt werden, damit die Kinder von Jugend auf zum Aker, Garthen und Seiden Bau könten angeführt werden.

◈ Zum Besten der Weisen Häuser und der Armen könte man auf Pfender leihen. Lotterien machen, Tontinen [= Leibrenten-Gesellschaften, genannt nach dem italienischen Bankier Lorenzo de Tonti, (ca.1602-1684)], etc. machen.

◈ Alle Lotterien solten bloß zum algemeinen Besten seyn, als
1. Zum Besten der Knaben, so man zu fabriquen und Künsten brauchen will
2. Besonders für junge Kaufleute, die Handlung recht zu lernen und andere Länder zu sehen.

◈ Alle Weisen Häuser könten Pflantz Schuhlen zu [für] Land u. Garthen Soldaten werden. Das weithen oder ausjäten ist denen Früchten gantz unglaublich nützlich, sie wachsen als den zusehens. Eben so würde die Jugend wachsen, wenn die Laster schärffer bestrafft würden.

◈ Die Capitalia der Armen solte man anwenden, den Armen an klein u. großen Flüßen Häuser zu bauen, und einen kleinen Pflek Land dabey, wovon sie sich ernähren könten.

◈ Eine Papier Mühle und Buchdruckerey zum Besten der Armen. Dazu müßte man die Lumpen samlen und den Armen umsonst geben

◈ Weil die Armuth so entsetzlich groß ist, daß die Eheleute ihre Kinder nicht ernähren können, so müßen jährlig im Lande wenigstens 4000 Kinder sterben. Darum solte man die jungen armen Eheleute unterstützen, auch sogar die Soldaten Weiber. Der König könte dazu einen Fond bestimmen, und das gantze Land müßte monathlich eine Beysteuer dazu geben, Auf solche Anstalten würde Gottes Seegen über das gantze Land und über das königl. Hauß ruhen.

◈ Die hausirende Krämer und Juden, sind landverderbliche Leute und könten beßer zu Fabriquen und Akerbau gesetzt werden.

4.3 Über Strafen

Bandow ist kein Freund von Nachsicht gegenüber Verbrechern, und er empfiehlt Strenge bei der Strafe. Dennoch steht der Gedanke der Rache der Gemeinschaft am Verbrecher nicht im Vordergrund seines Rechtsdenkens, aber auch die Gnade hat darin kaum einen Platz. Für beides ist eher Gott zuständig. Für Bandow ist die Strafe in erster Linie ein Erziehungsinstrument. Vor allem durch gemeinnützige, harte Arbeit soll der Übeltäter sühnen und Gelegenheit zum In-sich-Gehen und zur Besserung erhalten. Der Züchtigung der Fehlenden steht jedoch auch die Belohnung gegenüber: schrittweise Erleichterungen bei guter Führung; Ehrung, Beförderung, Prämien für positive Leistungen. Die Grausamkeiten der gebräuchlichen Rechtspflege sind ihm freilich selbstverständlich. Gegen sie hat er keine Einwände, sondern allein gegen ihre ungerechte Anwendung, gegen die Praxis, daß man die Kleinen hängt und die Großen laufen läßt. So billigt er auch die Prügel als Zurechtweisung, im Haus, in der Schule, beim Militär. Nur das Übermaß verurteilt er, weil es das Gegenteil seines berechtigten Zwecks erreicht. Vgl. auch "Sozialmaßnahmen" und "Schule".

◈ Böse Buben muß man nicht in unsere Colonien senden, sondern tüchtige und in unseren Schulen wohl unterrichtete Kinder, welche auf Kosten des Staats müßten erhalten werden. Gewaltig würden unsere Einwohner sich durch sich selbst vermehren, so das wir andre Colonien anlegen könten. [Bandow denkt hier offenbar nicht an Kolonien in fernen fremden Ländern, sondern an zu "kolonisierende" Ödemarken innehalb der eigenen Grenzen.]

◈ Luter sagt, böse Buben muß man ihr Recht thun, er wolte nie keinen los bitten, was [dem, der] den Galgen verdient hätte nur nie trauen. Er hatte welche loß gebethen, die es hernach viel ärger gemacht hätten.

◈ Die wahre Barmhertzigkeith, oder mitleidige Liebe des Nächsten muß sich auf richtige Erkentniß und nicht auf bloße Leidenschafft [Gefühle] gründen. Hingegen gründet sich das falsche Mitleiden auf Lügen. Aus falschem Mitleiden, damit man selbst keine unangenehme Empfindung davon haben möge, ohne auf das algemeine Beste zu sehen, läßt man einen Mörder, Ehebrecher, Gotteslästerer etc. leben, man trit das aller Heiligste mit Füßen, um nur des Leidens überhoben zu sein, so man von dem Elende des Nächsten empfindet. Das wahre Mitleid strekt sich über Freund und Feind, über leibliche, vielmehr aber über geistliche Noth.

Allenthalben, alle Stunde und Augenblike haben wir Gelegenheith, mitleidige Liebe auszuüben, zumahl in geistlichen Nöthen, weil fast alle Menschen geistlich todt sind. Da muß man sich des Nächsten nach der Wahrheith jammern laßen und denken wie Christus, sie möchten auf dem Wege verschmachten, erbarme dich über die unterdrükten elenden Sclaven unter den Menschen

◈ Ein jeder ehrlicher Hauswirth solte billig so viel Macht haben, das gotlose Gesinde nach Proportion des Ungehorsams, mit gewißen Schlägen zum Gehorsam anzuhalten.

◈ Das beste Mittel einen Staat glücklich zu machen ist, wenn man auf alle Laster gerechte Straffen setzet, oder gewiße Arbeith, wer kein Vermögen hat.

◈ Die Lügner müßten schärfer bestraft werden als die Diebe, denn ein Verläumder ist viel schändlicher als ein Dieb.

◈ Sandberge und andre schlechte Plätze müßten zu Poenitentz Stellen gemacht werden [Zwangsarbeit als Strafe].

◈ [Anfang fehlt]... und zwahr ist der Anblik der Geräderten, Gefangenen, Geschundenen, Verbranten, Gefirtheilten, in Öhl gesottenen, Torquirten etc. nicht so erschröklich als die Zahl derer großen Diebe, Spitzbuben, Landesverräther und Mörder, welche die kleinen Dibichens hängen, rädern und schinden.

◈ Nichts ist infam als die Sünde. Folglich ist ein Schinder Knecht gar nicht infam, den seine Arbeith ist ein gutes, höchst nützliches, nötiges Werk, offt beßer als das Werk eines infamen Ministers oder Generals, der Leute lebendig unter dem Schein des Rechts schindet.

◈ Alle Ehebrecher, Sodomiter und andre Gottlose könten zum Festungs Bau außerordentliche Dienste thun, besonders den inneren Wall zur Wohnung zu machen.

◈ Ein Ehebrecher müßte ohne alle Gnade aus seinem Lehnsitz gebracht werden und nach sehr scharffer Bestraffung und öffentlicher Buße zum Wüsten Anbau gebraucht werden oder ihm ein wüster Platz zum neuen Lehnsitz angewisen werden.

◈ Die Huren und Herren arbeithen nicht, sondern sind als Spitzbuben und Straßenräuber anzusehen. Sie könten aber in der Karre und Spinnhauße guthe Dienste thun.

◈ Wenn das Geld zum Vestungs Bau und die Hurer und Huren zum Festungsbau gebraucht würden,so könten sie dem Lande unglaubliche Dienste thun, da fiele die Verschwendung weg, das Geld würde im Lande nützlich verzehret.

◈ Alles Herren Geschmeiße ist am Besten in Festung, so können sie nicht mehr verführen.

◈ Wenn ein Soldat p.E. 3 Pfennig Wahre stiehlet im Felde, so wird er aufgehangen, wenn diese Straffe darauf gesetzt ist. Dies dünket dem Dieb sehr unrecht zu seyn, aber den Generalismus dünkt es recht, weil von einer guten Disciplin die Ehre und das Leben einer gantzen Armee abhänget, denn wenn die Soldaten die Bauren bestehlen wolten, so ihnen Lebens Mittel bringen, so müßte die Armee verhungern.

◈ Die Freygeister glauben Recht zu haben, einen kleinen Dieb zu hängen, wenn er wieder ihr Geboth einen 3er werth stiehlet. Und wenn ein Soldat, den man doch gestohlen und also an ihm den Galgen an ihm selbst 10 mahl verdient hat, so hänget man ihn auf. Wo hat Gott solche Gesetze gegeben, ihr Menschendiebe und Mörder. Ist der 3er Dieb des Todes werth, wieviel 1000 mahl hast du den Galgen und Rad, ja höllische verdamniß verdienet, der du viele Millionen Taler, geschweige 3er gestohlen hast, und dazu ein Menschendieb bist, verlangestu schlechterdings Gehorsam und bestrafest eines 3er Werthes Ungehorsam mit dem Todt, wie wird dein viel 1000fältiger Ungehorsam wieder allen göttlichen Naturgesetzen, deine Gotteslästerung, Anrufung des Teufels, Diebstahl, Lügen, Mord, Ehebruch etc. von Gott gestrafft werden müßen.

◈ Man stelle sich alle erschrökliche ungerechte Kriege, Schlachten, Blutvergießen, alle Schandthaten, Mord, unschuldiges Hinrichten, Blutschande, Ehebruch, Hurerey, Kindermord, Dieberey, Straßenräuberey, Seeräuberey, Lügen, Verwüstung, Sengen und Brennen, schuldige und unschuldige Marter, Tiranney, Krankheith, Sündfluth und 1000 andre Waßers Fluthen, Schwermuth, Gewißensangst, Anfechtung des Teufels etc. und alles andre unbegreiflich u. schrökliche Elend, so von Anfang der Welt bisher geschehen, vor Augen, so wird man sich entsetzen, daß eine lügenhaffte Handlung der ersten Menschen so erschrökliche Folgen hat und sich vor Lügen und Sünden hüten. Ist aber die Lügen und Sünden so unergründlich mächtig worden, die doch wieder Gott ist

Wieviel mächtiger wird die Gnade in uns sein, wenn wir der Wahrheit nach göttlichen Willen gehorsam sind.

◈ Wenn ein Weib nicht angezeigt hat, daß ihr Mann nicht ordentlich seynen Beruff abwartet, sondern in die Wirtshäuser liegt, so ist recht, daß sie mit bezahlen muß, zumahl, wenn sie selbst mit lustig gewesen, oder wohl gar ihre Männer zu Narren Staat und großen Tractirungen u. Visiten verführet.

◈ Eheliche Weiber solten billig einen Bund wieder infame Männer machen und sich gerichtlich wieder sie verteidigen.

◈ Die gottlosen Buben und muthwilligen Bether könten über schlecht Erdreich und Sandland Leimen karren, oder fahren. Solchergestalt würden die bösesten Buben dem Stadt [Staat] nützlich. Dergleichen Verbeßerungen sind unzählig, zu mahlen bey denen Waßern, die Flüße schiffbahr zu machen, Teiche anzulegen, die Sümpfe zu Teiche zu machen. Waßerkünste könten in Sandlanden einen unglaublichen Vortheil bringen.

4.4 Über Juristen

In der Rechtsprechung oder genauer gesagt in ihren Mängeln sieht Bandow einen wesentlichen Grund für moralischen Verfall und Kriminalität. Auf die Juristen ist er nicht gut zu sprechen. Ungerechte Richter und charakterlose Advokaten sind schon seit jeher Ziel der Kritik und des Spottes gewesen. Insofern ist seine Kritik nicht originell. Sicher aber hat er Recht mit seiner Annahme, daß die Juristen besonders stark zur "Freygeisterey" neigen bzw. daß Freigeister unter ihnen, wie auch in anderen intellektuellen Berufsgruppen, besonders zahlreich anzutreffen sind. Dies allerdings liegt auch in der Natur der Aufklärung, die Bandow selbst zwar auf technisch-wirtschaftlichem Gebiet bejaht, nicht aber auf religiösem und philosophischen. Er steht fest auf biblisch-evangelischem Grund, und sein Maßstab ist "Gottes Wort und Luthers Lehr". "Frei zu denken ist groß, recht zu denken ist größer", sagt der Philosph Thomas Thorild (1759 -1808). Bandow gehörte zu denen, die sicher waren, zu wissen, was Recht ist.

◈ Die alte Teutsche strafften ungerechte Richter gantz erschröklich.

◈ Die alte Teutsche waren so dumm [ironisch gemeint], daß sie glaubten, ungerechte Richter, Mörder, Ehebrecher, Diebe etc. gehörten nicht zur besten Welt. Darum brachte[n] sie solche Infame ums Leben. Jetzt ist es aber eine weise excuse der Infamen, warum will man solche fehlende Leute straffen, die doch so viel Gutes stifften. Es ist schändlich, ihnen [übel| nachzureden. Die Herren Philosophen belieben nur zu bestimmen, obs nicht beßer wäre, wenn alles Infam wäre. Oder wenigstens, wie viel nach Proportion infam seyn müßen, die beste Welt zu formiren.

Ein obrigkeithlicher Freygeist mag an jenen Tage [am Jüngsten Tage] mit philosophisch gelehrter Miene sich entschuldigen, es gehöre die Infamie zur besten Welt. Solte darum Got die verwahrloseten Seelen nicht von ihren Händen fordern?

Von den Juristen

Die Parthen und Advocaten, die für Gerichte Lügen sagen, solten billig aufs schärffste gestrafft werden,

1. weil ein Dieb zwahr schändlich ist, aber ein Lügner noch viel schändlicher .
2. weil dadurch die besten und heiligsten Gerichte verführet werden können, die Armen zu unterdrüken
3. weil dieselben dadurch Beschützer der ärgsten Spitzbuben werden können, ja, daß die Gerichte dadurch gleichsam als Häupter und Anführer der Spitzbuben werden,
4. weil sie Gott ins Angesicht lügen, denn das Gerichte geschieht im Namen Gottes.

❖ Ein eintziger Jurist kan alle Prozeße eines gantzen Regiments, welches offt, mit Weiber, wohl 3000 Köpfe beträgt, übersehen [versehen, bedienen]. Ist aber dieses bei solchen viehisch ruchlosen Leuten möglich, wieviel mehr wenn ein ordentlch Christenthum eingeführt würde. Wozu helffen uns eine so ungeheure Menge lügenhaffter Juristen, als uns unrecht zu thun, und uns auszu plündern, denn sonst können sie nicht alle leben.

❖ Man muß keine Juristen, noch Handwerker, noch königl. Bediente annehmen, die nicht die christliche Religion recht kennen und bekennen.

❖ Juristen solten billig von Predigern öffentlich examiniret werden, ob sie auch recht im Christenthum unterrichtet wäem, ehe ihnen erlaubet würde, Bedienungen [Stellen, Ämter] anzunehmen.

❖ Die Juristen solten billig examiniret werden, ob sie auch Christen wären. Billig solten sie auch eidlich erhärten, daß sie Christen wären, und auch beweisen, daß sie eine Erkentniß des Christenthums haben.

❖ Es wäre sehr guth, daß die Juristen und Mediciner auch das Latein abschaffeten, denn ich glaube, daß sie eben so wohl als die catolischen Pfaffen Ertz Betrüger sind und dazu das Latein beybehalten.

❖ Sey nicht alzu gerecht, ist eine trefliche Regel für die Juristen, den Got selbst hatte Freystätte für unschuldige Mörder bestimt. Also hat ein jeder, der unwißend sündiget, auch billig eine Freystadt. Desgleichen muß eine Kleinigkeith nicht alzu scharff geandet werden.

❖ Die Juristen, die einen ungerechten Proces anfangen, müßten nicht allein die Proces Kosten erstatten, sondern noch besonders gestrafft werden, auch über dieses [überdies] etwan 5 Procenten von den Gütern geben, so sie haben rauben wollen. Zum Besten der Schulen und andren guthen Anstalten des gemeinen Bestens.

◈ So törigt es seyn würde, Wölfe und Beeren zu Hirten über die Schaffe zu setzen, eben so törigt ist es, Juristen und Soldaten über den Nehrstand zu setzen. Wenn es ja scheinet, als wenn sie sie zuweilen das Beste einiger Leute sucheten, so ist es doch nur so, als wenn man das Vieh zum schlachten mestet. Denn wenn ein Kaufman was an legt, als [wie] die Gold Fabrique [Schmuckindustrie], Zuker Fabrique, so komts zu Lasten vonn König [gemeint ist wohl: hat der Staat das Nachsehen].

◈ Die Juristen solte man bey nahe gantz aus Rotten, so würde die Handlung in Flohr kommen.

4.5 Über Mediziner

Die Volksgesundheit war Bandow ein wichtiges Anliegen, aber von der Schulmedizin hielt er wenig. Wie auch bei den Juristen bestritt er nicht ihre Notwendigkeit, sondern wandte sich gegen schlechte Ausbildung, brutale Behandlungsmethoden und unangemessene Krankenkosten. Sein Verbesserungsansatz lag vor allem in der Hygiene und in einer gesunden Lebensführung. In jener Zeit galten Aderlaß und Klistiere nahezu als Universal-Heilmittel, und die Überanwendung beider hat den Patienten wenig geholfen, aber oft zu vermehrtem Leiden und sogar zum Tod geführt. Bandow war aber auch der Meinung, daß die Beschäftigung mit Krankheit und Tod zu Zynismus führen und der ständige Anblick des menschlichen Körpers die Unsittlichkeit fördern könne. Man mag darüber den Kopf schütteln, aber es ist noch nicht lange her, daß Frauenärzte in Europa ihre Patientinnen nur bedeckt untersuchen durften.

◈ Der verdient ein Praemium, der die besten gesundheits Regeln aus der [Heiligen] Schrift ziehet, die Übereinstimmung christlicher Ärzte zeiget, wie auch, daß eben dieses Vernunfft und Erfahrung lehret

◈ Die Mediciner sind meistentheils als Schlächter des Menschlichen Geschlechts anzusehen, die kein Mitleiden haben, jedoch wenige ehrliche Leute ausgenommen, für welche ich alle Hochachtung habe, Für erstere hüthe man sich, sie sind meistentheils Freygeister, und urtheilen ebenso über Religions Sachen, wie ein Schlächter, so wenig ein Schlächter sich schicket ein Bluth Gericht über einen Menschen zu halten eben so wenig schicken sich solche Medici über die Religion zu urtheilen, weil in beyden keine Barmhertzigkeit ist, denn sie sind nur gewohnt zu schlachten oder Blut zu vergießen

Die Mediciner Proveßores

führen junge Leute zur Unkeuschheit an. Bringen öffentlich auf dem Cateder allerley Unkeusche Sau Zothen an, zum Verderben der Jugend, die ohnedem zuviel zu Lastern geneigt ist.

Hienägst führen sie junge Bürschgen in die Anatomie und bringen ihnen viel zu früh alle Minutissima der weiblichen Geburts Glieder, wie auch der männlichen bey; sagen ihnen auch wohl auf öffentlichem Cateder, wenn sie ihnen, teils die venerischen Krankheiten, die venerischen Lüste etc. aufs weitläufftigste erkläret, gehet nun hin und bringet an Übung was ihr gelernt, führen also die arme Jugend an zu allerleÿ Hurereÿ, Ehebruch etc.

Daher kommt, daß fast alle Mediciner Freÿgeister sind, denn weil sie gleich in der Jugend zu solchen tötlich törigten Lüsten angeführt werden, welche alle Kräfte Leibes und der Seelen einnehmen, so haben sie ein böses Gewißen, können nicht zu Gott beten, die Liebe stinket ihnen an, denn sie ist ihnen zuwieder. Ein junger Mensch haßet seinen Receptor der ihm in seinen bösen Lüsten hindert. So haßen die junge Mediciner die Biebel, ja Got selbst, sie würden sehr gerne Gottes Wort ja Gott selbst vertilgen wenn sie nur könten, Gott ist wie nichts in ihren Augen.

Von diese gottlose Mediciner, breitet sich die Freÿgeisterey Unkeuschheit aus, unter Juristen und Theologen, welche auch medizinische Collegia hören, oder doch mit jungen Medicinern umgehen; wes daß Hertz voll ist, deß gehet der Mund über, wie solten den diese junge Leute von Dingen schweigen können die sie lieben von gantzem Hertzen von gantzer Seelen von allen Kräfftenund von gantzen Gemüth, sie verführen sie und werden verführet, wozu die Romainen [= Romane, populäre, wohl auch schüpfrige Liebesgeschichten, die Bandow als pornographisch betrachtet] das Ihre hauptsächlich mit beytragen, darin bestehen die hauptsächlichsten Studia.

Sollte die Obrigkeit nicht dahin sehen, daß jungen Leuten dergleichen Studia verbothen würden; zu venerischen Curen sollte man nur alte verständige Männer brauchen, und sogar alsden ist es noch gefehrlich, den Alter schadt der Thorheit nicht.

◈ [Randbemerkung von Bandow:] Darum wäre es gut, eine medicinische Facultet p.E. [für] Frauens Zimmer aufzurichten, sodaß die Weiber die Weiber curireten, und die Männer die Männer. Hiedurch würde viel Unheil abgewendet werden. Wenigstens solte man nicht gantz jungen Burschen Weibs Persohnen zu anatomiren geben, oder in der Cur, sondern verehelichte Männer.

Sind aber die meisten Mediciner unkeusche lasterhaftte Freÿgeister, Spötter, Gotteslästerer die Gott und seÿn Wort verachten, wie kann man sich einen solchen Buben anvertrauen der weder Belohnung noch Bestraffung, weder Himmel noch Hölle, weder Gott noch Teufel statuirt [anerkennt].

Er sucht Ehre, Geld und Wollust, daß sind seine Götter. Kann er durch meine Krankheuth und Todt dazu kommen so erfordert es seyne Weisheith und seine gelehrte medicinische Vernunft daß er mich krank erhalte oder gar umbringe, bringt er mich nicht um wenn es seyn Geld Geitz, Ehrgeitz oder Wollust erfordert so handelt er wieder seinen Beruf und folglich närrisch.

Es ist also nicht Rath einen freygeistischen Medicus Hund oder Katze, vielweniger sich selbst, Frau und Kinder anzuvertrauen.

Sondern lieber mäßig, keusch und zügtig zu leben und zu prüfen was uns gesund oder ungesund ist, besonders aber fleißig sich für Sünden hüten und Got um Gesundheit bitten auf diese Arth haben die alt Väter bald 1000 Jahr errechnet [erreicht?].

Ein alt Weib, oder ein alter Schäffer, beschämt offt ein gantz Collegium Medicum. Vielleicht könte mancher armer Bürger, das Staats Ministerium übertreffen, und den Staat von höchst gefährlichen Krankheithen heilen, besonders die Sume wieder geben.

Alle Doctores müßten zusammen ein Meister Stück zu machen suchen, wie die Gesundheith könte erhalten oder hergestellt werden

Vielleicht könten die Leute ein hohes Alter erreichen, wie zu alten Zeiten

4.6 Über Hygiene

Ohne Zweifel herrschten zu Bandows Zeiten in Großstädten wie London und Paris, aber z.T. auch schon in Berlin, obwohl es dort breite Straßen und viel Platz gab, unglaublich unhygienische Verhältnisse. Viele Menschen lebten in unmittelbarer Nähe zu ihren Abfällen. Ungeziefer aller Art war der Normalzustand. Und die Infektionsgefahr war groß, besonders dort, wo Menschen dicht beisammen wohnten, sei es in engen Wohnungen, sei es in Spitälern, Gefängnissen und anderen Massenquartieren. Noch gab es so gut wie keine Abwasserentsorgung, die Fäkalien wurden in den "besseren" Quartieren in Fässern gesammelt und nachts mit Karren abgeholt und in die Flüsse gekippt. In ärmeren Quartieren gab es nur offene Abortgruben, nicht selten in bedenklicher Nähe zu den Brunnen, welche die Trinkwasserversorgung immer noch zum größten Teil bestritten. Bandow betont auch sehr den Wert der frischen Luft. Seine Diätvorschläge werden allerdings den Armen wenig geholfen haben, da diese ja von "ausschweifendem" Leben weit entfernt waren. - Bemerkenswert ist, daß man die Giftigkeit gewisser Metalle (Kupfer u.a.) in Küchengerät und Essgeschirr als Krankheitsursache zu erkennen begann.

Gesundheits Regeln sind folgende

Man hüte sich für Sünden, den Krankheit und Todt ist der Sünden Sold.

Hiernächst arbeite man fleißig, aber nicht über die Maßen

man eße ja nicht zuviel, sondern trinke lieber ein Wenig mehr, und arbeite fleißiger wie sonst, wenn man krank wird so wird man fast alle Krankheiten heben können

Venus, Bachus, Ira etc. bringen

Krankheith und Todt,
darum hüte man sich, für Zorn, Haß
übermäßige und geile Liebe, und allen
andren ausschweifenden Leidenschaften
als unützen Gram, ohnnötige ängstliche Sorgen
den sie helfen nichts,
man arbeithe lieber fleißig, und schäme
sich derselben nicht und laße Got sorgen

◈ Higiasticoa [Hygiene], das ist, verhoffter Weise und eigentlich bewust [bekannt], das Leben in völliger Gesundheith und bester Behaglichkeith leiblicher Sinne, Urtheils und Gedächtniß, bis aufs höchste Alter zu bringen. Nebst [laut] Ludovici Cornaro Mäßigkeith und Nutzbahrkeith eines nüchternen Lebens . [Seine "Discorsi della Vita sobria" (Padua 1558) schrieb Luigi Cornaro (1467-1566), der nach 40 Jahren ausschweifenden Lebens zur strengen Diät überging und fast 100 Jahre alt wurde.]

◈ In allen Ständen sind unglaubliche Verbeßerungen möglich. Gesundheitsregeln in allen Häusern angeschlagen, würden sehr nützlich seyn, zu mahlen man sie in Verse brächte und sie die Jugend auswendig lernen ließe. Aber sie müßten aus Gottes Wort gesamlet seyn, nur darauf kan man gewiß fußen.

Gesundheits Regeln und die beste Medicin müßte jeder Haus Vater haben

In allen Städten und Dörfern müste man die Haus Mittel aufschreiben laßen, dieselben probiren, und die besten erwehlen.

◈ Man muß das Verhältnis großer Städte mit dem platten Lande wegen [hinsichtlich] der Gebohrenen und Gestorbenen betrachten und daraus erweisen, daß große, ungeheure Städte schädlich und landverderblich sind, Der Unterschied ist desto größer, weil

1. Kleine Städte sich vermehren [Geburtenüberschuß]
2. Hingegen große Städte sich vermindern [Geburtenunterschuß]

[*Bandows Beispiele von 1753 geben keine eindeutige Bestätigung seiner These. Er übersieht auch, daß die Landflucht zu den beobachteten Verhältnissen beitragen kann: durch sie wird die Sterberate auf dem Land sozusagen entlastet und in der Stadt erhöht, denn die Zuwanderer landen dort großteils im Proletariat, das am meisten unter Krankheit und Not zu leiden hat.*]

◈ Ein Boten Läufer kann 7 bis 8 Meilen lauffen, einen andern werden ein paar Meilen sauer. Man halte ein zärtlich [zartes] Stadt Frauenzimmer gegen ein arbeitsames Bauer Mädgen, das große Lasten viele Meilen träget und doch gesünder ist als die faulen in der Stadt.

◈ Daß in Stargard [bis 1720 Schwedisch-Vorpommern] die Soldaten beßer aussehen als in Berlin ist gantz natürlich.

Eine Hänne [Henne], die hier 6 Gr gilt, kostet in Stargard 1 1/2 Gr, und so nach Proportion alle Lebensmittel.

In Stargard sind nicht so viel infame Huren als in Berlin.

In Stargard ist kein stinkender Stadtgraben, wie in Berlin, wodurch die Luft inficiret wird.

◈ Die Größe der Stadt und die große Menge Menschen macht auch einen Orth ungesund. An kleine Orthe ist mehr frische Luft.

◈ Die Thiere, Hunde und Katzen verkratzen ihren Mist, aber die Menschen laßen ihren Unflath stehen, daher entstehen Krankheiten.

◈ Billig solte das Waßer, so aus den Straßen der Stadt läufft, nicht gleich in die Ströhme gehen, sondern vor her in einen großen, tieffen Teig [Teich], deren allenfals 2 seyn könten, damit der eine ausgeräumt werden könte, wenn im andern das Waßer gefaulet würde. Hierdurch blieben die Ströhme reiner und man könte eine große Menge des besten Mistes samlen.

◈ Wenn die Medici und Chirurgi beichten solten, was für infame Krankheiten herrschen, so würde man sich dafür [davor] entsetzen.

◈ Die invicierte Betten bringen viele Krankheiten und tun entsetzlich Schaden. Die Hurerey ist also in vieler Absicht schädlich, bringet den Todt, führet Lasters ein und entvölkert die Staten.

◈ Der verdient ein Praemium, der die besten Gesundheits Regeln aus der [Heiligen] Schrifft ziehet, die Übereinstimmung mit den Regeln christlicher Ärtzte zeiget, wie auch, daß eben dieses Vernunfft und Erfahrung lehret.

Auch verdient der ein Praemium, oder Belohnung, der obgedachte Regeln in die besten Teuschen Verse bringet, damit sie der Jugend beygebracht werden können.

Die jenigen, so sich für Jünglingen schicken, müßte man den Kindern nicht lehren.

und die, so für Eheleute gehören [z.B. "In der Woche zwier..."!], müßte man Jünglingen und Jungfern nicht geben. Auf diese Arth würden Kinder bey Leben erhalten, Erwachsene aber ihr Leben hoch bringen.

◈ Die Camin oder Wind Ofens sind ungemein gesund, ziehen allen bösen Geruch, böse Lufft und Feuchtigkeithen, so daß die Fenster in solchen Stuben nicht schwitzen. Es stoket [schimmelt] auch in solchen Stuben nicht, sondern die

Feuchtigkeith ziehet sich auß den Wänden, wenn sie gleich lange Jahre gestoket haben. Böse, stinkende Lufft und verstokete Luft ist dem Menschen eben so schädlich, als den Fischen ein stinkendes, faules Waßer, daß keinen Abfluß hath. Hingegen, wie die Fische in einen fließenden Waßer gesund leben, also leben auch die Menschen in einer fließenden Lufft gesundt

Die eisernen Röhren, so die ausere Lufft geheitzet, in die Stube führen, müßen auserhalb probirt werden, ob außerhalb die Röhre eine kleine oder große Öffnung haben muß. Inwendig, durch den Ofen, ist wohl die Röhre je größer je beßer, und da kan auch die Öfnung eben so groß seyn. Hingegen von außen wird die Öfnung wohl je kleiner je beßer seyn.

Ist dieses ausgemacht, so ist es sehr nützlich und heilsam, wenn (1.) in allen Wohnstuben dergleichen Ofen angeleget werden.

2. Auf denen Königlichen Schlößern
3. In den Königlichen Weisen Häußern
4. In der Charitet und Infalliden Hause
5. In allen Hospitälern des gantzen Landes
6. In alle Lacarets
7. In allen Schuhlen des gantzen Landes
8. In allen Häusern, wo sich viel Volk versamlet
9. Wegen der Einkwatirung der Soldathen

1) Der Nutzen ist die gesund Erhaltung vieler 100, ja noch gar vieler 1000 Menschen.
2) Es können als den die anstechenden Seuchen nicht so sehr überhand nehmen, durch bösen Geruch.
3) Es kann wohl 1/4 alles Holtzes ersparet werden, so sonst in Ofens und Camins verbrand wird, wo nicht noch mehr, wenn sie gehörig gesetzt und eingerichtet werden.
4) Es kan in die Ofens gekocht werden und ist armen Soldaten und Handwerkern gantz ungemein nützlich
5) Es kann dadurch der Rauch aus den Häußern gebracht werden.
6) Es kann viel Platz in kleine Häuser ersparet werden
7) Es kann 1 Feuer als den [alsdann] 2 Ofens in 2 Stuben heitzen und dadurch ungemein viel Holtz ersparet werden.
8) Erstaunliche Summen Geldes für Brenn Holtz können aus andren Ländern gezogen werden, weil 1/4 alles Holtzes erspart wird.
9) Camin Ofens von Eisen, Kupfer, Messing würden vieleicht sehr nützlich seyn, weil sie noch beßer heitzen als (die) Irdenen und auch viel dauerhaffter sind. Zumahl, wenn die eiserne Ofens groß und gleichsam künstlich mit Stuffen gegoßen sind, wie die Okertsche Camine eben darum stark heitzen
10) Vieleicht ist möglich durch 1 Feuer 4 solche metallene Ofens in 4 Stuben zu heitzen, wen nämlich 4 Stuben eken zusammen stoßen.

11) Vieleicht könte alsdenn, wenn das Feuer durch 4 Ofens gegangen ist, noch in 2ten Stokwerk einen oder mehr Ofens heitzen, und hiraus würde ein erstaunlicher Nutzen entstehen

Von dem Orthe, wo das Feuer gemacht wird, müßen die Kacheln recht dicke ausgeschmieret werden, damit es lange warm hält. Je weiter aber ab vom Feuer desto weniger wirds ausgeschmiret, jedoch werden die Fugen der Kacheln desto beßer verschmiret, und zwahr, daß der Leim [Lehm] stark hervor raget, damit der Kachel desto hohler ist.

◈ In Stokholm ist bewisen daß alles Kupfern Küchen Geschirre höchst ungesund, und höchst schädlich sey, weil sowohl der Kupfer als auch Meßing einen sichern Gifft bey sich führet, welcher, wenn er den Menschen nicht allmahl tödtet, dennoch allerhand lebensverkürzende Krankheith verursachet. Verzintes Eisengeschir ist in Schweden, bey der Flotte und bey der Armee eingeführet, das kupferne und meßingene hingegen abgeschafft, Schweden hat das beste Kupfer in der größten Menge, es würde folglich den Gebrauch des Kupfers nicht abgeschafft haben, wenn es nich giftig wäre.

4.7 Rezepte

Teils abschnittsweise, teils mehr oder weniger in seiner Kladde zerstreut, zitiert Bandow allerlei Rezepte und Gebrauchsanweisungen. Diese betreffen hauptsächlich drei Fachgebiete, die ihm besonders am Herzen lagen bzw. ihn aus beruflichen Gründen besonders interessierten, nämlich die Färberei, die Landwirtschaft und die Medizin. Der weitaus größte Teil davon sind medizinische Rezepte. Sie stammen gewissermaßen aus der Morgendämmerung der Pharmazie, fußen vereinzelt noch auf magischen Vorstellungen und mittelalterlichem Aberglauben, aber sind vorurteilsfrei gesammelt und manchmal auch kritisch hinterfragt. Seine eigene Erfahrung ist Bandow eine wichtige Leitlinie. Auffällig ist seine Befürwortung einer sanften Medizin. "Giftigen Pillen" unbekannter Zusammensetzung steht er skeptisch gegenüber. Den modischen Aderlaß möchte er möglichst vermieden wissen. Unter seinen medizinischen Rohstoffen dominieren die pflanzlichen (Tees, Extrakte, Latwergen, Salben) und erscheinen nur wenige Gifte (etwa in Form von Bleiweiß oder Grünspan). Noch der alten Apothekerei verhaftet sind einige Medikamente, die sich wissenschaftlich kaum begründen lassen, wie pulverisierte Schlange oder die einem sterbenden Fuchs entnommene Zunge, oder Haare eines tollwütigen Hundes, die in die von ihm gebissene Wunde zu legen sind. Es sieht aber nicht so aus, als ob Bandow solche Rezepte empfehle. Er referiert sie nur. Eine nicht mehr verständliche magische Vorstellung scheint hinter der Anweisung zu stecken, mit Öl gemischte Kräuter in einem blauen (!) wollenen Lappen in heißer Asche zu schmoren.

Ein relativ kleiner Teil der Rezepte betreffen die Färbung von Garnen oder Stoffen. Sie deuten darauf hin, daß Bandow als Textilkaufmann mit der Färberei bekannt

war, vielleicht diese auch gelernt hatte. Hier dürfte sein Interesse für Chemie geweckt worden sein, die zu seiner Zeit auch dabei war, sich zu einer modernen Wissenschaft zu entwickeln. Ebenfalls ein kleiner Teil umfaßt nützliche Hinweise zur Bekämpfung von Ungeziefer und von Pflanzenkrankheiten in der Landwirtschaft, sowie einige allgemein praktische Tips.

Von Medicin

Rezepte

1) Hunde Fett heilet innerliche und äußerliche Schäden, wenn es mit Warm Bier eingenommen wird, hat es Leuten geholfen, die von allen Chirurgis hülfloß verlaßen werden

2) Vor das Gehör ist Rübrettig gut, wenn man die Wurtzel in die Ohren steckt

NB Kalkwaßer soll auch gut mit Habergrütze seÿn

3) Haber Grütze mit Salbey und stoltzen Hindrich [Nachtkerze, *Oenothera*] auch etwas Camillen und alt ungesaltzen Fett recht dick gekocht, und so warm als mans leiden kan, auf Geschwüre an Fingern, Brüsten und andern hitzigen Wunden aufgeleget, und immer wieder warm aufgelegt, bis das Geschwür aufkommt, ziehet auf, ziehet die Hitze aus, und heilet wunderwürdig, hat oft geholffen, wenn der kalte Brand so nahe gewesen ist, daß der Chirurgus den Finger hat abnehmen wollen,

4) Wieder den Brand und andere offene Wunden u. sonderlich wieder durchgesogene Brüste

Süße Sahne, im Tiegel gekocht, bis die klare Butter heraus komt diese Butter abgefüllet, und damit die Wunde geschmiret, hat vielen Tausenden große Dienste, sonderlich an Brüsten gethan, und ist ohne die geringste Gefahr zu gebrauchen

Liquor enodimus mineralis Hofmanni [= Hoffmannstropfen, 1 Teil Äther, 3 Teile Alkohol], soll sehr gesund zum preservatio seÿn, auf Zucker einen Tropfen genommen.

5) Schlee Blüthe in Milch gekocht des Morgens getrunken ist eine ungemein trefliche Purgantz und Reinigung des Geblüthes, welche ich beßer halte als alle andre Purgantzen, beßer als Aderlaßen Schröpfen, den hir weiß ich was ich einnehme, und darf mich nicht durch gewißenlose Doctors, durch giftige Pillen krank machen laßen, oder das beste Geblüthe abzapfen laßen

Zu 1 quart Waßer 1/4 µ gute gebakene Kirschen gestoßen, 1/2 Citrone, vor 1 Pfennig Semmel geröstet, per 1/2 Dreÿer Zimmt dieses wird zusammen in einen verklebeten Topf von 1 Quart gekochet ohngefehr 1 1/2 Stunde, man kan es warm und kalt trinken, Zucker wird nach appetin eingethan

[Dieses Rezept hat große Ähnlichkeit mit Rezepten aus dem 15. Jahrhundert. Es ist eine Art Latwerge oder Konfekt].

Eine köstliche Heilungs Salbe zu machen:
Schwartz Wurtzel rein abgewaschen, nicht geschäbet [ungeschält] auf ein Reib Eisen gerieben, wie Merrettig, Ochsen Klauen oder Poten [Füße?] diese in einen neuen Topf gekochet, aber kein Saltz dazu
das Fett von diese Ochsen Füße und in ein neu irden Gefäß
Die geriebene Schwartz Wurtzel wird durch einen reinen Tuch gewrungen, und auch in ein reine Gefäß gethan
in einen neuen Diegel läßt man weiß Jungfer Wachs [von neu angelegten Bienenwaben] zergehen, und schüttet, den Schwartz Wurtzel Safft und Ochsen Fuß Fett, dahinein
Zu einen zerhackten u. gekochten Ochsen Fuß Fett
nimt man etwan 2 Enden Schwartz Wurtzel jedes etwan 5 bis 6 Zoll lang
Jungfer Wachs ohngefehr 6 *ch* [Pfennigzeichen]
Schlangen Fett etwan für 1 *ch* soll auch guth dazu seyn
Dieses ist ein vortreflich Heilungs Plaster, daß durch Mark und Bein heilet

Die Augen Lieder mit Haasen Fett geschmieret, soll eine ganz unvergleichliche Wirkung thun, die Augen klaar und gesund zu machen

Schlangen Fett soll auch zu allerleÿ sehr nützlich seyn
Der alte Wag[n]er sagte mir im Obr [Oktober] 1753, daß er die Schlangen puverisirete, und von dieser Asche unter die Pflaster streute, und daher käme es, daß die Pflaster eine so wunderbahre Würkung thun, und fast alles heileten

Eine Salbe zu machen:
Weiß Lilien Öhl etwan vor 6 *ch* in ein Glaß
das Weiße vom Ei, von 2 Eier
weißen Bleiweiß recht fein geschabt, in eine Thee Taße gethan
auf diesen Bleiweiß, und auf dieses Weiße vom Ei wird obgedachtes Lilien Öhl gegoßen, gibt eine köstliche Salbe die nicht verdirbet, wird mit [Satz unvollendet]

wieder die Geschwulst am Füßen ist nichts beßer, als See Saltz unter die Fuß Sohlen gebunden, es wird klein gestoßen, und warm gemacht, auch ist guth alte Milch Heringe je älter je beßer, auf den Rücken von einander geschnitten, alle Tage einen Hering auf jeden Fuß gebunden, die Gräten werden heraus genommen, und die Heringe täglich in die Erde gegraben, so gleich wenn sie vom Fuß abgenommen werden.

[*Hinter letzterem steckt wohl noch die Vorstellung, daß die Krankheit damit in die Erde vergraben wird.*]

Hering sol ungemein schön wieder den Bösen Hals seyn, wie auch wenn man Kinder Pocken befürchtet
Morüben Brühe ist guth wieder einen bösen Hals

Ein treflich Schwitz Pulfer, *daß ich aber nicht probirt habe*:
1 Mandel [=15 oder 16 Stück) Krebssteine gestoßen, 2 Meßer Spitzen Alantwurtzeln und 1 Löffel vol Flieder Muß, in warm Bier genommen, man nimt es nicht des Abends sondern des Morgens, ich habe es nicht probirt, es so(ll) ungemein nützlich seÿn.

Wieder das Verbrechen [=Erbrechen, Übelkeit]:
1 Mandel [15 Sück) [Krebssteine] in vor 3 Pfennige Weineßig gethan, welches arbeitet wie Kalk in Waßer, dieses in solcher Gehrung herein getrunken soll da beste Mittel wieder das Verbrechen seÿn.
NB ich habe es aber nicht probiret vieleicht ists eine guthe Pferde Cur [”Roßkur”?].

Von Petersillie das Hertz
Kerbel dito
Salbay
Saur ampf, mit alt Fett vermischet
in einen blauen wollenen Lappen gethan, und in heißer glüender Asche braten gelaßen,
ziehet sogleich die Geschwüre auf.

Wieder den [Wund-]Brand:
fließend Waßer, oder beßer Regenwaßer, mit 1 dreÿer Leinoel vermischet, und geschlagen wie man ein Eydotter schlaget, so gibt es eine schöne Salbe und vertreibt sogleich den Brand.

Wenn man Salbeÿ kochet und das Wasser davon trinket, so soll dieses, stat Bier, das beste Mittel wieder die Gicht seÿn.
2. Spiek [Speick, Valeriana?] 1/4 Bouteile angefüllet, und Korn Brandtwein drauf gegoßen soll eine universal Medicin seÿn, und insonderheit ein preservatif wieder die Schlag Flüße seyn.

Vor 6 *ch* Bier, vor 6 *ch* alten Frantzwein [Franzbranntwein] vor 1/2 Dreyer Cardemumme vor 1/2 Dreÿer Zimet, von 2 Eyer das Gelbe, ein wenig Zucker dieses so warm als möglig genoßen nebst etwas Semmel soll eine gute Maagen Cur seÿn

Wieder den Durchfall, ja wieder die rothe und weiße Ruhr:
Pontack [ein Bordeaux-Wein aus Médoc] recht heiß gemacht oder gar gekocht, und vor 6 *ch* weißen Baumöhl, vor 6 *ch* fein Canarien Zucker, dieses recht warm getrunken, und allenfalls noch einen warmen Stein auf den Leib gelegt, thut ungemein Würkung, man kan davon viel trinken ohne Schaden

Vor kleine Kinder, auch warmen Pontac mit süs Mandel Öhl, ohngefehr 1 Taße mit fein Canarien Zucker

Fein gerößt Brod nur gelblich geröstet, Pontac drauf gegoßen, etwas zerlasenen Zucker, etwas süs Mandelöhl, auf ein Teller mit ein anderm Teller zugedeckt, daß es heiß zusamen gesch[m]ohret wird, alsdan so warm als möglich gegeßen ist auch gut wieder den Durchfall.

Wieder die Bluthstürtzung soll Weineßig guth seyn, mit Waßer getrunken und eine Zitrone
auf 1 Quart Waßer ohngefehr nur für 2 *ch* Weineßig

Wieder verrenkte Glieder:
2 Löffel Branntwein
1 Löffel Honig
wird in ein Diegelchen etwas gebraten fleißig umgerührt, und um verrenkte Glieder gelegt, wenn sie wieder eingebracht sind, soll sehr gute Wirkung thun sagt der Bauer

NB wenn was verrenket ist, so ist eine trockne Ahl Hauth von einem frischen Ahl exellent, wenn sie auf den Schaden geleget wird

Backbirnen roh gegessen, sollen sehr guth seÿn wieder den Durchfall

Wieder die Colik:
wird das Weiße vom Hüner Mist genommen, und pulverisirt und in Branntwein eingenommen und es wird Branntwein nachgetrunken.
Man kann so lange continuiren bis es vergehet.

Wieder das schwehre gebrechen [Erbrechen]:
14 Tropfen Acht Stein Öhl [Gemeint ist wahrscheinlich Agstein Öhl d.h. Bernsteinöl], darauf wird p. 6 *ch* Linden Blüth Waßer nachgetrungen
Wird gebraucht gleich vor oder nach dem paroxißmo [Anfall]

Wer starker Natur ist, kann wohl 18 bis 20 Tropfen ein nehmen
Die Tropfen kann man in das Linden Blüth Waßer eintröpfeln.
NB Ein Mann, welcher durch dieses Mittel vom sogenanten Unglück Curiret worden, hat mir dieses Recept dictiret. Er hat vorher von Keinen Artzt Hülffe haben Können, Ein Soldat hat ihm aber Curiret welchen er etwan 1 Gld. zu Cuer [Kur] gegeben.

Den Schauerschen Balsam als Medicin zu gebrauchen, desgleichen
2) die Augsburgische Roßmarien Eßentz oder Tinctur
3) die Meklenburgische Medicin

Vor 3 *ch* pulveriserten Kampfer in 2 Taßen Korn Brandwein, aufgelößet sol gut seyn die Augen zu waschete, ich habe es aber nicht proberet

Geschmorte Pfirsiche sollen extra schön schmecken und eine rechte Hertzstärkung seyn.
Davon ein Muß gekocht wie Pflaumen und Kirsch Muß, scheinet was extra ord. gesundes und wohlschmeckendes Gericht zu seÿn

Sal anglica oder Englisch Saltz [Bittersalz, $MgSO_4$] eine Untze in Waßer solviret, und durchgeseyet, durch feine lbt. [Leinewand] ist die beste Purgantz operiret in Zeit von 1/2 Stunde, wenn man eine Priesgen Tobak dabey raucht und hat gar keinen bösen Geschmack

Schafgarbe gekocht ist eine vortrefliche Medicin, an stat Thee zu trinken wieder die Sch[w]indsucht
2) Rüberettig gerieben, und dem Safft durch einen Tuch gewrungen, sol exellente ja außerordentl. Dienste wieder Heiserigkeit und wieder alle Lungen und Brust Krankheiten thun
3) Flieder Muß 2 Taßen Honig, 1 Taße und 2 Löffel Weineßig werden unter ein ander gehrühret und gewaruet [gewarvet, hier = gequirlt] Hernach braucht man davon nach und nach 1 Theelöffel vol ist gleichfals wieder die Brust Krankheith Ohne Zweifel thut dieser Rübrättig Safft noch beßre Wirkung wenn man ihn mit provencer Öhl und Honig oder Zucker Candi einnimt Man muß die Rubrettige in trocknen Sande, so lange als möglich zu erhalten suchen daß man ein Mittel wieder die Brust Krankheit habe

Wieder die Hemiroides:
Wenn die Hemiroides nicht fließen wollen wird 1 Henne gekocht, das Fett davon abgeschöpft und mit weiß Lilien Öhl vermischet, und damit äuserlich und in wendig, im Mastdarm geschmiret Hiedurch kann das Schneiden, der Balbiers

verhinderth werden

Niedersch[l}agendes Pulfer:
Marien Glaß [Gipsspat] gantz klein geschnitten, in einen neuen Schmeltz Diegel gethan, verklebe denselben so daß keine Lufft dazu kan, laße es auf Kohlen so lange stehen und schüttele es, bis es nicht mehr knasterth, alsden laße man es zugemacht kalt werden, und zerreibe es hernach in einem steinern Morsel, und nehme davon einen starken Thee Löffel
Schlägt die Hitze ungemein nieder, machet die Trunkenen nüchtern, ist vieleicht auch für hitzige Fiber gut

Rebarber Eßentz ist eine Magen Cur
Desgleichen Elexir Vitrioli ..... [unleserlich]

Eyweiß, Bleÿweiß, und Baumöhl zusammen, soll exellent heilen, auch so gar alte Schaden, wenn davon eine feine Salbe gemacht wird

Terpentin Öhl und Kampfer Spiritus sol ein treflich Mittel wieder den Frost seÿn

Wieder die Geschwulst hat eine Frau so kurtz vorher in Wochen gewesen gebraucht:
Guten Rein Wein wird in eine bouteille gethan, und darin klein geschnittetem RübRettig geworffen, alsden zugepfropfet, wenn es auf einen warmen Ofen destiliret ist, oder in der Sonne so trinkt man davon

Weiß Baumöhl und Weiß von Ey, soll extra ord. gut seyn wieder den Brandt, es wird unter einander geschlagen, mit einer Feder aufgeschmiret, alle 5 oder 7 Minuten, aber es komt kein Lappen darauf

Eine frische Wunde, mit Baumöhl geräuchert, soll extra ord. gesund seÿn

Grüne Pomerantzen werden klein geschnitten und in Brantwein in der Sonne distilliret

Wieder die Brust Krankheith:
Weitzene Kleÿen zu Seim gekocht und durch ein Sieb gesiebet, und hernach mit 1 Ey abgegwurlet, des Morgens stat Thee getrunken sol extra ord. die Brust heilen und dabey sonst sehr gesund seÿn und nähren auch sehr gut schmecken

Mehlsuppe, mit weißen auch anderm Baumöhl so[ll] treflich for die Schwindsucht seÿn, damit hat Hr. Wendt sich curiret, 7 bis 9 Körner Englisch Gewürtz [Piment]

klein gestoßen komt dazu aber kein Saltz

1/4 quart echten Frantz Brantewein, darein gethan, weiße Lilien Blätter, so viel man zwischen 3 Finger halten kan, ist ein vortreflich Augen Waßer, frische Lilien Blätter sind beßer, als trockene
NB Pharamonds Lebens Regeln sollte man in jedermans Händen bringen. [Pharamund oder Faramund war ein sagenhafter König der Franken, seine Lebensregeln sind bei Bandow jedoch nicht zitiert.]

In 1/4 quart Eßig 1 löffel vol Saltz, warm gemacht, und damit die Fuß Sohlen, die Hände und den Schlaf gewaschen, soll alle Hitze Weg nehmen, wenn ein Mensch auch raset.

Weiße Bollen [Zwiebeln] werden auf 1 Reib Eisen gerieben und hernach das Waßer ausgepreßt, so viel die Bollen Wasser geben so viel nimmt man Honig und ein wenig gekocht, in einen Diegel, 2) nimt man eben so viel weiß Baumöhl als Bollensaft, auch gekocht, davon einen Tag das eine und den andern Tag das andere einen Eß Löffel vol genommen

Wieder den *Tollen Hundes* Bis so[ll] guth seyn
Die Haare deßelben in die Wunde geleget, die Leber pulverisiret und eingegeben

Fuchs Fett, soll durch Mark und Bein heilen, sonderlich hat jemand etliche Jahr einen Bruch gehabt, und hat sich damit wieder geheilet

Wider das Unglück oder Schwehre Noth:
Von einem gejagten Fuchs, die Zunge genommen, wenn er jetzt sterben wil, diese so gedörret, daß wenn man sie reibt, sie ein Pulver gibt Davon 1 Theelöffel vol genommen

Unser Gärtner Böhme Witzenski sagt, man könne von Eÿerweiß und Grünspan eine fürtreflich Heil Pflaster machen, es müße gemacht werden etliche Tage nachher, nachdem der Mond angefangen abzunehmen

Die besten Senna da die Stengel rein ausgelesen
Frantz Holtz
Süßholtz, dünn geschnitten
Anis und Coriander Saamen
Aladt [Alant, Inula] Wurtzel, von jedem 3 Loth
kleine Rosinen 1/2 ℔

stoß alles zusammen und thue es in....... (nicht ausgefüllt) Maaß des besten Aqua vita, laß es des Sommers an der Sonne, des Winters beym warmen Ofen einige Wochen digeriren
dann durch ein Tuch geseihet, in ein ander Glaß, so das geschehen, gäußt man zu 1 Quart dieses Elexiers 1 Quäntlein Tinctum Gallappæ und löset 1/2 Quäntlein Extra et (Extract) Rhabarb. und eben so viel Extract Hellebori migri (nigri) in läulichten (lauwarmem) Waßer auf, thut es zu den vorigen so ist es fertig.
Man nimt davon Morgens und Abends ein klein Spitzgläsgen voll, so hält es den Leib beständig offen, es kann auch vor und nach den Essen, wenn man was Unverdauliches genossen genommen werden, soll es aber stark laxiren, kann wohl auf zweymahl in zwey Stunden eine Untze gegeben werden

Wenn man Morgens und Abends die Zähne mit Wein waschet, so conserviren sich [sie] sich treflich, Schenen [vielleicht *Schinus*-Rinde oder Fasern??] ist treflich stat der Zahn Bürsten

Gebrandt Brodt grobes, soll ein treflich Zahn Pulver seÿn, zumahl wenn es mit Saltz vermischet wird

Wieder den Stein ein herlig Mittel:
ohngefehr 3 oder 4 st Knoblauch, und ohngefehr für 1 *ch* Wacholder Beeren, darauf 1/4 Quart Korn Brantwein gegoßen, und an der Sonne oder auf dem Ofen destiliret, die Wacholder Beeren werden gestoßen, und der Leib wird braf zusammen geschnüret, dieses sol das allerbeste Mittel wieder den Stein seyn

Ein treflich *Augen Waßer*, für rothe triffige [tränende] und blöde [trübe] Augen, man nimt

Ein halb Eßl. Rosen Waßer	1 *ch*
1 1/2 Quintlein gantze Nelken	1 1/4 *ch*
an Kupfer Roth p.	3 *ch*

Es muß, nachdem es klein gestoßen, in ein Glas feste zu gemacht werden, und entweder an der Sonne oder am warmen Ofen digeriren
Alsden nimt man nur ein Tröpflein auf den Finger und laßets ins Auge, wenn es alsden nach einige Minuten nicht mehr beißet, so waschet man es mit wenig Brunen Waßer wieder aus und enthält sich noch einige Minuten der Lufft

◈ Wenn wir unsre teutsche Kräuter zu Thee und Gewürtze braucheten, so könten wir jährlich etliche Millionen gewinnen und die Menschen würden länger leben.

◈ Ein Teutscher Thee

Citronen Meliße und Schaf Garbe, oder Mellefolium [*Achillea millefolium* = Schafgarbe] nebst ein wenig Salbey soll ein treflicher bluthreinigender Thee seyn, der zugleich sehr angenehm schmeckt

Man solte alle unsere Kräuter, Bluhmen Blüthe und Blätter zum Thee probiren sonderlich purgierende Blüthe, als Schleedorn Blüthe resp. Pfirsich Blätter.

Aber: sie nicht allein einzeln, sondern auch zusammen gesetzet nützen, so werden wir gesunde wohlschmeckenden, bluthreinigenden Thee bekommen und in alle Länder versenden können

Da der Thee zusammen ziehet, ist beßer, stat deßen Ehrenpreiß, Betonien, Türkische Meliße mit Citronen und Pomerantzen Schahlen. Jedoch müßen diese Species nicht kochen, sondern ziehen, wie der Thee.

Die Chocolade mit Waßer und ein paar Ey Dotter ist gesund.

Von der Färbereÿ

Ferneboden [eine Art Tonerde] und Potasche, reiniget und belebet fast alle Farben, wenn sie dadurch gezogen werden, ferbt Carmesin damit wird geschauet [Schauen = Farben belebter machen]

Sandel färbet rothbraun

Craproth wird schlechtweg ins Waßer gethan, und damit gefärbet,

Schmack [Sumach, Essigbaum] wird zum oliven Färben gebraucht mit Gelbholtz und Kupfer Waßer.

orlean farbe orange 2 loth
4 l Potasche
4 l frischet Holtz färbet gelb

Schwarz zu färben 8 µ Garn
1 1/2 ℔ Kupfer Waßer [und] 1/2 ℔ Weinstein 1 Stunde gekocht,
hernach mit 2 ℔ Blauholtz

Neu Blau zu färben:

Kobelt species	1 Quintlein
Rausch Gelb	1/2 dito
Blau Indeck [Indigo]	1/2 Qu.

Unter 3 Species gehöret 1/4 ℔ olinen Spiritus
NB *Victriol ohl und nicht olien Spiritus 1/4 ℔*
Tauche zuvor das weiße Garn in Warmen Waßer, alsdenn gieße etliche Tropfen in dem warmen Waßer, den stecket man das Garn darein, und gleich wieder herauß, soll es dunkler werden läßt man es etwas länger liegen

Neu Grün zu färben:
Nim olinen Weinstein zu 2 ℔ Garn

Laß darin das Garn abkochen,
nim die obige Materie zur Farbe außer den blauen Indich, und mache damit zuerst ein Stranchen [Strang] zur Probe

eine blaue Kipe[7] anzustellen:
1. Nim einen Topf so einen Eimer Waßer hält, setze solchen ans Feuer, und thue darein eine Hand voll Stein Kalk, 2 ℔ Indigo, 1 ℔ Potasche, und laße es eine Stunde zusammen kochen, bis es erweichet, als dann mache einen Keßel rein, darein eine Tonne Waßer gehet, thue darein 2 ℔ Crapp, 2 ℔ Kleien, 2 ℔ Potasche, und laße es ein wenig aufsieden. Dan gieße es in deine Kipe und thue den Jindigo welcher in den Topf, durch ein Sieb, ingleichen auch die Lauge, so in den Topf, durch ein Sieb gelaßen, mit einander in die Kiepe. Allein der Jndigo muß wohl durchgefreßen und die Kipe mit Waßer angefüllet und dichte zugedeket seyn, alsdenn mache ein Feuer drunter, daß es fein warm aber nicht zu heiß werde, darnach rühre solches alle 2 Stunden um bis es zu werfen komme, dann fängt er an zu fleißen, und wenn er anfängt aus dem Gelben zu sehen, so kannst du daraus färben, du mußt aber ganz reine Hände haben, die nicht fett sind wenn du aber drauf geblauet hast, so mußt du die Kipe wieder mit Pot Asche versterken aber nicht zuviel oder zu wenig sonst verdirbt die Kipe, du mußt auch auf ein mahl nicht zu viel färben, sondern etwas warten und jedes mahl die Kipe aufrühren.

Wenn die Kipe ihre Wirkung nicht thun will
Nim 3/4 ℔ Krap 1/4 ℔ Pot Asche und zwei Hände voll Kleien
laß es zusammen aufsieden und gieße es in die blaue Kipe
rühre es wohl um, so wird es wohl zur Wirkung kommen, und da die Kipe zu fett von Asche, so hänge ein Säklein mit Weizen Mehl darein, so wird es alle Fettigkeit ausziehen, mangelt aber der Kipe etwas anders, so nim vor einen Schilling Salpeter, thue das darein es wird alsbald zur Wirkung kommen, sonst ist ein wenig Bierhefen auch guth, dieses sind die besten Remedia, eine Kipe zuwerke zu bringen

Kalt Blaue Farbe:
Nim ein Gefäß so zwey Eimer Waßer hält, schütte 8 ℔ Weid Asche hinein, rühre es wohl um und laße das Waßer sich setzen, laße es einen Tag stehen, gieß das klare Waßer ab schütte 8 Loth Indig so klein gemacht hinein, und 1 ℔ Röthe rühre es alle 2 Stunden auf und laß es 24 Stunden also stehen

auf 1 ℔ Wolle gelb zu färben wird ohngefehr 1/2 ℔ Scharte [Färberginster] gerechnet
1/4 ℔ Allaune wird auf 1 ℔ Wolle zum Beitzen gerechnet, Weinstein wird auch zur Beitze gebraucht.

7 Kipe =Kiepe ist plattdeutsch Korb. Hier im Sinn von Wanne und sekundär vom Inhalt derselben.

Weitere Farben

◈ Cedern, Tannen und allerley ander rahres Holtz müste man im Lande zu pflantzen suchen, wie auch allerley Ferbe Holtz, und Ferbe Wahren.

◈ Krap Roth und andre Farben im Lande zu zeugen, hierzu muß guth Land seyn.

◈ Johannis Kraut Bluth gibt Würmer, ohne Zweifel Conchenille Würmer. Das Joh. Bluth ist vieleicht gut zum Mahlen. Die Blüthe gibt das trefliche Toten Oehl

Andere Rezepte

Dinten Recepte

1.

1 Quart Biereßig
2 Quart Waßer
1/2 µ (Pfundzeichen) Allaun
12 Loth Galäpfel
4 Loth Gummi
1/2 µ guten Victriol
ein wenig Zucker
ein wenig Saltz

2.

Auf 1 1/2 µ Gallus 4 Qu. gekocht Spree oder Regen Waßer gegoßen, und so viel vom schlechtesten Saltzburger Victril [Vitriol] ihm zu gethan, bis es recht schff [schaffen ?] ist, 1/4 µ oder mehr, 1/4 µ Gummi fein gestoßen, wird eingethan wenn es gantz kalt ist, ein klein wenig Zucker gibt den Glantz.

3.

1 1/2 quart Regenwaßer gekocht wird kochend auf 1 µ oder 3/4 µ groblich gestoßenen Gallas gegoßen und fleißg gerühret,
1/4 µ schlechten Victril ungarisch oder Saltzburger
1/4 µ Gummi
1 Löffel Saltz
etwas Zuker im Tintefaß gibt den Glantz

Zerbrochen Porcelain[8] zu flicken:
Nim Eier weiß und bestreiche den Bruch auf beiden Seiten
Zerstoße ungelöscheten Kalk zu Pulver, thue denselben in eine alte dünne

8 A.a.O bemerkt Bandow: "Das Rindberger Porcelain ist viel fester und beßer als das Dresdner, und Sächsische, nur fehlet es an der rechten Glasur und Malerey."

Leinenwand, und streue den Kalkstaub auf das Eierweiß, so auf das Zerbrochene geschmiret ist, bake es geschwinde accurath zusammen aufs festeste, so wird es in eine Gerung gehen die dem Kalke eigen ist, und nicht wieder zu brechen.

Porcelain zu leimen, oder zu baken
1) einen Dreyer Hausen Blase, wird klein gestoßen, und in Brandtwein aufgelöst
2) 1 Weiß von Eÿ, wird mit Hausen Blase zusammen gegoßen, darunter wird ungelöscheter Kalk so viel gemischet, daß es steif wird.
Wird auf beiden Seithen mit 1 Pinsel aufgetragen, was heraus treibet läßt man sitzen, bis es trocken wird, so wird es desto fester, sonst hat es keine Haltung

Hausen Blase (ist die Blase eines Nordischen Fisches) wird in rein Waßer gekocht und ist ein herlicher Leim

Schmirge:l
Auf recht starke flächsene lbt, sage Leinewand, Zin[kraut]asche [*Equisetum*] und Baumöhl gestrichen, ist treflich Schermeßer, Leder Meßer etc. zu wetzen.

Gegen Ungeziefer:
◈ Kohl Raupen zu vertreiben, ward 7 Febr 1754 aus Halle gemeldet.
Man säet um die Kraut und Kohl Stöck Hanff herum, und wenn sie mehr als die gewöhnliche Aker Breite halten, so werden auch mitten durch ein paar Furchen mit Hanff bestellet. In einem damit umgebenen Bezirk wird sich keine Raupe einfinden, wenn es gleich in der Nachbahrschafft davon wimmeln solte.

Der Hanff Bau, welcher mehr Aufmerksamkeith als anjetzo geschiehet verdienet, wird hierdurch unvermerkt befördert. Die Fischer, Schuster, Seiler etc. brauchen nicht wenig Hanff. Die Hanff Körner werden gut bezahlt. Das Hanff Öhl ist ohne Zweifel auch sehr brauchbahr, besonders auch zu wachstuchene Tapeten.

◈ Bewehrtes Mittel wieder die Kornwürmer [*Nemapogon granellis*]
Daß Waßer, worin die Vaßbinder ihre ungeschälten Weiden einweichen, um sie desto leichter verarbeiten zu können, nimmt eine schwartze Farbe, einen starken Geruch und einen herben Geschmack an. Wenn man mit diesen Waßer die Wände und das Dach des Speichers 2 oder 3 mahl besprenget, ehe man das Getreide auftragen läßt, so können die Kornwürmer diesen Geruch nicht ertragen.

4.8 Über Schule und Unterricht

Auf diesem Gebiet äußert Bandow nicht nur, wie auf manchen anderen, mehr oder weniger lose Gedankenfetzen, sondern hat sehr konsistente und konkrete Vorstellungen und Vorschläge. Vieles wirkt augesprochen modern, bzw. ist auch heute noch Gegenstand der Diskussion, manches ist nach heutigem Geschmack zu autoritär. Besonders auffällig ist seine selbstverständliche Befürwortung der geschlechtergleichen Bildung. Es zeigt sich hier eine deutliche Geistes-Verwandtschaft mit dem Dichter, Pädagogen und Prediger Ernst Gottlieb Woltersdorf (1725-1761). (Trotz Namens- und Zeitgleichheit war eine verwandtschaftliche Beziehungen zwischen Bandow Schwiegersohn und der weit verzweigten brandenburgischen Theologensippe Woltersdorf nicht nachzuweisen.)

"Ora et labora" ist einer der Grundsätze Bandows. Die Erziehung sieht er nicht bei den Eltern am besten aufgehoben, sondern bei professionellen Pädagogen. Geeignete Diät ist ihm ebenfalls ein wichtiger Teil der Erziehung. Spiel ist bei Kindern allerdings nicht vorgesehen, es sei denn als Wettbewerb bei nützlichen Tätigkeiten wie Arbeiten und Lernen. Zerstreuung wird nicht geduldet. Bei den Lehrmitteln ist Bandow rigoros. Unpassende Bücher sollen "außer Landes geschafft" werden. Wie und wohin sagt er nicht, aber von Verbot zu Verbrennung ist der Weg wohl nicht weit. Zur Frage, welche kluge und sittenreine Kommission die Aufsicht über die Schulbücher haben soll, äußert Bandow sich nicht.

Gelehrsamkeit

◈ Von den 7 Künsten
Rethorica die Rede Kunst
Gramattica
Musica
Logica die Vernunfftbahre [die Rationale]
Aritmetica die Rechenkunst, ist die Fürstin der matematischen Wißenschafften
Geometria die Feld Meßkunst ist eine Mutter vieler Wißenschafften
Astronomia die Stern Kunde

◈ Wenn man mit Ernst auf Verbeßerung der Schuhlen dächte, so wäre dieses ein Geringes. Die menschlichen Erfindungen gehen sehr weith, zumahl wenn sie vom Geist Gottes getrieben werden.

◈ Fast ein jeder Mensch hat seine gantz besondere Geschikligkeith, wenn er in sein rechtes Fach kommt. Außer dem aber, müßen viele geschikte Leute elendiglich verderben, weil sie gehindert werden, ihren guten Einsichten zu folgen. Darum ist es sehr thörigt [töricht], die Leute zu einer Lebensarth zu zwingen. Desto klüger aber würde es seyn, wenn man erlaubte, daß jederman seine Geschikligkeith zeigen könte, daß man ihn ehrete und belohnete.

◈ Die Mahler[9] und andre Künste könten auf den höchsten Gipfel steigen, wenn alle Kinder, so Geni dazu haben, durch Praemien ermuntert würden.

9 Hier sind ausnahmsweise einmal Künstler im heutigen Sinne gemeint. Ansonsten Künstler =

◈ Mann muß sein Gewerbe nicht ändern, viel weniger vielerley Hanthierung treiben, den dadurch wird man in seiner Kunst und Gewerbe ein Hümpler. Eine Sache von Jugend auf recht gelernt und getrieben, und beständig auf die besten Erfindungen gedacht, daß macht ein vollkommenen Meister.

Früherziehung

◈ Die Kinder Zucht müßte nicht den Ältern allein überlaßen werden, sondern es müßen gewiße redliche Leute in jede Statt öffentlich dazu bestelt werden, die bloß darauf studiret hätten, wie man Kinder erziehen soll.

Denn die meisten Älteren [Eltern] verderben ihre Kinder, darum wäre es billig, daß die gantze Gemeine für die Kinderzucht sorgete.

◈ Die Alten aber sind gemeiniglich närrischer als die Kinder und äffen denen Kindern in ihrer Sprache und kindischen Thorheiten nach, an stat daß sie selbe vernünfftig erziehen und männliche Exempel geben solten.

◈ Die aller zartesten Kinder [müßten] schon zum Gehorsam und zur Schuhle gewöhnet [werden], zumahl, wen sie Schuhle spielen müßten und sich spielend unterrichteten.

◈ An stat des Spielens müßte man den Kindern recht nützliche Ergötzungen erdenken, damit sie in den Spiel Stunden eben so viel lerneten, als in den Lehr Stunden. Sie könten Schuhle spielen.

So gar das Tantzen, welches erwachsenen Leuten in ihren rasen [wilden] Jahren höchst schädlich ist, und sie gemeiniglich in Unglück stürtzet, könte den Kindern in der zartesten Jugend beygebracht werden. So kriegten sie in der ersten Jugend eine gute Leibes Stellung, welche sie alsden viel beßer lernen, als in erwachsenen Jahren, und wäre es ihnen so nützlich, als es den erwachsenen schädlich ist.

Ein satirischer Kinder-Erziehungs-Vers

[*Die Umkehrung ist die Botschaft!*]

Man muß stets fein lauthe lachen
und den Mund zum Rachen machen
Hals und Schultern fein krumm beugen
und den Kopf zur Erden neigen
lange schlafen, beißen, trotzen, Klatschen, schimpfen,
stoßen, schlagen, Werfen, Lästern, Nase rümpfen.

Fachmann.

Pädagogik

◈ Die Kinder könten gewiße Stunden täglich in die Schule gehen, die übrigen aber gleich von Anfang zur Arbeith gewehnet werden.

Wehren der Arbeith könten sie zu weilen ins Buch sehen, so erlerneten sie mit Vergnügen, und arbeitheten auch mit Vergnügen.

Den nach dem Studiren hat man Lust zu arbeiten und es erförderth die Gesundheith. Und nach gethaner Arbeit ist das Studium eine Lust.

◈ Durch Kinder und Knaben könten eine große Menge Bäume spielend gepflanzt werden. Sie könten zum Plaisir graben, und Teiche etc. machen, gegen kleine Belohnungen.

◈ Eltern sind offt als [wie] ehrlose, lebendige Romainen, welche ihre Kinder durch unflätige, unkeusche ins Grab und in die Hölle bringen. Sie hüten sich nicht für ihre [vor ihren] Kinder, wenn sie klein sind, und glauben, sie verstehen noch nichts. Allein, sie bringens vor der Zeit ad praxim und sind ruinirt, ehe sie mannbar werden [Bandow spricht von Onanie]

◈ In den Schenken werden fast alle jungen Leute verdorben. Es würde eine große Glükseeligkeith seyn, wenn die Kinder den gotlosen Ältern weggenommen und öffentlich erzogen würden, zum echten Christenthum. Auf diese Arth könten wir im Kurtzen eine gantz neue Welt haben.

Alle Böse Bücher müßten aus dem Lande geschafft werden, sowohl die abergläubischen Märchen als die Atheischen [atheistischen] und die Romainen.

Finanzierung der Schulen

◈ Zur Verbeßerung der Schuhlen ist gut, ein Capital zu stifften zum Praemium für den der die besten Fürschläge zur Verbeßerung der Schuhlen thuth.

So auch zur Verbeßerung der Handlung.

◈ Die 40 000 Cr. pensiones, so die Frantzosen jährlich kriegen, sind viel beßer angewand zu recht guten Schulen, daß man recht gelehrte und geschikte Leute zum Schuldienst und zu anderen Diensten und Künsten erzöge.

Für dies 40 000 Cr könte man jährlich 1 Million Geld aufnehmen, die Fabriquen und Handlung zu unterstützen und die Kaufleute könten mit Freuden 4 Reichsthaler geben, zum Besten der Schuhlen.

◈ Mit 1000 Reichsthaler Frantzösischen Pensiones können 5 Schuhlen in 5 ansehnlichen Städten verbeßert werden. Wenn solches auch nur in der Hauptstadt jeder Provintz geschehe, so könten 5 Provintzen dadurch verbeßert werden, à 200 Taler jede Schuhle, könten von 200 Städten die Schuhlen verbeßert und die fremde

Jugend [Einwanderer und Neubürger] im Lande gezogen [erzogen] werden, welchen auf Schuhlen eine Liebe zu unsern Vaterlande könte beygebracht werden, wenn die frantz. Pensiones unsren Landeskindern gegeben würden. Als den würde man geschikte Schuhllehrer aus fremden Ländern ruffen können, die jetzo nicht kommen wegen das schlechte Gehalt.

◈ Solten große [a.a.O. "gewisse"] Herren wohl soviel Hertz haben, daß sie die secularisirten Dohm Güter anwendeten zu guten Schuhlen? Keinesweges. Sondern diese Almosen werden von reichen Schlemmern und Huren durchgebracht, solte das nicht geraubtes Kirchengut seyn. Ein Kirchenräuber aber ist infam. Ich möchte also nicht ein solcher infamer Kirchenräuber und Tagedieb seyn.

◈ Die reformirte und frantzösische Prediger Gehalte zur Verbeßerung der lutherischen Schulen anzuwenden. Denn viele von ihnen eßen ihr Brod umsonst.

◈ Zu Magdeburg, Halberstad, Brandenburg, Havelburg, Camin, Minden etc. müßte man die secularisirten Güter zum algemeinen Besten des Staats, in Sonderheith aber zur Verbeßerung der Schuhlen anwenden, und N.B. der Universiteten.

◈ Von Priester Güther müßte nichts weg genommen werden, sondern lieber noch hinzu gefüget, damit treue Lehrer ihren Unterhalt hätten. Jedoch könten wohl die Güter unter mehr Prediger eingetheilt werden, wenn nämlich ein jeder eben so viel als jetzt einer aus dem Lande gewönne. Denn es ist möglich, daß ein Land noch 1, 2, 3, 4 und mehr mahl so viel tragen kann als es jetzt trägt, und daß ein jeder weniger Muse [Muße, Bequemlichkeit] hat als sonst.

◈ Das Golmer Feld zur Verbeßerung der Schuhle und Heiligen Geist Kirche anzuwenden, daselb Maulber Samen aus streuen und ein Vorwerk anzulegen.

◈ Solten Einkünffte nicht hinreichen, so könte man 1 Regiment Soldaten weniger halten, so werden überflüßige Einkünffte [Einkünfte im Überfluß] da seyn.
[*Vgl. "König und Adel": Wer hat jemals so viel Geld für Schulen ausgegeben, wie Wilhelm I für Soldaten?*]

Lehrer

◈ Schande ist es für uns, daß die Chinesen uns beschämen, mit ihren vortreflichen Schuhlen, und daß sie ihre geringe Schullehrer so hoch ehren als wir die größten Officirs. Wir hingegen verachten, schänden und martern unsre Schullehrer, laßen sie Hunger und Kummer leiden, bey Esels Arbeith.

◈ Unsere Lehrer haben keine Zeith, selbst zu studieren sondern haben allzu viel Arbeith.

◈ Unsre Schuhlen auf unsren kleinen Stäthen sind elend bestelt. Die Schuhl Herren kriegen ein elendes Gehalt. Die Frantzosen kriegen jährlich viel Tausend Reichstaler Pensiones. Wenn diese den Schuhl Herren gegeben würden, so könten wir alle unsre Schuhlen in schönsten Flohr bringen.

◈ In jeder Provintz müßten die Klöster zur Unterrichtung der Jugend und nicht zum Faulentzen angewendet werden, und keine andren Leute ins Kloster genommen werden, als die durch Geschikligkeith, Gelehrsamkeith, Häusigkeith tüchtig wären, die Jugend ihres Geschlechts zu unterrichten.

◈ Man solte keine Dohm Herren annehmen, die nicht im Stande sind, geschikte Jugend zu erziehen.

◈ Alle Küsters mußten ein beßer Gehalt haben, so daß man studirte Leute dazu brauchen könte, so daß sie der Jugend vor allen Dingen eine recht gründliche Theologie, hernägst aber auch die Oeconomie ordentlich beybrächten. Die Küsters solten expres in einer besonderen Schuhle zu ihren Amt bereitet werden. Jeder Küster müßte die Gärthner Kunst verstehen und einen großen Garthen an seinem Hause haben, theils die Jugend zu unterrichten, theils zu seinen Unterhalt.

Fachschulen und Höhere Schulen

1. Wäre eine Fürsten und Grafen Schuhle sehr nötig
2. eine Ritter Schuhle
3. eine Kaufmans Schuhle
4. eine Handwerks Schuhle
5. eine Oeconomische Schuhle

Das alles auch für das weibliche Geschlecht.

Diese Schuhlen könten zum Theil in den Städten, zum Theil aber auf dem Lande angelegt werden, und hierdurch würde den Cadetten, Weisen [Waisen-]Kindern, Edelleuten, ja, Fürsten und Herren auch etwas gründlich von der Oeconomie [Landwirtschaft!) beygebracht, denn die Oeconomie ist das Haupt und der Grund der Glückseeligkeith und Staates, wie auch der Grund der Handlung, den wo mit will man handeln ohne was die Oeconomie hervorbringet

◈ Es würde den Schuhlen viel Ehre seyn, wen sie von Printzen und Printzessinen besucht würden und sich dieselben zuweilen öffentlich hören ließen,

◈ [Unter Vorschlägen für Perleberg:]

Ein Gimnasium, Real Schuhle oder Kaufmans Universitet, wie die Chirurgi haben in Berlin

◈ Alsdan würde man die Weisheith erheben [anheben, fördern], wie man jetz die Frantz, Thorheiten und Narheiten erhebet.

◈ Zu Magdeburg, Halberstad, Brandenburg, Havelberg, Camin und andren Orthen müßte man aus denen Stifften die Einkünfte zum Besten der Schulen und Universiteten gebrauchen. In sonderheith wäre höchst nötig, Jungfern Academien an obgedachten u. andren Orthen zu stifften und darin das weibliche Geschlecht nach Möglichkeith in der Wahrheit unterrichten, damit sie Gott, sich selbst und die Creatur kennen lernen und tüchtig gemacht werden, vernünftige Kinder zu ziehen, ordentlich zu haushalten, ihrem Mann gehorsam zu sein und vornehmlich demütig. Alsden könte unsere adeliche Jugend von den liederlichen, ja offt infamen Frantzösinnen nicht so schändlich verdorben und verführet werden, zu allen Laster und sonderlich zur Feindschafft gegen ihr Vaterland und gegen ihre eigene teutsche Brüder.

◈ Dergleichen Hohe Schuhlen für Frauenzimmer, so von verständighen und gelehrten Weibern unterrichtet würden, so daß sie zugleich das Kochen, Wirtschafften, Garthen- und Akerbau erlerneten. Eine Woche könten sie mit in der Küche, die andre im Garthen, die dritte in der Haushaltung, und die 4te zum Akerbau angesetzet werden.

◈ Es kosten die Frantz. Madamoiselles, Frantz Maitres, Dantz Meisters etc. samt den übrigen Stunden informationes ein erstaunliches Geld.

◈ An stat der Frantz. Madamoiselles solte man arme adeliche Frauen und Fräulein und tugendhaffte teutsche Witwenn und Jungfern zur adelichen Zucht brauchen.

Eben desgleichen Mädgens Schuhlen wären höchst nützlich nothwendig und von unglaublichem Nutzen.

◈ Es gibt viele Tugendhaffte, verständige Prediger- und andere Witwenn Teutscher Nation, die hiezu fürtreflich gebraucht werden könten. Desgleichen honette Prediger- und andere Töchter, die gut erzogen und unterrichtet sind, könte fürtrefliche Dienste thun, die jetzt offt für Kummer und Noth darben müßen, weil man ihnen durch die Frantzösinnen alle Gelegenheith nimmt, ihre Tugend und Geschicklichkeith zu zeigen.

◈ An stat der Frantz. Madamoiselles solte man arme adeliche Frauen und Fräulein und tugendhaffte teutsche Witwen und Jungfern zur adelichen Zucht brauchen.

Fürstenschulen
Eine Fürsten Hohe Schuhle für teutsche Fürsten aller teutschen Nationen würde großen Nutzen stifften, wie auch eine dito für Graffen und Edelleute.

◈ Königliche Kinder zu erziehen solte man billig die ehrlichsten, aufrichtigsten, geschiktesten und gelehrtesten Leute, die alt und verständig wären, erwählen. Und zwahr öffentlich müßte man lehren, in Gegenwart eines gantzen Collegii, daß das gantze Collegium zuhörete, was ein jeder vortrüge. Ein extra ord. gottesfürchtiger, ehrlich und gelehrter Presidente dieses Collegie, könte sehr nützlich seyn, und den Preceptoribus ihre Fehler fleißig sagen und sie zum Fleiß u. Ernst antreiben. Diese Lehrer aber müßten die Besten seyn aus allen Faculteten der Gelehrten. Ein Soldat, ein Kaufman und ein Oeconomus [Landwirtschaftskundiger] könte auch nützliche Dienste thun. Hiedurch, und durch das Gebeth frommer Christen, könte man recht weise, gottesfürchtige und gerechte Könige erziehen.

◈ Fürstl und Königl. Kinder zu erziehen, solte man gantze Collegia der ehrlichsten, reinsten u. gelehrtesten Christen nehmen, und wenn die Arth der Erziehung beratschlaget würde, müßten die Ältern nur eine Stimme, und zwahr zuletzt haben, weil die väterl. u. mütterl. Liebe offt Affen Liebe ist, wie das Exempel des Priesters Eli selbst beweiset. Die Erziehung müßte mit gläubig andächtigen Gebeth angefangen, fortgesetzt u. beschloßen werden.

Es wäre höchst nötig, adeliche Fräulein-Schuhlen anzulegen, in welche adeliche Freulein zur Gelehrsamkeith und guthen Sitten erzogen würden. Es würde dieses ohne Zweifel einen erstaunlichen Nutzen bringen. Die arme adeliche Weisen wären hirzu gantz ausnehmen zu gebrauchen.

◈ Durch die frantz. Mademoiselles sind wir allezeit verrathen. Können sie von Herrschafften und Kinder nichts erfahren, so erfahren sie alles durch den Informator, Kamerdiener, Kamer Jungfer, Haushoffmeister etc.

Desto nötiger ist, die Armen des Adels so geschikt zu erziehen, in Christenthum und andren Wißenschafften, damit sie im Stande sind, die adeliche Jugend zu erziehen.

◈ Solte ein Haus Vater nicht lieber wenig Bediente haben, als das gantze Haus voll Spitzbuben, für welchen weder er noch seine Kinder u. Fr.[au] ihres Lebens u. Gutes sicher wären.

Landwirtschaftsschulen
◈ 5, 6 oder 7 Dörffer, die am nägsten zusammen liegen, müßten einen Ober Schulmeister haben, da die Bauern Kinder etwas mehr als bey die gemeine Schuhlmeister lernen könten. Diese höheren Schuhlen würden einen unglaublichen

Nutzen haben, den dadurch kriegte man vernünfftige, ja wohl gar gelehrte Bauren, und der Aker Bau würde zur Volkommenheit gebracht. Der dume Adel, die Amtleute, die Sclaverey hindern den Akerbau.

◈ Der Hauptzweck aller unsrer Handlungen solte seyn, die Erkentniß Gottes unter die Menschen zu bringen. Es ist aber betrübt, wie entsetzlich die armen Bauren verblüfft [geblufft, betrogen] werden, an manchen Orthen, da sie keine gute Schuhlmeister haben und hingeben [hingegen] fast vom Adel zu sclavischen Bestien gemacht werden.

◈ Ein klein Compendium könte allen Bauern die Theologie, Rechtsgelehrsamkeith, Medicin und Philosophie bey bringen. Die Theologen haben durch Luterum das betrigliche Latein abgeschafft. Wenn die betriglichen Juristen und Mediciner ihre Sachen auch Teutsch tractiren wolten, wäre es sehr schön. Den von lateinischen Broken wird niemand gesund, und das Latein ist [dient] in der Juristerey zum Dekel [verdecken] der Bosheith und der Betrügerey.

◈ Die Dohm Herren zu Halberstad, Magdeburg, Berlin, Havelberg Camin etc. nehmen ihr Geld mit Sünden. Wenigstens könten sie 10 Taler von 100 Talern zum Besten der Schuhlen abgeben, Hiervon könnte an jedem dieser Orte eine Hohe Schuhle angeleget werden, aber nicht in der Stadt, sondern auf dem Lande, so daß große Gärthen und etwas Akerbau dabei wäre. Hier könten die Leute fürtreflich erzogen werden, zum Garten und Akerbau. (Dieses könten ihre Divertisemers [Zerstreuungen] seyn, und eine mittelmäßige Arbeith würde sie desto gesunder machen, und desto geschickter zum studieren. Es werden auch viel Pedanterien [Kleinlichkeiten] wegfallen, Tugenden und Gehorsamkeith, wenn diese Hohen Schulen auf Englische Arth oder auf eine noch viel beßere Arth eingerichtet werden.

Universitäten

◈ Wenn ein Land recht glüklich werden sol, so müßen sonderlich junge Leurte von Faulheith, Müßiggang, Spiel etc. abgehalten, dahingegen beständiger, abwechselnder Arbeith und Studieren angehalten werden, so kriegt man tugendhaffte, nützliche Leute. Dahingegen ist der Müßiggang aller Laster Anfang und des Teufels Ruhebank.

◈ Unsere teutsche Universiteten sind viel zu frey, die Jugend ist just in den Rase-Jahren und kan sich nicht regiren. Darum muß ihnen Eßen und Trinken nach Maßen gegeben werden.

◈ Daß Joachimthalische Gimnasium hat Einkünfte genug, die schönste Universität zu errichten. Zumahlen, wenn man die Einkünffte des Dohms dazu nimt, wovon viel unnütze Vorsteher leben, welche zugleich Lehrer sein könten.

◈ Daß Weisen Haus in Halle könte eine herliche Universitet geben. Das Weisen Haus zu Potsdam desgleichen. Viele andere Weysen Häuser im Lande könten Hohe Schulen werden..

◈ Aus Weisen Kinder könten die frömmsten, gelehrtesten, andechtigsten und dem Lande nützlichsten Leute gezogen werden, wenn man recht ernstlich für ihre und des Landes Wohlfahrt sorgete. Denn die Lehrmeister könten ihre Genis prüfen und sie aufs Beste anführen.

Privatlehrer, Informatoren

Diese Leute sind offte sehr schlecht, sie werden gar nicht examiniret und daher komt es, daß nicht allein die Kinder offt schlecht angeführet sondern wohl gar verführet werden. Zu mahlen von den Frantzösinnen und Frantzosen, welche der Jugend infame Bücher in Händen liefern.

Diesen Übel abzuhelffen wäre es guth, verschiedene öffentliche Schuhlen anzulegen, in welchen die Informatores öffentlich lehren müßten. Denn wenn jede Herrschafft soviel Geld an öffentliche Schuhlen verwenden wolte, als sie zu ihren Privat Schuhlen anwenden müßen, so könnte man die ehrlichsten und gelehrtesten Leute aus allen Ländern dazu kriegen. Die Jugend würde unglaublich in der Tugend und in der Erkentniß wachsen. Die Informatores könten ihre Ignorantz so nicht verbergen, sondern müßten auf Universiteten fleißig seyn, damit sie öffentlich zeigen könten, was sie gelernt hätten.

Informatores könte jede Herrschafft doch halten, weil an der Theologia alles gelegen. Das Tantzen, Frantzösisch etc. ist eine Narrenpoßen. Folglich wäre gar nicht nötig, Fr. Mlles u. Maitres im Hause zu haben. Hingegen könte das Geld, so bisher an solche Thorheiten gewand ist, öffentlichen Lehrern auf solche neuen Schuhlen gegeben werden.

Etliche Rectores müßten in jeder Schuhle seyn, und die Informatores unter ihnen stehen, Jeder Informator brauchte nur täglich eine Stunde zu informiren, nach Maßgebung der Schuhl Ordnung, damit diese Candidaten auch Zeit hätten, fleißig zu studiren.

Die Privat Stunden [Leerstunden, längere Freistunden] thun in vielen Stunden sehr großen Schaden und erregen Zank, Neid und Streit. Darum wäre es guth, alle Stunden des gantzen Tages zu besetzen [Ganztagsschule].

Nicht allein aber könten Informatores, so bey Herschafften sind, zu diesen öffentlichen Schuhlen mit gebraucht werden, so aber auch solche, die für sich wären. Man könte hirdurch diese Herren besser kennen und könte sie also beßer nach Würde befördern. Sie hätten auch beßere Gelegenheith, fleißig zu seyn.

Böse liederliche Buben [Pejorativ! Nicht "Knaben"!)] aber, [die] dem Predigt Amt Schande machen, könte man mit mehreren Recht zurückweisen. Den wer nicht fähig ist, Kinder anzuweisen, der ist viel weniger fähig, gantze Gremien vorzustehen.

Unterrichtsmaterial

◈ Eine Samlung der aller besten Sitten lehren aus allen Sitten Büchern aller Völker, sonderlich aber die Biblischen, müßte man aller Jugend in Händen geben. Diese könten nicht allein in Prosa, sondern auch in Strophen, nach Arth der Alten Teutschen, der Jugend beygebracht werden. Wenn diese der Jugend gleich anfangs beygebracht würden, und die besten und ernsthafftesten Sitten Lehren ausgesucht würden, so würde dieses einen gantz außerordentlichen Nutzen haben.

◈ An stat der gelehrten heidnischen Thorheiten, Götter Fabeln und Poesie solte man die Jugend die weisen Sprichwörter alten und neuen Testaments bey bringen, wie auch die echte Wahrheith aller Völker. Besonders die alten Plat Teutschen schönen weisen Druk Sprüche [klugen Sprichwörter], wenn diese in gewiße Ordnung gebracht werden. Solten diese nicht 1000 mahl mehr Nutzen bringen, als die Frantz. Romainen Thorheiten u. Narren Poßen, durch welche unsre arme Jugend gäntzlich verderbet wird

◈ Es ist nötig, nach Arth der alten Teutschen wieder Gedichte zu machen, zu Ehren der Tugend, der Tapferkeith und Redigkeith, damit dadurch die herlichen Gebräuche der alten Teutschen wieder hergeholt werden. Ein Praemium dem zu geben, der die besten teutschen Verse macht und darin die Tugend der alten Teutschen besinget. Die besten davon muß man hernach der Jugend zum Singen und auswendig lernen geben.

Verpflegung

◈ In allen Schuhlen solte man den Kindern frühe eine gute Diet in eßen, trinken, arbeithen, besonders die Leidenschafften zu bezwingen, beybringen. Solches müßte sehr großen Nutzen bringen.

Leistungsvergleich

◈ Die Schuhlen jeder Provintz müßten wettstreiten, und die Landsmanschafften müßten wettstreiten, in der Gelehrsamkeith, Tugend und Kunst.

Auch müßte jedes Land, Provintzen, Städte und Dörffer seine Kinder zusammen halten, zu Companien und Regimenter. Als den könte man durch den Ehren Punkt die Jugend sehr hochsteigend machen.

◈ Alle Monath solte ein öffentliches Examen und alle Jahre ein General Examen und Praemien seyn. Es solten aber auch die Lehrmeister Praemien haben, die ihre Schühler zum Höchsten gebracht. Und ein Wettstreit zwischen unseren Schuhlen, immer eine Claße gegen die andre der andern Schuhle, würde gantz außerordentlich nützlich seyn, so daß Schühler und Lehrer öffentlich geehret und belohnet würden.

4.9 Über Sprache

Gesellschaften zur Reinhaltung oder zur Verbesserung der Deutschen Sprache hat es zwar schon im 17. Jahrhundert gegeben, aber erst im 19. Jahrhundert kamen die ersten umfassenden Wörterbücher der Deutschen Sprache und deutscher Dialekte heraus. Ein Zeitgenosse Bandows war der große Sprachreiniger Gottsched. Daß Bandow ihn kannte, ist eher unwahrscheinlich, aber seine Ideen lagen sozusagen schon in der Luft. Jedenfalls gehören Bandows entsprechende Ideen auch auf diesem Gebiet zu den fortschrittlichen. Was er vorschlägt, ist nicht nur eine gründliche etymologische Erforschung der Deutschen Sprache, sondern auch die Popularisierung ihrer Pflege. Freilich ist sein eigenes Deutsch weit entfernt von seinen eigenen Idealen (vgl. Wörterverzeichnis), und seine eigenen etymologischen Kenntnisse sind sehr begrenzt. Ziemlich abwegig erscheint sein Gedanke, die Deutsche Sprache an Griechisch, Latein und Hebräisch zu orientieren.

◈ Liebe teutsche Brüder,
wollet ihr eure exellente Sprache durch eine ungeheure Misgeburth verbeßern, nehmlich durch die Frantzösische. Warum nehmt ihr nicht lieber das Muster von der hebreische, grichischen und lateinischen.

Warum machet ihr nicht lieber Vergleichungen zwischen allen Arthen der teutschen Sprachen, als Sächsisch, Brandenburgisch, Pommerisch, Westphälisch, Holländisch, Schwedisch, Dänisch etc. Sogar das Englische nutzet vieleicht viel mehr als das Frantzösische.

Alle Provintzen Teutschlands solten billig arbeithen, die teutsche Sprache auf den höchsten Gipfel zu bringen, denen zum Trotz, die unsere Sprache verachten.

Luther hat Teutsch geschrieben und seine Feinde bezwungen. Folget ihm. Die schwülstigen frantzösischen Redensarthen schiken sich für keinen ehrlichen Teutschen. Nenet ein Jedes bey seinem rechten Nahmen. Wenn ihr Gott ausdrüken wolt, braucht ihr nicht erst den Jupiter, Venus, Minerva unter den Nahmen Mentors etc. und alle andre heidnischen Narheithen zu sammen zu samlen, sondern das eintzige Wort Gott ist millionen mahl beßer und drükt alles deutlich und teutsch aus.

◈ An stat der Frantzösischen Sprache solte man der Jugend Griechisch und Hebräisch lernen, daß die Christen, statt der Romainen die Bibel in der Grundsprache lesen könten, zu ihrem zeitlichen und ewigen Heil und Glük

◈ Es ist fast als eine Straffe anzusehen, daß wir Frantzösisch lernen. Diese Sprache hilfft uns zu nichts als arm zu werden, und närrisch rasend.

◈ Billig solte es einen teutschen Frauen Zimmer eine Schande seyn, Frantz. zu sprechen, weil daß Frantz. fast als eine Huren Sprache anzusehen ist. Wozu braucht ein Fr. Zimmer Frantzösisch, als nur zu Romainen. Sonst kann sie nichts von den Frantzosen lernen.

◈ Schimpfworthe, nach der Warheit, sind den Infamen, welche mit der größten tendresse und mit der artigsten frantzösischen Civilitet, die abscheuligste Laster begehen, unerträglich, da es doch ihre wirkliche Ehren Titel sind.

◈ Solte es nicht vernünfftiger seyn, unsre Sprache nach den Hebreischen, Grichischen und Lateinischen zu verbeßern als nach den corampirten [korrumpierten] halb lateinischen Huren Sprachen Italienisch, Frantzösisch etc.

◈ Grichisch und Hebreisch aus dem Fundament zu lernen, wäre uns Teutschen, denen das Worth Gottes anvertraut ist, 100 Mahl beßer, als Frantz. u. Italienisch, wodurch wir die lästerliche Hurerey, Sodomiterey etc. lernen.

◈ Carosse ist ein teutsch Worth, komt her von eine Karre, die von Roßen gezogen wird.

◈ Mepriser ist ein alt plat Teutsch wortt, von mispriesen [miß-preisen] oder verachten
So sind alle ihre Wort Lat., Teusch, Grichisch etc. denn sie [die Franzosen] haben kein uhrsprünglich frantz. Wort.

◈ Souverains und Tirannen sind keine teutsche Worthe, sondern Bastarte der teutschen Sprache.

◈ Es ist eine Schande, daß wir den Kriegsleuten Frantz. Namen geben, den die Frantzosen sind alle Weiber gegen echte Teutsche.

◈ Es ist uns eine Schande, daß wir unsren Hauptleuten und Obersten frantzösische Nahmen geben, als Capitain, Officir etc. Den die Frantz. sind alte Huren, hingegen ist unsre Sprache eine Grund Sprache.

◈ Es ist eine Schande, daß wir unseren Schlößern Frantz Nahmen geben [Sanssouci, Monbijou, Bellevue etc.]. Hiraus solte man schließen, daß sie ehemahls von den Frantzosen überwunden wären [daß sie von den Franzosen eingenommen – oder errichtet -worden seien].

◈ Es wäre sehr guth, daß die Juristen und Mediciner auch das Latein abschaffeten, denn ich glaube, daß sie ebens so wohl als die Catolischen Pfaffen Ertz Betrüger sind, und dazu [zum Zweck des Betrügens] das Latein beybehalten.

◈ Die teutsche Sprache ist würdig und die teutsche Nation noch viel würdiger teutsche Gesetze zu haben.

◈ Unser Wort ist körperlich, enthält aber die Gedanken unsres Geistes, so wir offenbahren wollen. Menschliche Worthe können viel 1000mahl gantz mit getheilt werden. Solte nun Gott sein selbständiges Worth nicht auch gantz an viel 1000de geben können. Oder bist du alwißend wie Gott.

◈ Die teutsche Sprache in Ordnung zu bringen, müßte man die Kunst [Fach-] Wörter der Bauern, der Gärtner, der Apoteker, Mahler, Künstler, Handwerker, Kaufleute etc. in Hoch und Plat Teutsch, Dänisch, Schwedisch, Englisch etc. gegen einander halten und ein Collegium formiren von Leuten, die alle dieser Sprachen kundig wären.

◈ Ein Traktätlein von der Vortrefligkeith der Sprache des Menschen ist nötig, denn die meisten Menschen bedenken kaum diese herliche Gabe Gottes, daß die Zunge durch Schlagen der Lufft dem Gehör entdeket, was die andre Seele denket, und daß die Hand durch Schreiben sichtbahr macht, was man denket.

◈ Die frantzösische Sprache solte man in Teutschland ausrothen, weil sie so schön scheint, aber Statisten, Kaufleuten, Frauenzimmer und jederman schädlich ist. Die Sprache der Schlange war auch schön, und Eva wußte nicht, daß Drachen Gifft damit verknüpfet sey.

4.10 Über Romane

Bandow polemisiert heftig gegen die französischen "Romainen", die seiner Meinung nach die Jugend und die Domestiken verderben und die Unzucht fördern. Keinen dieser Romane erwähnt er namentlich. In erster Linie zielte er wahrscheinlich auf die ebenso sentimentalen wie schlüpfrigen Liebesromane, mit denen das Land überschwemmt wurde, und die von den unteren Volksschichten – sofern sie lesen konnten – gern aufgenommen wurden. Aber ebenso wahrscheinlich zog er in seiner Abneigung keine Grenzen zur gehobenen französischen Literatur der Epoche, die galanten Sittenromane, die sich am nicht eben moralischen Leben am französischen Hofe und bei der französischen Oberschicht orientierten. Solche Literatur wurde natürlich auch durch französische

Erzieher und Erzieherinnen in adligen Familien bekannt gemacht. Im Vorbeigehen erwähnt Bandow auch italienische Entsprechungen, die jedoch eine geringere Rolle spielten. Mehr Bedeutung hatte wohl das italienische Theater. Bemerkenswert ist die Erwähnung auch englischer Bücher vom Typ Erziehungsromane, die Bandows Unwillen erregen. Vielleicht sollte man sich erinnern, daß es in Preußen und in Deutschland zu dieser Zeit kaum eigenständige Literatur von qualitativer und quantitativer Bedeutung gab. Am nächsten der damals viel gelesenen ausländischen leichten Literatur kommen vielleicht die heute längst vergessenen deutschen Märchen- und Ritterromane.

◈ Romainen sind Töchter der Mutter aller Hurerey und aller Greuel auf Erden. Der Vater der Romainen ist der Lügner und Mörder von Anfang. Mit diesen Worte des Teufels erziehet man unsere Kinder. Man ernähret ihre Seelen mit Ital. und Frantzösischen Teufels Drek des Pabsts, und nimt der armen Jugend das Brod Gottes, das vom Himmel kommt. Weil in allen Häusern frantzösische Verräther sind, so kann niemand etwas sagen, weil die Herschafften selbst frantzösisch gesinnet sind.

◈ Die Romain Schreiber geben vor, daß sie die Menschenliebe aufrichten, und daß sie die Leute liebreich u. vergnügt leben lernen [lehren]. Aber abscheulich ist der Liebhaber, der seine Geliebte so abscheulich liebet, daß der ein Eben Bild Gottes schändet und ins größte Unglük und Schande stürtzet. Solcher Gestalt können wir mit eben solchen Rechte sagen, der Teufel liebe die Menschen, wenn er sie in die Hölle stürtzet.

Wenn man dafür die Tugend lehrete und in Sonderheit die Kinderzucht recht einschärffte, und die Geliebte [Liebenden] lehrete, wie sie sich ein ander um der Tugend willen lieben solten und wie sie sich befleißigen solten, ein ander zu übertreffen.

◈ Die Frantzösischen Romainen, böse Sitten und Narren Moden haben mehr als 1000 Millionen Rtl. räuberisch aus Teutschland erpreßt. Und viele Millionen Menschen sind in Teutschland durch Romanen umgebracht. Die lateinischen Völker führen durch ihre Laster Schriften beständig Krieg mit denen Teutschen, und schaden ihnen dadurch mehr als durch die größten Kriege.

Eben so ist es mit denen Moden. Daß die Seide jetzt noch einmahl sovil kostet als sonst, und folglich so viel Millionen aus dem Lande gehen, daß macht die große Menge Narren, die alle Seiden u. Samtene Kleider tragen.

◈ Wie wilt du den Caracter eines Roman Schreibers ausdrüken, der bey seinem Leben nicht nur, sondern auch nach dem Tode die Leute anführet zur Abgötterey, Gotteslästerung, falsch schwören, Gottes Wort und Wahrheit verachten, Ältern durch Laster betrüben, ermorden, verrathen, sich selbst und andre bestehlen,

Ehebruch und andere vener. [venerische] Schandthaten üben, lügen und verläumden, viel Tausend nach Leib und Seel ermorden, unvernünfftig, unsinnig, toll zu werden, alle Gesetze Gottes, die Gesetze der Natur und die Gesetze des Landes mit Füßen zu treten.

◈ Die Romain Schreiber sind Apostel des Teufels und stehen mit den alten Kupel Weibern in eine Klaße, oder sind vielmehr die infame Cheffs derselben. Der große Drache, die alte Schlange, braucht sich dieser alten bestigen Basilisken, zum Lügen, Huren, Morden, Stehlen, Lästern, daß sie wie die Pestilentz im Finstern schleichen, die Unschuld selbst verführen und die Tugend dem Teufel aufopfern.

◈ Was ein böser Mensch in Zeit und Ewigkeit schädlich sey, lehret ein Hurenhengst u. Romainschreiber, welcher selbst nach seinem Todt dem Staat schadet, bis ans Ende der Welt. Ein Schafbok ist Millionen mahl beßer, den der nutzet der Welt, durch die Fortpflantzung, bis ans Ende derselben.

◈ Laqueien und alles Gesinde wird durch die infamen Romainen infam, folglich untreu, ferführen sich unter einander.

◈ Aus den frantz. Romainen haben wir viehische Sitten gelernet. Jedoch, es ist viel ärger, wir haben infame Sitten gelernet. Kein Vieh ist infam.

◈ Durch die frantz. Romainen sind wir auch frey worden von der Keuschheith. Die alten Teutschen waren so grob und barbarisch, daß sie eine Jungfer, die galant lebete, verbranten und ihren Galant über die Asche aufknüpften. Haben unsre schöne galante Damens nicht die Romainen zu danken, daß sie eine solche engelische Freyheith erhalten haben. Es ist wieder ihre Natur, das die Alten ihre Töchter zur Keuschheith anhielten, denn man verwehret ja nicht einmahl dem Vieh die Galanterie. Solten unsre schönen Damens den weniger Freyheith haben, als die Hunde, denen man doch die Freyheit läßt, auf öffentlicher Straße galant zu seyn, und artig zu thun.

◈ Vor diesen schlieffen die alten Teutschen bey ihren Weibern als grobe Kerls, darum wurden ihre Kinder so gesund, stark und grob, und waren so dum, daß sie die gelobte eheliche Keuschheith treulich hielten. Dieses beweiset, daß sie damahls die frantz. Artigkeith nicht erkand haben.

◈ **NB.** Dergleichen Satiren solte man als aus dem Frantzösischen übersetzt heraus geben, vielleicht hätte es einen guten Eindruk.
Bandow wiederholt mehr oder weniger die gleiche Satire bzw. Sarkasmen, die er schon gegen die Freigeister durchgespielt hat: Die Romane bzw. ihre französischen

Verfasser haben uns "frei" gemacht von der alten Freiheit, von der Gottesfurcht, von der Vaterlandsliebe, von unserem alten Adel, vom bürgerlichen Adel, von Geldern und Gütern usw. In Gegensatz dazu stellt er immer den groben, frommen und kraftvollen Luther, Sproß des edelsten deutschen Stammes, der Sachsen; und Saxus bedeutet Stein. Bandow spricht es nicht aus, aber die Ähnlichkeit mit Petrus, dem Felsen auf dem Jesus seine Kirche errichtete, ist unübersehbar.

◈ Futer mak loch! ist eins der erhabensten Sprichwörther der Frantzosen.

◈ Es würde noch zu viel Ehre für die Frantzösischen Romainen seyn, wenn der Schinder öffentlich den Ars damit wischte und sie öffentlich verbrennete.

◈ Die gifftigen ehrlos infamen Romainen sind so infam, daß es unsren teutschen Schinder Knechten selbst eine Schande ist, sie öffentlich zu verbrennen.

◈ Alle bösen Bücher müßten aus dem Lande geschafft werden, so wohl die abergläubischen Märchen als die Ateisten [atheistischen], und die Romainen.

◈ Das Lesen der englischen Bücher und der zur Tugend führenden Romainen machet keine echten Christen, sondern werkheilige Leute, denn sie lesen lügenhaffte, gut scheinende Geschichten. Allein, sie versäumen darüber, die wirklich wahre Geschichte, und werden darüber gesittete und zu leben wißende Thoren, so daß man sie bejammern muß, und kommen meist darüber zum Hochmuth und zu zeitlich und ewigen Verderben und Verdamniß.

◈ Es ist höchst nötig, daß der König ein Edikt ausgehen laße, worin er das Romainen lesen verbiethet, hingegen aber die Lesung der Biebel allen 3en Religionen[10] erlaubet.

4.11 Über Theater

◈ Sind Comoedien, Redouten, Opern wohl ein Vergnügen für einen gesetzten, vernünfftigen, ehrlichen Mann, oder sind sie nicht vielmehr für weibische, feige Memmen, für faule Tagediebe, für infame Hurer und Ehebrecher, die ihr Amt schändlich misbrauchen und von geraubten Guth leben.

◈ Ein Staat [an statt] der nichtswürdigen, unnützen und meist infamen Operisten, Comoedianten, Täntzer etc. könte viele 100 tugendhaffte und gelehrte Männer teutscher Nation von obgedachten Einkünften leben. Die Königlichen Länder könten hiedurch zum Sitz der Weisheith und der Tugend werden, wie Atheen, wenn wir so fleißig große Seelen würben, als wir bisher große Körper geworben

10 Lutheraner, Reformierte und Katholiken

haben [Soldaten], so würde[n] durch derselben großen Verstand, Tugend und Redlichkeith und Wahrheith, die Königlichen Länder unüberwindlich sein. Die gantze Welt würde uns verehren und [würde) wünschen, uns unterthänig zu sein, und würde uns umarmen, wenn wir sie überwinden wolten.

◈ Ein recht ehrlich, gesetzt, vernünfftiger weiser Man sucht seine Ehre und Wollust darin, daß er die Unterdrükte Recht schaffet, die Veteranen und Weisen hilfft etc. Daß ist ein recht mänlich und königlich Vergnügen.

5. Landbau

5.1 Über Ackerbau

Ein Großteil von Bandows Überlegungen bezieht sich auf Bodenverbesserung durch Umverteilung von Sand, Lehm, Schlamm usw. je nach Bodenbeschaffenheit, vor allem aber durch Düngung mit natürlichem Mist und Kompost, aber auch mit Kalk und Salpeter. Auch der Gedanke an Gründüngung durch Einsäen geeigneter Pflanzen scheint bei ihm auf. Daneben ist er gedanklich auf dem Weg zu regelrechten Bodenanalysen: führen sie nicht zur Entdeckung brauchbaren Ackerbodens, so vielleicht doch zur Entdeckung technisch verwertbarer Erden oder Mineralien. Das Öd- oder Brachland, das er fruchtbar machen will, liegt nicht zuletzt in Gebieten, die Preußen vor relativ kurzer Zeit zugefallen sind, und wo der Grund billig zu erwerben ist. Dagegen ist nicht wahrscheinlich, daß Bandow selbst sich in der Kolonisierung solcher Ländereien versucht hätte. Seine Überlegungen bleiben theoretisch, basieren aber stets auf kaufmännischen Berechnungen.

◈ Es gibt gantz unfruchtbahr Land, aber es kan durch Kunst fruchtbahr gemacht werden. Darum ist es Thorheith, wenn man Länder unfruchtbahr liegen läßt.

◈ Leim und andere gute Erde, und Moraß mit Sand vermengt gibt treflichen Aker Boden.

◈ Wo dürrer Sand ist, muß man etwas eingraben auf den Seiten, aber Wälle formiren stat der Zäune, die dürren Wälle aber mit Gruse bedecken und den Winter über unter Wasser setzen, das es faulet. Auch kann man sie im Sommer so offt unter Wasser setzen als man will.

◈ Von Menschen Mist und Urin müßte nichts umkomen, sondern aufs Sorgfältigste gesamlet werden. Pferde und Schaf Mist hitzen exellent.

NB. Brennet aber bei großer Dürre. Dieses Brennen könte alle Abend, wens nötig ist, durch Begießen unterbrochen und also herlich, ja außerordentlich fruchtbahr gemacht werden

◈ Durch Kalk kan in Ermangelung des Mistes große Verbesßerung vorgenommen werden.

◈ Der Elbe Schlam ist gantz extra ord. fruchtbahr. Wenn also das Elb Waßer in Canele geleitet würde, so könten alle an der Elbe liegende Felder dadurch zu einer Egyptischen Fruchtbarkeith gelangen, und man könte die höchst schädlichen Überschwemmungen verhüten. Denn dieser Schlam ist beßer wie Mist, wenn er recht gebraucht würde.

◈ Die Elbe und Oder haben ein fet Waßer und können vieleicht sandige Gegenden durch Canele düngen. Die Canele können zur Fischerey und Schiffarth nützen.

◈ Wo Flüße Sand auf guthen Wiesen geworfen haben, da darf man nur recht tief raijolen. Wenn klein Wasser [Niederwasser] ist, so kan man da die herlichsten Gärthen anlegen.

◈ Allen Hirten und Bauren im Lande solte man beordern, daß sie anzeigten, wen sie besondere Erden, insonderlich Farben Erde fänden.

Fünde man gleich nicht viel Gold und Silber, so würde man doch guten Sand, Schwefel, Alaune, gute Erde, gute Farben, gute Mineralien etc. finden.

◈ Man solte vile geschikte Bergleute salariren [in Sold nehmen, anstellen] und durch dieselbe alle Länder visitiren laßen, auch ihnen Soldaten zu Arbeitern mitgeben.

Zu diser Visitation der Erde könnte man lange eiserne hohle Röhren brauchen, gleich dem Butterstecher, und durch die Arme[n?] Schrit vor Schrit visitiren laßen.

Die Proben von allerley Erd Arthen müßte man an das Berg Collegium senden und es durch geschikte Chimisten, Mahler, Apoteker und andere Künstler examiniren laßen.

◈ Wenn alle Jahre aufgeschrieben würde, was, wann und wie man seete und erntete, und alle verbunden wären Remarken zu machen, was zum Besten des Feldbaues dienete, so könte es nach militairischer Ordnung zu einer erstaunlichen Höhe gebracht werden, wenn lauter accurathe Ruthen abgemeßen würden, den die meisten verbergen die oeconomische Areana, sehr wenig verstehen die Vortheile, der Aberglaube und Vorurtheile ist erstaunlich hinderlich.

◈ Wo Leim oder Leimen ist, den muß [man] über den Sand fahren oder karren, wo aber keiner ist, muß man das Land rajolen

◈ Das Erdreich zu verbeßren müßte man zu 1 Paar Pferde 2 Karren haben, die man mit einem Ruk abladen könte, wie die Berliner Drek Karren, und Handlanger, der unterdeßen den andern Karren beladet. Hiedurch könte man Höhen erniedrigen und die Gründe erhöhen.

◈ Einige solche Karren, wie die Berlinische Drek Karren, wird doch wohl täglich 10 Fuhren thun können, und damit 10 Ruthen [ca. 3m2] schlechten Aker zu guten machen können. Folglich können 100 Fuhrleute in einen Tag 1000 Ruthen gut machen, in 1 Jahr 3 Hunderth Tausend Ruthen. 600 Wagen könten also in 1 Jahr eine Meile schlecht Land mit gut Erdreich bedeken.

NB, Diese Karren müsten aber noch 1 mahl so hohe Räder haben, mit eisernen Achsen, damit man mit wenig Vieh große Lasten fort bringen könte. Man müßte auf gantz neue Erfindungen denken.

◈ Hohe Räder gehen viel leichter als niedrige. Je höher die Räder, und je kleiner die Achse in der Buchse gehet, desto leichter gehen die Wagens.. Wir haben noch sehr schlechte Wagens. In Sachsen und im Reich [!] hat man es viel beßer, darum gehet da Handel u. Wandel u. Akerbau viel beßer fort als hier. Jedoch können die Wagens noch viel vorteilhafter gemacht werden.

◈ Die Kutschen fabrique gehet hir ein, wegen der Theuerung und Auflagen. Desto wohlfeiler wird man sie in Pohlen, Rußland etc. machen, den die geschikteste Künstler gehen da hin, weil hir zu viel Auflagen und Schlavereyen sind.

◈ Wiesen mit Schwaden [*Glyceria fluitans*, Grashirse] zu beseen nachdem sie gut raiolet, ist vieleicht extra ordinar einträglich und außer Landes viel davon zu versenden [Vgl, auch Fuchsschwanz – Amarant].

◈ Durch eine vernünfftige Wirtschafft kann ein Land so fruchtbar gemacht werden, daß es 1, 2, 3 ja 4 mahl soviel trägt als vorher. Wenn nur 1/4 verbeßert würde, so beträgts 5 Millionen, ja, wohl 10 Millionen [Taler Mehrgewinn].

◈ Die Königl. Lande enthalten ohngefehr 3000 quadrat Meilen. 1/3 lieget beständig brach, 1/3 kan man Wiesen und Wälder etc. rechnen.

1/3 folglich kan nur beseet (besät) werden

NB. Wo Mist genug ist, da braucht das Land nicht brach zu liegen, sondern kan, wie bey Berlin, alle Jahr tragen.

◈ Im Holsteinischen macht man Mist Mithen auf den Rüken des Akers, von 6 Fuß breit, so lang als man will, ausgehöhlet von Mitternacht gegen Mittag, eine Reihe Pflantzen und eine Mist. **NB.** Wenn der Mist unter ein Dach liget, so samlet sich viel Salpeter, welche die Haupt ursache der Fruchtbahrkeith ist, denn der Salpeter wird sonst durch den Regen auflöset.

◈ Nota was man jährlich in Markau von 3 Hufen gewinnet **NB.** 1 Hufe ligt brak, also geben 2 Hufen 600 Scheffel. Auf jede Hufe sind 96 Scheffel ausgeseet.
[*1 Hufe ca, 7,7 ha, 1 Scheffel ca. 55 liter, 1 Mandel = 15 Stück, 1 Wimspel (Wispel) = 24 Scheffel, Dr. = 1 Dram, ist eine Massen-Einheit, ein so genanntes Handelsgewicht. Es wird hauptsächlich in England und Nordamerika gebraucht*].

[*Anmerkung: Es ist unsicher ob Bandow das hier zitierte preußische Scheffelmaß im Sinn hat oder ein kleineres. Man vergleiche seine Angabe, daß ein starker Sackträger 8 Scheffel tragen kann, ein schwächlicher Städter aber kaum einen Scheffel. Das Volumensgewicht von Körnerfrucht ist zwar etwas geringer als das von Wasser, aber ein starker Sackträger wird – als Dauerleistung – kaum mehr als einen Doppelzentner Weizen, also 100 Kilo tragen können, auf keinen Fall über 400 Kilo.*]

Roggen	7 dreißig	18 Mandel	
Weitzen	3	20. -	
Gerste	8	10. -	
Hafer		8. -	
Linsen		1. -	
Erbsen		3. -	
Buchweitzen		7. -	
Leinen Flachs		10. -	

20 Dr. 24 Mandel = 600 Scheffel à 1 Taler

1 Dr. gibt 30 Scheffel [verkauft für] 600 Taler + Stroh 100 Taler = 700 Taler

Ausgaben:	
8 Wimspel wird ausgeseet à 24 Taler	192. -
an Heu wird gekauft	50. -
3 Mägde 2 Knechte à 40 Taler	200. -
6 Pferde	100. -
Die Drescher kriegen 13 Scheffel	46. -
Reparaturen an Wagenzeug etc.	30. -
	618 Taler

◈ Die Mandel Roggenstroh gilt 10 bis 11 Gr. Gersten Stroh die Mandel 7 Gr

◈ Brunnen würden auch nützlich sein, auf den Feldern Mist zu machen. Um den Brunnen herum könte man zusamen bringen:

1. Kiehn Nadeln und gantz kleine abgebrochene Reiser. Diese auf einen Haufen bringen, mit Plagen auf den Seiten einfaßen, auch wohl oben damit bedeken, oder nur eine Reihe Plaggen und eine Reihe Kien Nadeln legen. Wenn diese Kien Äpfel (Kiefernzapfen) in gehöriger Feuchtigkeith erhalten und also in Gehrung gebracht würde, so gäbe es einen guten Dünger.
2. Könte man die Kiehn Äpfel , weil sie nicht so leicht faulen, in einen besonderen Haufen bringen, auch mit Kiehnateln,

3. Die Blätter aller Bäume auch schichtweise in Hauffen bringen und mit Plaggen belegen.
4. Die Kräuter, das Heide Kraut etc. auf gleiche Arth durch stete Feuchtigkeith und Gehrung in die Fäulniß bringen.

◈ Tabaks Plantagen sollen in der Oeconomie ungemein zuträglich seyn.

◈ In unserer Sandbüchse [Brandenburg] ist der Pferdemist höchst schädlich, Kuhmist aber desto vortheilhaffter, vieleicht auch besonders in Weinbergen.

Darum hat vieleicht Gott den Juden verboten, Pferde zu halten, weil das Land bergig und hoch liget.

◈ Wenn man die kleine Mist Hauffen lange auf den Aker liegen läßt, so verliehret er seine beste Krafft. Er muß gleich unter gegraben oder gepflüget werden.

5.2 Über Bewässerung

Die "Sandbüchse", wie auch Bandow die Mark Brandenburg nennt, ist zwar von vielen kleineren und ein paar größeren Flüssen durchflossen, aber als Ackerland doch sehr trocken. Ihre Fruchtbarmachung durch Bewässerung war eines von Bandows Lieblingsprojekten. Es galt, Anlagen zu schaffen, die das Wasser zur Bewässerung zurückhielten, wie Teiche und Dämme, Anlagen, die eine vorübergehende Schwemmung von Wiesen und Ackerland ermöglichten (Einwallungen, Schleusensysteme), sowie auch Beregnungsanlagen. Wind- und Wassermühlen, notfalls auch von Tieren oder Menschen zu bedienende Tretmühlen oder Schöpfräder konnten den mechanischen Transport des Wassers besorgen. Natürlich war die Bewässerung eng verbunden mit der Gewässerregulierung und der Trockenlegung von Feuchtgebieten. Besonders bemerkenswert ist, daß Bandow auch die Schwemmstoffe im Wasser als Dünger nutzen wollte und Absetzbecken für die Gewinnung von Schlamm auch als Maßnahme zur Gewässer-Reinhaltung ins Auge faßte.

◈ Die Ströhme zu rechte Zeit zu schützen, um das gantze Land dadurch feuchte zu erhalten, ist eine rechte Hauptsache. Dieses zu erhalten müßte man noch mehr Wind Mühlen im Lande halten, damit man daß Waßer in der großen Dürre zurück halten könte.

◈ Flüße, Bäche und Ströhme, die einen starken Waßer Fall haben, können gantz außerordentliche Dienste thun, wenn das Waßer durch höltzerne Rinnen in alle umliegenden Gegenden geleitet und [diese] fruchtbahr gemacht würden.

◈ Es gibt viel Länder[eien], die durch kleine Flüße und Bäche könnten unter Waßer gesetzt werden, wenn diese kleine Flüße ordentlich bewället würden. Viele große Waßer Räder könten ohne viel Kosten über alle kleinen Bäche hängen und die umliegende Länder tränken und fruchtbahr machen, auch Teiche formiren.

◈ Bey jeden schnellen Bach und Fluß könten viel große, breite hängende Räder Waßer schöpfen, das Land zu nätzen, ja wohl unter Waßer zu setzen so offt man will. An stehenden Seen müßte durch Wind Mühlen Waßer geschöpfet werden. Wenn auch etliche hinter ein ander angelegt werden, so würden sie ihre Intereßen reichlich tragen, denn dadurch könte man Waßer auf die Berge bringen.

◈ Wenn die Wiesen allzu niedrig liegen, wie bey Hamburg, so muß man durch Wind Mühlen mit einen langen Schweif, die sich selbst nach dem Winde drehen, das Wasser abtreiben.
2) mit Mühlräder von Ochsen oder Eseln getrieben, je größer je beßer
3) durch doppel Plumpen kann man auch viel Waßer weg schaffen
4) durch allerley ander Machinen

◈ Alle Wiesen an den Flüßen solte man bewallen so daß man durch die kleine Schleusen, daß Waßer des Strohms ab und zu laßen könte.

◈ Wenn man viel Graß gewinnen will, so muß man lauter kleine Wälle und Grabens machen, den hiedurch kriegt man noch einmahl so viel Land als man hat. Es kommt nur darauf an, daß die Wälle durch Machinen benetzet werden, dieses gehet leichte an.

Die jetzt überschwemten Länder können gantz außerordentlich fruchtbahr durch kleine Gräben mit Schleusen gemacht werden. Durch Windmühlen kan das Waßer aus einen Teich weit und breit ausgebreitet und das Land fruchtbahr gemacht werden. Dahingegen auch aus sumpfichten Gegenden das überflüßige Waßer damit ausgetroknet werden.

◈ Auf einem Felde könten viele kleinen Schleusen in den kleinen Bächen angelegt werden. Wo es niedrich könte Dämme aufgeworfen werden. Hidurch könte man die schönsten Teiche und Mühlen haben, und die Felder und Wiesen nach Belieben feuchten und überschwemmen, folglich sehr fruchtbahr machen. Kleine Windmühlem könten aus einem kleinen Teich jeden Garthen überschwemmen und wohl Länder austroknen [anderes Gelände drainieren].

◈ Neben den Äkern solte man kleine Graben halten, in welche man aus den Flüßen Seen u. Sümpfen durch Machinen (als Windmühlen, doppelte Plumpen etc.) das Waßer herein bringen könte. Dieses Waßer könte zwischen die Stüken gehen und die Äker feuchten. Am Ende der Stüken köne ein qwerer Graben gehen, aus welchen daß Waßer durch neue Machinen könte weiter gebraucht werden.

Mitten durch die Stüken könte eine kleine gewölbete Rinne gehen, durch welche das Waßer qwer durch alle Stüken gehen und in jede Fuhre laufen könte.

◈ Eine Plumpe von 2 Röhren, so gleichwohl ein Knabe mit einem Schwengel gantz leicht regieren kan, wen gleich die Hebung sehr groß ist, kan nicht allein den größten Garten Wäßern, sondern auch Sümpfe austroknen und den größten Teich reinigen, wenn er auch sonst keinen Abfluß hätte, so daß sich die Fische guth darin halten können.

◈ Eine Machine zum Brunnen, wie die Catun Bleicher haben, könte wohl 10 Röhren zugleich plumpen, wenn der Schwengel recht lang gemacht würde, so das man großes Stük Land überschwemmen könte. Eine Wind Mühle könte ein solches Werk auch vortreflich treiben.

◈ Auf hohen Bergen könte man auch Cisternen in gewißen Distantzen das Wasser auffangen.

◈ Durch verschiedene Windmühlen hinter einander könte das Waßer aus den Ströhmen und Seen auf die Berge geleitet werden, ohne große Kosten, ja hiedurch könte man die herligsten Fischteiche anlegen, welche man ablaßen könte.

Bey Windstille müßte man das Waßer durch Machinen, so von Menschen getrieben werden, hinauf bringen. Zum Exempel eine außerordentliche Schaufel die gleichsam auf einen Wagebalken ruhete, mit einem sehr langen Stiehl, so daß man gantz leicht mit einen jeden Wurf einen Eimer Waßer in die Höhe brächte.

◈ Wenn man auf hohes Sandland Leinsamen seen [säen] wolte, so müßte man selbiges Revir unter Waßer setzen können, und wenn es nicht blühet [gedeiht] durch eine Machine wie eine große und feine Bruse begießen.

◈ Eine große, breite, blecherne, mit gantz kleinen Löchern versehene Bruse könte das Land, wie der Regen, feuchten, wenn sie auf eine langen Stange hinge und durch Rinnen mit Waßer gefüllet werde.

◈ Eine gantz extra feine Bruse mit 4 egalen Stützen könte eine gantze oder halbe oder 1/4 Ruthe auf ein mahl nätzen, als den wurde daß Giesen einen Regen gleich seyn, man könte das Waßer mit Eimer drauf gießen, oder durch Rinnen drauf plumpen.

◈ Vieleicht kan Leinwand stat Blech gebraucht werden, durch welche man gleichsam regnen läßt. Man müßte höltzerne Gefäße unten kreutz und qwer mit

Latten beschlagen und drauf Leinwand stram nageln und als den [alsdann] Waßer drein plumpen.

◈ Eine große lederne Bruse, von dichter Leinwand gemacht etwan 1/4 oder halbe Ruthe groß ins Gevierte, in welcher man durch Röhren Waßer leiten und von einem Orth zum andern bringen könte.

◈ Eine große Feuer Sprütze mit gantz extra feinen aber erstaunlich[11] vielen Löchern, so kan man weit und fein sprützen, ja fast regnen laßen und mit Schlauchsprützen selbst Bäume nätzen. Vieleicht könte man stat blecherne Brusen extra feine Löcher durch Holtz bohren, damit es desto weiter und feiner sprützete.

◈ Auf jeden Dorffe solten billig Sprützen angeschafft werden. Das Geld könte dazu gelehnet werden. Die Intereßen könten so viel Bauern leicht aufbringen.

◈ Durch eine Wind Mühle könte man das Waßer aus faulen Grabens, Seen und Teiche aufs trokene Land bringen. Hirdurch würden die Länder ungemein fruchtbahr und die Seen und Grabens tüchtig zu den schönsten Fischen, zumahl, wen man den Schlam aufs dürre Land brächte. Man kan auch das Waßer durch extra ordinaer große Mühlen Räder, die Waßer schöpfen und von Eseln getrieben werden, heraus bringen.

◈ Wenn die Anlagen der Mühlen 1 a 2 Fuß und wo es gehet noch höher gemacht würden, so würden nicht allein alle Mühlen, sondern auch alles an die Flüße liegende Land verbeßert, es gebe mehr Fische, es könten mehr oberschlägtige Mühlen angelegt werden, auch könnte man viel Räder anlegen, die das Waßer ins Land leiteten, und es fruchtbahr macheten, wie in Egipten der Nilus das Land fruchtbahr machet.

◈ Durch eine Wind Mühle kan man hohe, bewallete Grabens mit Waßer anfüllen, damit sie voll sind, damit man also die Thäler besprengen kann, wenn gleich die Mühle keinen Wind hat. Eine Waßer Winde soll in 1 Tag etliche 1000 Tonnen Waßer geben. Auf diese Arth würde auf diesen, inwendig waßervollen Wällen herlich Graß wachsen, und man könte den teueren Kleesamen ziehen, da das Pfund so teuer bezahlt wird.

◈ Erst könte man das Waßer durch extra ord. große Waßer Räder so hoch als möglich bringen. Von dieser Höhe aber brächte man es durch Windmühlen weiter. Auf diese Arth könte eine große Menge Erdreich gewäßert werden. Wo die

---

11 "Erstaunlich", ein Lieblingswort Bandows, hat nicht die heutige Bedeutung, sondern ist eher nur eine Verstärkung, wie "sehr" oder "ganz".

Windmühlen nicht angebracht werden können, da kan man große Räder machen, in welchen ein Ochse getrieben wird, oder auch wohl 2 Ochsen. Hiedurch kan man unglaublich viel Waßer schöpfen. So hat man es in alten Zeiten in Egipten gemacht. Daher konte daselbst so erstaunlich viel Korn und andre Früchte gewonnen werden, daß man Rom und Italien damit versorgen konte.

◈ Die millitairische Ordnung und Gehorsam könte im Nehrstande eingeführet werden. Dieses würde einen gantz erstaunlichen Nutzen haben. Zum Exempel: Man müßte an heißen Sommertagen fleißig plumpen und alles Land auf Ordre wäßern, bey hoher Straffe, den der Mensch ist so sehr verdorben und verkehrt, daß er seine eigne Wohlfart versäumet, verschläfft und nicht achtet, den der Menschen Verderben ist erschröklich groß so daß er zu seinem eigenen Vortheil gezwungen werden muß.

5.3 Über Fischerei

Bandow vertritt die durchaus moderne Einsicht, daß bewirtschaftete Gewässer mindestens ebenso ertragreich sein können wie Ackerland. Er befürwortet vor allem die Teichwirtschaft, macht sich Gedanken über winterliches Fischsterben unter dem Eis, was er mit Frischwasserzufuhr verhindern will. Er fordert Mindestmaße für den Ausfang, sorgt sich um Laichgebiete längs der Flüsse, wo die Fische auf überschwemmten Wiesen laichen und wo man Refugien für die Fischbrut schaffen könne. Auch den Rückstau von Wasser zur Vermeidung von Überschwemmungen nimmt er ins Visier. Zur Meeresfischerei äußert er sich nicht, obwohl preußische Gebiete an die Ostsee grenzen und das zu Preußen gehörende Friesland an der Nordsee liegt. Sein kaufmännisch-praktischer Blick geht aber bereits ein Stück weiter, wenn er in den (eroberten oder hinzugewonnenen) katholischen Gebieten gute Abnahme für gepökelte Fische sieht und damit gute Aussichten für die "Fisch Fabrique".

◈ Flüße und Seen könten eben so viel als das Land tragen, ja, wohl mehr, wenn sie regelmäßig gebraucht werden, und man nicht die kleinen Fische ohnzeitig weg fänget.

◈ Kein Land trägt so reichlich zu als das Waßer, und besonders die Teiche, wenn sie recht gewartet werden

NB. Die Fisch Fabrique ist als eine große Haupt Sache zur Verbeßerung des Landes anzusehen. Aber man muß nicht erlauben, daß die kleinen Fischen weg gefangen werden, den das ist Land verderblich.

◈ Es werden jetzt die Fische rahr, weil man die Refire bey Weitzen an der Oder ausgetroknet hat. Dises bringet mich auf die Gedanken, daß man längst allen Flüßen in denen Wiesen an dürren Sommertagen Teiche graben solte, in denselben würden die Fische leichen, wenn sie Comunication mit den Flüßen hätten, und der Same könte nicht durch den Strohm fortgeführet werden.

◈ Die kleinen Grabens um den Wiesen und die Bäche im Lande läßt man gantz austroknen. Hirdurch gehet die Bruth von einer unendlichen Menge Fische verlohren. Dieser unglaublich große Schade könte durch kleine Schleusen und durch tiefe Grabens in den Bächen leicht abgeholffen werden.

◈ Auf den Wiesen an den Flüßen bleibt eine unglaubliche Menge Fisch Saamen und junge Fische, wenn das Waßer fällt. Darum wäre es gut, durch alle Wiesen Grabens zu stechen und sie zu bewallen. In den Wall aber 2 kleine Schleusen, daß Waßer ab und zu zu laßen. Hierdurch würde man auch mehr Heu gewinnen.

Den Samen, den die Fische auf den Wiesen laßen verdirbt daselbst größesten Theils, wenn das Waßer vertroknet. Darum würden diese Teiche gantz außerordentlich nützlich seyn. Zumahl wen dergleichen bey allen großen und kleinen Flüßen recht tief angelegt würden, vieleicht würden auch dadurch [Rückstau] die großen Überschwemmungen verhütet. Auch könte das Vieh im Früjahr auf den aufgeworfenen Graben [gemeint sind die Wälle] grasen, wen die Wiesen überschwemmt sind.

NB Es ist auch höchst Land verderblich und schädlich, daß man die Fische eben in der Leich zeith weg fänget und eben dadurch die Vermehrung vieler Millionen Fische verhindert, wie auch die Nahrung der großen Fische, welche die kleinen freßen.

Die Ablaßung der Teiche aber ist darum am aller nützlichsten, weil als den die großen Fische die kleinen nicht freßen könnnen, und ist dahero die Vermehrung recht ungemein groß.

Die Anlegung solcher Teiche, die abgelaßen werden können ist also höchst nützlich an allen Orthen, wo es möglich zu machen ist. Dergleichen Bächlein aber sind sehr viel. Wo der Abfal [das Gefälle nicht stark genug ist, könte man mit Doppel Plumpen ausschöpfen, desgleichen mit Schauffeln.

◈ Wo Elshöltzer [mit Else dürfte hier nicht die Vogel- oder Elsbeere, S*orbus*, gemeint sein, sondern die Erle, Al*nus*.] sind, da muß man Teiche graben, so wird die Weide verbeßert, den durch eine kleine Schleuse am Teiche kan man in trockner Zeith alles unter Waßer setzen. Die Fische tragen gewaltig zu, wenn sie recht gewartet werden. Der Teich aber muß von allen drei kalten Seitten [Norden, Westen, Osten] mit dichten Bäumen umgeben seyn, damit er Schutz habe für Frost und Hitze. Gegen Mittag ist vieleicht die Sonne sehr nützlich. Eine Röhre könte durch den Erdboden geführet und in die Tife des Teiches gebracht werden, so könten niemahls die Fische verfrieren. Die Rohre aber müßte mit einem Berg Erde umgeben werden und etwas hoch in die Höhe gehen.

◈ In jeden Land Soldaten Revir könte ein Teich seyn. In die Lufft Röhren könte man auch zu Winters Zeith frisch Plumpen Waßer unters Eiß bringen und dadurch frische Lufft und frisch Waßer unters Eiß bringen, welches von großem Nutzen seyn würde.

◈ Von der Papir Mühle bis an die Oranienburger Landwehre könten durch das Sandland die herligsten Carpen Teiche angelegt werden.

◈ Alle sumpfigen Örter können doppelt nützlich seyn 1) das man es selbst fruchtbar machen und erhöhet, und mit diese ausgegraben fette Erde das unfruchtbahre Land misten, 2) daß man hernach die schönste Fische ziehen kann, wenn das Waßer gereiniget und tief ist.

◈ Der Pökel Fisch Handel könte sehr considerable nach den catolischen Orthen seyn, wenn die Soldaten zur Aufräumung der Brücher und Moraste gebraucht würden. Hieraus würden die herlichsten Teiche entstehen, zum Überfluß an Fischen und die fruchtbahrsten Wiesen zur Erhaltung vieler 1000 Kühe. Daher käme Milch, Butter, Käse, Felle, Talch etc.

5.4 Über Gewässerregulierung

Die Regulierung von Gewässern ist in verschiedener Weise verbunden mit Problemen der Drainierung von Überschwemmungs- wie auch von Feuchtgebieten, mit der Rückhaltung von Wasser zu Bewässerungszwecken oder zugunsten der Fischerei, mit der Kanalisierung zugunsten der Schiffahrt und der Wasserstandsregulierung an Fließgewässern und zur Energiegewinnung für Mühlen verschiedener Art: Getreidemühlen, Ölmühlen, Sägemühlen, Windkraft und Wasserkraft können sich so gegenseitig ergänzen. Bandow hatte einen Blick für diese Zusammenhänge und versuchte durch multiple Nutzung der Naturgegebenheiten größtmögliche wirtschaftliche Effizienz zu erzielen. Nichts sollte ungenutzt bleiben. Interessant ist sein Gedanke, durch Anpflanzung von Weiden oder anderen Gehölzen dauerhafte Uferbefestigungen zu schaffen. Bemerkenswert ist sein Hinweis auf die Wassernuß als nicht zu unterschätzendes Nahrungsmittel.

Interessanterweise wird Bandow mitten in seinem Umgestaltungs- und Verbesserungsrausch einen Augenblick nachdenklich. Dürfen wir uns so an der Natur vergreifen und sie verändern? fragt er sich. Aber er beruhigt sich sogleich mit biblischen Trost: "Wenn wir from sind so kan Gott an solchen Anstalten kein Misfallen haben denn sonst müßte er auch Misfallen haben, wenn wir uns Häuser und Ställe bauen, die Stuben heitzen, Kleider, Meubles etc. machen."

◈ Wenn alle Bäche und Flüße recht hoch bewallet würden, so könten viel unterschlächtige Mühlen angelegt werden, so würde alles umliegende Erdreich feucht und fruchtbahr seyn. Über dem könte man durch gantz kleine Schleusen, längst den Flüßen, das Land feuchten nach Belieben. Hirdurch könten auch viele Karpen Teiche angelegt werden

◈ Bey allen unterschlächtigen Mühlen solte man auch kleine oberschlächtige Mühlen haben, damit man bey kleinen Waßer schützen [?], und auf die oberschlächtigen Mühlen doch mahlen könte, zum Besten der Schiffahrth, der Flößerey, der Wiesen, Gärten und Länder, alle Länder würden dadurch viel fruchtbahrer seyn. Die Wiesen könten etwas erhöhet, deren Grabens voller Fische, und alle Flüße stets voll Waßer seyn, daß man allezeith mahlen, Schiffen, fischen und flößen könte. Der Überfluß an Fischen u. Krebsen würde erstaunlich groß seyn, zumahl, wen an den kleinen Bächen rechte tife Fisch Teiche gemacht würden, worin die Fische im Winter nicht erfrieren könten, sondern Lufft hätten, durch hölzerne Röhren, die durch die Erde ins Waßer gingen, damit recht hoch bedekt, auf daß diese Röhre nicht zu frieren könte. Wenn durch die Wiesen, längst allen Flüßen, abschüßige Grabens gezogen würden, sodaß sie am Fluß recht tif wären und die Fisch bruth in die Grabens nicht erfrieren oder austroknen könte, so würde dadurch die Vermehrung der Fische unglaublich groß seyn.

◈ Wo Sand Lande sind, muß man ausgraben und Wälle schütten, wie es die Noth erfordert, bis man feste Erde findet, und Bäume dicht auf beide Seiten des Walles pflantzen, daß dadurch der Sand gehalten und die Sonne bedekt ist.

NB Auf den Höhen oder Wällen könte man Maulbeer Samen seen und neben denen selben See pflantzen.

◈ Waßer Nüße [*Trapa natans*] solte man in allen Teichen, Flüßen, Bächen u. Seen anlegen. Sie werden gekocht und sind gut zu eßen.

◈ Allen Seen, großen Pfühlen, Flüßen, Bächen etc. solte man höhere Ufer machen, so daß sich das Waßer länger und beßer im Lande erhalten könte, den ein Baum an Waßer Bächen bringt seine Frucht zu rechter Zeith und seine Blätter verwelken nicht, sondern er wächset gewaltiglich.

Dises ist eine Haupt Policey Sache, die aber leider gar nicht geachtet wird.

NB Auch solte gar nicht erlaubt seyn, kleine Fische zu verkaufen.

◈ Es ist der Mühe werth, Waßer Künste zu machen, so hoch als möglich, damit man das Elb Waßer recht weit auf die Länder, Wiesen, Viehweiden etc. ausbreiten kann.

◈ Ein Graben, und ein Wall mit Gruse belegt, gibt einen treflichen Zaun, zumahl, wenn im Graben ein lebendiger *Weiden* oder Elsen zaun angelegt wird, kreutzweiß.

◈ Die Ströhme zur rechten Zeit zu schützen, um das gantze Land dadurch feuchte zu erhalten, ist eine rechte Hauptsache. Dieses zu erhalten, müßte man noch mehr Windmühlen im Lande halten, damit man das Waßer in der großen Dürre zurückhalten könnte.

◈ Wenn gantz kleine Weiden Stöke tif im Sande gestekt werden, daß die Spitzen kaum heraus sehen, so komen sie treflich fort und geben lebendige Zäune, Alleen etc. und halten den Treibsand auf.

◈ Wo möglich, solte man die Bäche und die Flüße einwallen, so könten sie höher lauffen, so könte man viel mehr Mühlen bauen, so könte das gantze Land gewäßert werden, so könten aus Einöden die herlichsten Wiesen u. Felder werden. Man könte eine unglaubliche Menge von Fisch Teichen anlegen, welche unglaublichen Nutzen bringen.

◈ Durch Schleusen könte vieleicht sogar die Elbe dergestalt gezwungen werden, daß man von hiraus Schiffe in See senden könte, als welches von der äusersten Wichtigkeit wäre.

◈ Durch Schleusen könte das Waßer aller Flüße groß erhalten werden, so gar auch von der Elbe. Hirdurch würde das Land feucht erhalten.

◈ Wenn die Wiesen alzu niedrig liegen, wie bey Hamburg, so muß man durch Wind Mühlen mit einen langen Schweif, die sich selbst nach dem Winde drehen, das Wasser abtreiben.
2. mit Mühlräder von Ochsen oder Eseln getrieben, je größer je beßer.
3. Durch doppelte Plumpen kan man noch viel Waßer weg schaffen
4. Durch allerley andre Machinen.
Wenn wir from sind, so kan Gott an solchen Anstalten kein Misfallen haben; denn sonst müßte er auch ein Misfallen haben, wenn wir uns Häuser und Ställe bauen, die Stuben heitzen, Kleider, Meubles etc. machen.

5.5 Über Mühlen

◈ Weil wir viele kleine u. große Flüße haben, so könnten viel mehr überschlächtige Mühlen haben, vor [für] die Holländer, Hamburger, Spanier, Frantzosen, Portugisen etc., auch für die Nordischen Länder Mehl zu liefern.

◈ Es fehlet im Lande an genugsamen Öhl Mühlen. Die Holländer haben desto mehr.

◈ Zu Perleberg könte noch eine oberschlächtige Mühle am Wittenberger Thor angelegt werden. Desgleichen könte nach Wittenberge zu noch eine Mühle u. Schleusen seyn, den Fluß schifbahr zu machen

◈ Alles fremde Lein öhl solte man verbiethen und hier braf Mühlen anlegen

5.6 Über Schiffahrt

Die überragende Bedeutung der holländischen Schiffahrt geht aus einer bei Bandow angeführten Tabelle deutlich hervor, auch wenn der Binnenverkehr auf der Ostsee dabei nicht erfaßt wird und auch nicht der Fernverkehr der großen Seemächte auf den Weltmeeren. Die geringe Bedeutung der preußischen Handelsflotte ist offenbar. Der Kaufmann Bandow erkennt sofort die Vorteile der eigenen Verschiffung der Landesprodukte und propagiert, wie immer, den Vorteil der inneren Autarkie durch Selbstversorgung und Bescheidenheit. Schutzzölle sind ihm ein erlaubtes Mittel zum Schutz der eigenen Wirtschaft, obwohl er zumindest auf anderen Gebieten wohl versteht, daß andere diesen Spieß auch umdrehen könnten. Für solche Fälle empfiehlt er Verschwiegenheit oder gar Täuschung, auf jeden Fall Konkurrenz im Sinne eines geschickten Zuvorkommens.

◈ 1752 sind in Königsberg eingelaufen 493 Seeschiffe, 298 Strusen und Wittinen, 373 Holztriften. Ausgegangen 482 Seeschiffe, 274 Wittinen. In Memel sind 70 Schiffe eingelaufen, 69 ausgegangen. Dantzig 1012 eingelaufen,986 ausgegangen. [*Die Struse ist ein alter Frachtschiff-Typ, die Wittinne ein flaches Flußfahrzeug.*]

◈ 1763 sind durch den Sund [zwischen Schweden und Dänemark] gegangen 5025 große und kleine Schiffe, nemlich

1002	Dähnische
68	Preußische
701	Englische
998	Schwedische
1293	Holländische
11	Rußische
207	Dantziger
76	Bremer
22	Lübeker
17	Rostoker
5025	a 100 Taler Zoll = 502500

[*Das heißt 38% holländische, 20% dänische, 20% schwedische, 14% englische, 0,3% russische, der Rest diverse deutsche.*]

◈ Man müßte die Landes Wahren durch eigene Schiffe in andre Länder senden und sie gegen unentbehrliche Wahren vertauschen, Die entbehrliche Wahren aber nicht ins Land bringen laßen. Das Land solte Schiffe aus senden, auf welchen lauter fabrique Wahren geladen würden, sie nach Portugal, Spanien etc. zu senden und gegen nothwendig nützliche Wahren zu vertauschen.

◈ Bey Magdeburg könte eine trefliche Schifbauerey angelegt werden. Da könte man das böhmische und sächsische Holtz zum Schifbau vortreflich nutzen, und dadurch die Stadt glücklich machen.

◈ Auf der Havel, Uker u. Oder können die größten Schiffe gebauet werden. Durch ledige Tonnen können Schiffe und Flöße gelüftet [angehoben)] werden. I Kubik Fuß Lufft in der Tonne trägt 60 bis 66 Pfund, ein Kubik Fuß Holtz nur 20 bis 24 Pfund.

◈ Schifbau nach Englischer Art ist sehr considerable.

◈ Bey Rupin könte die Schifffahrt nach Meklenburg, Berlin und andren Orthen verbeßerth werden, zu großem Nutzen der Stadt.

Perleberg könte auch Schiffahrt haben, wie es vor diesen gehabt hat. Auch englisch Bier, Bruhan [vgl. Broihan, S. 161], Brantwein zu verfahren.

◈ In Pommern könten noch etliche Flüße schifbahr gemacht werden, die nach der See unmittelbahr gehen.

◈ Ohngefähr 20.000 Rtl. wird erfordert, die Stegnitz schifbahr zu machen.

◈ Platte Fahrzeuge solte man auf der Elbe u. Oder halten, die allen Fals auf der Ostsee dienen könten. Deßgleichen Galeeren.

◈ Der Rügenwaldsche Haven zu verbeßern

◈ Der Korn und Holtz Handel könte Gelegenheith geben, daß wir die Schiffarth von andern Völkern auf uns brachten. Hirdurch könten wir die meisten europeischen Häfen besuchen, wie Severin [?] die Ladens [?], und uns gantz klein anstellen. Auf diese Arth haben die Engeländer die Teutsche Handlung an sich gerißen.

◈ Auf der Seine Schiffe zu halten, das Holtz nach Paris zu bringen.

◈ Auf denen spanischen, portugisischen, frantz., holl. und englischen Flüßen Korn und Holtzhandel zu treiben

(1.) Wenn man im Lande den Schiffbau poußiren [anstoßen] wolte, so müßte man viele Sägemühlen anschaffen. Da müßte man die Bäche nach Möglichkeit stauen, damit man oberschlächtige Mühlen anlegen könte.

2. Neben jeder oberschlächtigen Mühle, oder an einen anderen starken Fall, solte man auf beyden Seithen recht tiefe Karpen Teiche anlegen, einen hinter den andern. Mit die Beutel Machine, womit man den Sand aus die Brunnen ziehet, kan man sie so tief machen als man will, und die müßigen Tage dazu anwenden. Auf diese Arth kann neben die Bäche eine unglaubliche Menge Karpen Teiche angelegt werden.
3. Hiedurch werden alle umliegenden Lande viel fruchtbahrer, besonders zum Flachsbau. Die Ufer der Teiche könten von Rasen, Schrat mit Stuffen gemacht werden.
4. Längst der Stebnitz könten auch mehr Fisch Teiche seyn, und die könten die Soldaten in Friedens Zeithen machen.
5. Alle kleine Flüße müßen so eingerichtet werden, daß die Fische aufgefangen werden und nicht in die großen Flüße kommen können.
6. Die großen Feldsteine gehauen sind treflich, die Flüße ein zu teichen

◈ Die Botmerey Gelder [eine Art Versicherung] werden Schiffen, so gestrandet, oder sonst an ihren Schíffen Schaden gelitten haben, auf Gewin und Verlust gegeben, zu Reparirung ihrer Schiffe. Der Kaufmann, so Geld darauf gibt, gibt es sehr unsicher, und läuft Gefahr wegen totalen Schiffbruch [dieses Thema behandelt Bandow in in seinem Handelskompendium als Frage 43.].

5.7 Über Bauunternehmen

Abgesehen von technischen Anlagen beschränkt sich Bandows Interesse für Bauunternehmen weitgehend auf den Bau von Häusern für seine Land-Soldaten und die bäuerliche Landarbeiter-Bevölkerung. Relativ ausführlich kümmert er sich um den Festungsbau in den Zentralorten seiner Land-Soldaten und Flußsoldaten. Von städtischen Bauten ist nirgends die Rede. Zwar nennt er Arbeitshäuser, Armenhäuser, Invalidenhäuser, auch Rathäuser, aber es scheint, daß an Repräsentation oder Ausschmückung überhaupt nicht gedacht wird. Architekten sind bei ihm nicht vorgesehen und Baukunst im ästhetischen Sinne ebenso wenig. Die Bauten, die er sich vorstellt, können alle von Maurern allein errichtet werden. Auf die Ausbildung von solchen legt er allerdings großen Wert. Dagegen erscheinen Zimmerleute und andere Bau-Fachleute in seinem Konzept nicht.

Die Regulierung von Flüssen, mit ausführlichen Eindämmungen, Schleusen, Kanälen sind natürlich im weiteren Sinne auch als Bautätigkeiten zu verstehen. Aber auch hier scheint es, daß Bandow Menschen mit Grabwerkzeugen und Brechstangen genügen, um nach einfachen Anweisungen seine Pläne zu verwirklichen. Bemerkenswert ist auch sein relativ geringes Interesse für den Straßenbau. Bauernkinder, die Steine in die Räderspuren werfen, allenfalls Faschinen, in tiefere Löcher geworfen, genügen ihm offenbar zur Befestigung der Straßen. Wie sehr der Verkehr den Straßen eher auswich als diese benutzte, geht indirekt aus seinem Einwallungs- und Begradigungsvorschlag hervor. Alleen als weithin sichtbare Wegweiser hat er wohl nicht selber erfunden. Pappelalleen wurden auch schon vor Napoleons Zeiten aus strategischen Grünen überall angelegt. Bandow verbindet aber das Nützliche mit anderem Nützlichen. Pappeln sind schnellwüchsig, liefern aber kein gutes Holz. Um sowohl gutes Holz als auch noch Obst und sogar "Unterfrüchte" zu erhalten, empfiehlt er statt Pappeln doppelte Reihen von Obstbäumen, wobei wohl auch der Aspekt der Schattenspendung im Sommer und der Erfrischung der Reisenden mit Fallobst Rechnung getragen wurde.

◈ Wenn man nur einen Grund zu Intereßen schaffen kann, so können Häuser und allerley gebauet werden. Dieser aber ist leicht zu schaffen, wenn es ernst ist. Kann man doch einen Fond finden zu Opern u. Comoedien [=wenn doch dafür Geld da ist].

◈ An stat der höltzernen solte man steinerne Häuser bauen und die Stuben pflastern, so hätte man nicht so viel Brandschaden und könte viel Holtz außer Landes verkaufft werden.

◈ Im Sommer solten die Kinder die Steine vom Aker in die Fahren werffen, bey hartem Frost aber in die Dörfer fahren, und sie zum Bau brauchen.

Kleine Steine in Leimen gedrukt gibt vieleicht die besten Gewölber in Bauer Häusern

Steinigt Erdreich durch Dratgitter geworffen, wäre zum Bau guth und gibt gut Wein Erdreich. Ist vieleicht auch zu kurtze Gewölber, können doch die Thiere von purer Erde Gewölber in der Erde machen [Bandow denkt an Maulwürfe, Kaninchen, Füchse usw.]

◈ In jeden Dorffe solte billig ein Maurer seyn, bey welchen die Bauren Kinder von Jugend auf das Maurer Handwerk lernen könten. Baksteine könte man in der Sonne baken und damit die maßive Mauren von Feldsteinen zuwölben. In müßiger Zeit könte ein jeder Feldsteine und Leimen anfahren, zumahl, wenn guter Weg ist. An alle Wege könte man die Feldsteine samlen, und jeder könte was mitnehmen, wen er ledig zu Hause führe. Durch maßive Häuser auf Dörffern und kleinen Städten, könte eine gantz unglaubliche Menge an Bau und Brennholtz ersparet werden. Die Bauren Kinder könten, anstat des Spiels, die Steine in die Fahren [Räderfurchen] werffen und hernach [nachdem diese gefüllt sind] in Haufen samlen.

◈ Alle Wege schnur gerade zu machen, mit Maulbeer Alleen, so könte niemand irren, oder in Schnee verunglüken, und würde ungemein viel Land im Lande ersparet, so zu den breiten, krummen Wegen verschwendet wird. Bey Festungs Strafe müßte alsden niemand auf den Aker [d.h. neben der Straße] fahren.

◈ Die dem Lande so schädlichen Feld Steine könten zur Befestigung jeder Stadt angewendet werden. Hingegen könte das gute Erdreich, davon Steine gebrand werden, zur Verbeßerung der Sandlande gebraucht werden.

◈ Mit einer Machine, wie eine auf eine Rolle oderv Wage Balken liegende Brechstange von ungemeiner Länge, auf ein etwas hohes, starkes postement, am Ende des Balkens mit vier eiserne, an dicke Strenge hängende Klammern, wie die Schiffer zum Verladen brauchen, könte man die größten Steine und Lasten heben, und Bäume mit Wurzeln aus der Erde reißen, auch ganz leicht die größten Steine auf die Wagens bringen. Am Ende des langen Balkens müßte man einige Stränge haben, an welchen einige Männer die Last aufwippeten.

◈ Enge Bohlen auf einen runden höltzernen Bogen gelegt, so das das Ende der Bohlen an die Erde lieget, gibt einen geschwinde gebaueten Keller. Vorn wird die Thüre gemacht und die Erde etwas ausgegraben, und die Bohlen mit Erde bedekt.

Eine recht extra ord. starke, hohe Festung mitten in der Stadt, rund herum Nebenfestungen und Schantzen, welche man aber alle wieder zu Grunde schießen könte, aus der hohen Haupt Festung, wenn eine überwunden würde. Alle Straßen solcher Stadt mit vielen inwendigen gewölbten Thoren etc. Runde, eyförmige, stark gewölbte Festungs Gehäuse, Magazine etc. könten darum seyn, von Feldsteinen gewölbet.

◈ Die Häuser der Vestungen solten sehr maßif gewölbet sein, ohne Holtz, daß die Brand Kugeln nicht schaden könten.

◈ Alle Wälle solten billig hoch gewölbet seyn, mit verdekten Schiß Scharten, die mit Buschwerk oder andren Sachen verdekt sein müßten, damit der Feindt nichts davon sehen könte. So könte man sich gewaltig weren, nicht allein von oben vom Wall, sondern auch von unten, und die Befestigung könte auch nicht so viel kosten. Es hätte auch den sehr großen Nutzen, daß die Soldaten in den Wällen wohnen, und zu Krigs Zeiten auch die Bürger da wohnen und schlaffen könten, damit sie der Feind nicht über raschete.

Auf die Art könte man die Wälle so hoch machen, als man wolte, und selbst die Außen Werke könten unterirdische Wohnungen seyn. Desto beßer wäre die Stadt für Canonen Schüße gedekt. Vor den Schieß Schartten könten eiserne Dekels hängen,, welche auf gingen, wenn man mit dem Gewehr dran stößt und wieder zu fiehlen, wenn man geschoßen hat. Die Schiß Scharten müßten aber nicht in die Höhe, sondern in die Quere gehen, damit viele neben einander schießen könten.

◈ Wenn die Werk Stüke höher geführet würden, so wären die Wälle desto schwerer zu besteigen, und man könte dadurch schießen. Extra ord. lange Thore durch und durch auf beiden Seiten mit Schieß Scharten

◈ Solten die Woll Säke oder Feder Säke nicht die Wälle gegen das Bresche Schießen schützen.

◈ Solte es nicht gut sein untten im Graben Pallisaden von starken Bäumen einzurammen, oder eine Mauer zu ziehen, mit Schießschartren, hinter welcher Stellagen zum Schießen wären, Es wäre hinauf und hinunter zu steigen. Besonders wäre schwer [für den Angreifer], die Graben mit Fachinen zu füllen.

5.8 Betreffend Wald und Holz

Abgesehen von der Idee, die Wälder zugunsten der Hasen mit Kohl einzusäen, sind Bandows Vorschläge betreffend Forst- und Holzwirtschaft größtenteils wenig originell. Wie auf allen anderen Gebieten wendet er sich gegen den gedankenlosen Umgang mit den zugänglichen Naturressourcen und deren Verschwendung. Immer geht es um effektive Nutzung und den Gewinn, den man durch vernünftigen Gebrauch daraus ziehen kann. Insgesamt spielt der Wald in Bandows Überlegungen jedoch eine relativ geringe Rolle.

◈ Für die Erhaltung der Wälder ist höchst nötig zu sorgen, weil fast alle Handwerker Nutzholtz brauchen, und nicht wenig Brennholtz

◈ Wer einen Baum abhauet. muß 3 oder 4 wieder bauen oder pflanzen, weil unter 3 oder 4 kaum einer groß wird [allein stehende Bäume kommen schwer hoch]

◈ Cedern, Tannen und allerley ander rahres Holtz müste man im Lande zu pflantzen suchen, wie auch allerley Ferbe Holtz und Ferbe Wahren.

◈ Wacholder Bäume solte man in allen Wäldern pflantzen, wegen den gesunden Wacholder Safft, wegen den schönen Geruch, und wegen der Gesundheit. Wo ich nicht irre, so machen die Schweden Wein davon [richtig ist: sie würzen Branntwein mit Wachholderbeeren. Genever.]. Wacholder Rauch von Wacholder Holtz oder Busch und Wacholderen [beeren] ist guth wieder die Pest.

4 Tausen Quadratmeilen sind ohngefehrt die K.[öniglichen] Lande. Wenigstens sind 400 Quadratmeilen nicht recht gebauet. Wenn die mit Eichen und ander Holtz bepflantzet würden, gäbe es einen schönen Handel. Desto beßer könte man das alte Holtz verkauffen, wenn man neuen Zuwachs krigte.

◈ Junge Eschen zu seen und von denselben stat der jungen Eichen Spansche Rohre zu machen [eine Art Ersatz für Rattan]. Oder solch Holtz, wie die Schuster zu Absätze brauchen.

◈ In Ost Frißland [preußisch 1740] soll es große Wälder geben

◈ In allen Dörffern Alleen zu pflantzen, den es gibt viele große Plätze in den Dörffern.

◈ Wenn alle und jede Wege auf beiden Seiten mit doppelten Reihen Bäumen besetzt würden, so würde dieses unglaublich viel Holtz im gantzen Lande betragen.

◈ Je mehr regulaere Alleen und Abtheilungen von Bäumen im Sandlande sind, desto beßer wachsen die Unterfrüchte, weil die Sonne den Sand nicht so sehr verbrennen kann

◈ Alle Förster solten billig recht große lange Glaßhäuser haben, und sie mit Holtz heitzen, das sonst verfaulet, oder mit abgehauenen Zacken von Kiehnen etc. Wenn die Zacken abgehauen werden, wachsen die Kiehnen desto beßer. Es verfaulet jährlich für etliche 1000 Taler Kiehn. Dieses Geld wäre gut p.e. für die Armen. Die Armen könten es ausroden und in Bündel machen, hierauf ginge es nach Hamburg.

Das Wild zu erhalten, müßte man expreße [ausdrückliche, besondere] Wälder dazu bestimmen und für ihre Erhaltung sorgen. Ein kleiner Wald kan viel Wild erhalten, wen er darauf eingerichtet ist.

◈ In den Wäldern könte man zum Besten der Haasen Kohl Saamen weitläuftig ausstreuen und die wüsten Pfleken umpflügen oder umgraben.

5.9 Über Nutztiere

Was kann man Bandows Bemerkungen zur Viehzucht entnehmen? Die Pferdezucht ist zu seiner Zeit offenbar am besten organisiert, was wegen des Bedarfs an Kavalleriepferden und Zugpferden für die Armee nicht verwunderlich ist. Daß aber Pferde kostspielig sind, veranlaßt Bandow, sich nach Alternativen umzusehen, z.B. Ochsen als Zugtiere, Esel und Mulis als Tragtiere. Im Gegensatz zur Pferdezucht war die Rinderzucht eher unterentwickelt . Sie lief in Kleinbetrieben und in den Gütern in traditioneller Weise dahin. Etwas überraschend ist, daß Bandow sich über züchterische Möglichkeiten beim Nutzvieh generell keine Gedanken macht, ganz im Gegensatz zu den Nutzpflanzen. Seine Favoriten sind die Schafe. Ihre Genügsamkeit und vielseitige Nutzbarkeit passen zu seiner Denkweise. Daß er die Hühner wenigstens im Winter in geheizten Gewächshäusern unterbringen will, ist ein Ansatz zu moderner Haltung. Insgesamt scheint sein Interesse an der Viehzucht vergleichsweise gering. Feld- und Gartenbau liegen ihm mehr.

◈ In den Brandenburgischen Ländern ist erstaunlich viel Vieh, und doch wenig Milch, Butter und Käse, weil sie auf die Weide gehen.

◈ Wenn alle kleine Flüße schifbahr würden, so könte man statt Pferde desto mehr Ründvieh halten. Diese geben Milch, Butter, Käse, Fleisch, Kälber, Leder etc. Durch Räumung der Ströhme kommt Geld unter die Arbeiths Leute, und das Geld bleibt doch im Lande, für Brod und Bier, den solche Leute brauchen keine ausländischen Delikatessen. Folglich entsteht dadurch im Lande Nahrung, den die Leute wollen doch eßen und gekleidet seyn.

◈ Eine erstaunliche Menge Rindfieh kann im Lande ernährt werden, wenn die Land Soldaten an allen Flüßen wohnen. Dahingegen können eine große Menge Pferde abgeschafft werden, denn die Pferde sind kostbahr [kostspielig] zu erhalten [halten]. Hingegen kosten Kühe lange nicht so viel und geben noch dazu Milch, Käse, Butter etc., überdem werden sie zuletzt gemästet, geben also Fleisch, Talch und Fell.

◈ Wenn man Ochsen kaufft, so ist zu merken, daß der erste Ring um die Hörner 3 Jahr bedeutet, die folgenden Ringe bedeuten 1 Jahr. Die von 5, 6, 7 Jahr sind die Besten. Kaufft man Ältere, so ist man betrogen.

◈ Die Ochsen sind treflich zum Pflügen und kosten lange nicht so viel, als Pferde. Darum sagt Salomo im 14. Cap., daß die Ochsen viel Einkommens bringen.

◈ Polnische Ochsen, recht fett gemestet, müßen viel eintragen.

◈ Pferde freßen erschröcklich viel Korn, welches man außer Landes verkauffen könte, wen man stat derselben Ochsen hielte. Billig solte man darum einen Überschlag machen.

◈ Verschloßene Revire p.e. Schweine, Kühe, Ziegen, um zu probiren, was am vortheilhafftesten ist.

◈ Die Ziegen im Stall sollen nützlich bey einem großen Garthen seyn, weil sie fast alles freßen, was man ihnen giebt, die abgeschnitten Reißer so man sonst wegschmeißt und die abgefallenen Blätter im Herbst ist ihre Speise.

◈ Wenn es möglich wäre, daß die Meyers Schaffe im Stall hielten, und füttern, und daß sie frische Lufft neben dem Stall auf eine kleine Weide schöpfen könten, so könte man viel mehr Schafmist machen, vieleicht stürben auch nicht so viele Schaffe im Früjahr. Schafmist ist fast so viel werth als Korn.

◈ Ein Schaff kan jährlich wenigstens 1 Taler eintragen und ist unter allen nützlichen Thieren das nützlichste. 1 Bok ist überflüßig [mehr als genug] für 10 Schaffe. Jedes

Schaff trägt jährliche 1 oder auch wohl 2 Lämmer. Ein Schaff kann 10 und mehr Jahr genutzet werden. Ein Bok bringet also jährlich 10 Lämmer und in 10 Jahren 100 Lämmer. Und ist also den Staat unendlich nützlicher als ein Freygeist.

◈ Der Bok liefert der Republik [gemeint ist hier wohl nur das Gemeinwesen] jährlich wohl 10 Lämmer, die nützlichsten unter allen Thieren, die wir eßen, damit wir uns kleiden, die uns Milch, Butter, Käse, Felle, Leinen [Schafe?!], Seife, Licht [liefern], selbst der Mist ist der beste. Nichts ist dem Land Mann vortheilhaffter als Schaffe und ihre Vermehrung. In die Stadt liefert man uns nicht nur obige, höchst benötigte alles, sondern der Schlächter, der Gerber, der Spinner, der Kemmer, der Weber, Strumpfmacher, Ferber, ja die meisten Menschen in den Städten leben von den Schaffen, und von ihnen wieder Beker, Brauer, Schuster etc.

Sehet da den Bok als den Grund der Glükseligkeith eines Stadts [Staats]. Der Schaf Bok hat kein Frantzösisch gelehret [gelernt], auch keine frantz. oder italienische Romainen gelesen (welches das Hauptstudium eines Freygeistes ist, und ist doch, wenn er kaum ein paar Jahr alt ist, in den Werken der Liebe viel geschikter, als der Freygeist. Die beyde folgen ihren Trieb und jener hat noch das Fr. Studium.

◈ 100 Hammel sollen jährlich 7, 8, bis 9 Steine Wolle geben [1 Stein ca. 10,3 kg].

◈ Ostfrisische Schaffe hir zu züchten ist gar sehr considerable.

◈ Junge Schweine, von klein auf gut gefüttert, sollen gantz ungemein groß und fett werden.

◈ Man könte die Artoffeln gemesteten Schweine selbst schlachten und Spek machen.

◈ Das Schweine Mesten mit Artoffeln ist sonderlich in Sandlanden guth, den der Schweine Mist kühlet in temper das Sandland, zu Hirse etc. Vieleicht wachset auch Hirse unter den Artoffeln.

◈ Gute Stutereyen auf Ländereien, die man unter Waßer setzen kan, so offt man will, tragen vieleicht mehr ein, als der Kornbau. Man müßte aber die beßten Hängste und Stuten aus allen Weltheilen kommen laßen.

◈ Maul Esel und Ziegen sind vieleicht sehr nützlich zu einer Garten Wirtschafft, die Maul Esel zum Tragen, die Ziegen freßen das todte Laub der Bäume im Winter und geben treflich gesunde Milch.

◈ Durch Waßerleitungen und Verbeßerungen könen dürre Länder zu gute Wiese werden, ja so gar Stutereyen angelegt werden, wenn Klever [Klee] darauf geseet wird, und das Land mit etwas Leimen oder fette Erde verbeßert.

◈ Auf die Horste Stuttereyen anzulegen und die kleine Wälle mit Maulbeer Bäumen zu besetzen. Die Stutereien und Holländereyen [Milchwirtschaftsbetriebe. Ein "Holländer" entspricht dem in Süddeutschland üblichen Stall- "Schweizer".] können durch Brunnen und Überschwemmungen gantz ungemein fruchtbahr gemacht werden.

◈ 2 Regimenter Cavalleri haben volkommen Platz auf eine teutsche Meile, sich völlig davon zu ernehren, und junge Füllen zu erziehen und Studereyen anzulegen. Hierdurch könte erstaunlich viel Geld erspart werden.

NB 100.000 Rtl könte der König an 2 Regimenter ersparen.

◈ Auf den Honig und Wachsbau müßte auch ein Praemium gesetzet werden, wie auf den Seiden Bau.

◈ Die Bienen halten das Ungezifer von der Blüthe der Bäume ab und sind extra ordinair vortheilhafft, sie tödten Raupen und Fliegen etc., so die Blüthe schaden, daß sie dick unter die Bäume liegen. [Hier irrt Bandow. Bienen töten andere Insekten allenfalls in ihrem Stock oder unmittelbar davor. Seine Beobachtung kann möglicherweise für räuberische Wespen zutreffen. Vielleicht sind ihm auch nur die abgefallenen Blüten der Beweis für seine Meinung.]

◈ Honig und Wachs könnte eine unglaubliche Menge gewonnen werden, und weil die Bienen viel Ungeziefer töten, so werden die Baumfrüchte beßer gerathen. Desgleichen könnte Wein von Obst gemacht werden, wie in Engeland.

◈ In Gewächs Häusern könte ein Feuer eine gantze Reihe [von] Ofens heitzen und also große Saale erwärmen. In denselben könte man auch Hüner halten, in Buchten, zum Eier legen, weil sie im Winter rar sind. [Vgl Kapitel Öfen].

6. Gartenbau

6.1 Über Gärten

Obwohl Bandow dem Garten als Sinnbild des Paradieses einen ästhetischen Aspekt abgewinnt, spielen doch Blumen in seinen Überlegungen keine Rolle, sondern ausschließlich die Nutzbarkeit. Selbst der paradiesische Garten nützt noch dem Krieger zur Erholung und zur Sammlung neuer Kräfte. Im übrigen ist der Übergang fließend zwischen dem mehr extensiven, relativ einfachen Ackerbau und dem intensiven und höhere Qualifikation erfordernden Gartenbau. Auffällig ist der stilistische Unterschied zwischen der sozusagen biblischen Ausdrucksweise des Predigers Bandow und der nüchteren des Utilitaristen Bandow, sozusagen Sonntagsrede und Werktagsrede. In jedem Fall dient die Veredlung der verbesserten Nutzung.

Von Garthen

◈ Die ersten Ältern wurden im Stande der Unschuld in einen Garthen gesetzet. Hieraus schließe ich, daß diese[s] Garthen Leben unter allen das Beste sey.

Christus ist im Garthen begraben, als Gärtner erschienen. Got selbst ist gleichsam der Gärtner des ersten Paradises gewesen. In der Offenbahrung wird das Paradieß Gottes, und der Baum des Lebens beschrieben.

Nichts scheint mir also nützlicher zu seyn als durch Christum die erste Unschuld wieder aufzurichten, und als den in Gärthen zu leben. Hiedurch kann fast eine englische [engelsgleiche] Glükseeligkeith auf Erden angerichtet werden, wenn man nehmlich mit schlechte [schlichter] Kleidung zufrieden wäre, und sich nicht durch falsche Vorstellung von den Narren Moden und durch den teuflischen Hochmuth unglüklich machete.

◈ Kein nobleres und unschuldigeres Vergnügen ist in der Welt, als die Garten Lust für einen Edelmann, zu mahl, wenn er ehrliche Brandenburger zugleich in der Helden Kunst unterrichtet. Welche Noble Veränderung [Abwechslung], des Sommers die Garten Lust zu genießen, im Winter aber sich mit ritterlichen Übungen zu Heldenthaten und fatiquen [Ermüdungen, hier im Sinne von Kraftanstrengungen] zu gewehnen [gewöhnen, sich üben], durch welchen man fähig wird, ehrliche Printzen gegen Tirannen zu beschützen. Das ist der Zwecg der Soldaten, durch eine ehrliche Erretung des Bedrängeten erwirbt man sich die Hochachtung der gantzen Weld. Jeder Ehrliche gibt sich gerne unter den Schutz des Gerechten.

◈ Weil der Officir den Akerbau nicht obligen kan, so müßten selbige nur Baum Gärten haben, hauptsächlich von ausländischen Bäumen, als Castanien. Hierüber könten sie privilegeret werden. Hierdurch könte ihr Gehalt höher steigen als ihr jetziges Gehalt ist. So stark man vor diesen [bisher] auf die Werbung rafinieret [konzentriert]hat, eben so stark müßte man auf Akerbau, Gärtnerei und Fabrique rafinieren. Ein gutes Comando bei der Oeconomie ist eben so nützlich als gut Comando im Krige.

Das Geld, was bisher die Herren Officire auf außerordentlich große Leute gewendet, würde an ausländische Früchte beßer angelegt. Sie könten sich dafür gleichsam ein Paradis anlegen.

◈ Eine Aker und Gärtner Schuhle ist ist höchst nothwendig und nützlich den Aberglauben auszurotten. Die Zahl einer A. u. Garten Societet ist schon 40 M [Männer?] stark. Man wird die Erde nach den neuesten Gründen der Erfahrung bauen und das bisher brauchbare beybehalten.

◈ Der Aberglaube unter den Bauern ist ein großes Hinderniß des Akerbaues, und ihres gantzen Wesens, darum muß man ihnen richtige begriffe beybringen und Straffe auf die heidnisch catolische Lügen Mehrgens [Märchen] setzen.

◈ Gärtner solte man reisen laßen in die italienisch, Frantz, Spanisch, portugisische Seeplätze, wie auch in andere Welt Theile, daß sie uns den Saamen der schönsten Früchte anschaffen, deren hir noch viel gewonnen werden könnte, und damit könte man nach Dänemark, Rußland, Schweden etc. handeln.

◈ Geschickte Gärtnerinnen aus anderen Ländern zu verschreiben, wird vieleicht nebst fremden Gärtnern sehr nützlich seyn.

Durch das oculieren und Pfropfen könten alle wilden Stämme, sogar die Dornen [Weißdorn, Schlehdorn], aufs Nützlichste gebraucht werden.

Geschickte Gärtner müßten eben so fleißig gesucht werden, als die ungeheuer großen Soldaten. So viel Schaden das Land durch diese großen Kerls erlitt, so viel Vortheil würde dagegen durch die Gärtner erwachsen.

In allen Landen müßten die besten Gärtner ausgesand werden, junge Pflantz Bäume aufzukauffen, jedoch alles sehr behuthsam.

◈ Wetter Gläser [Barometer] sind einen Gärthner höchst nötig.

Von der Oeconomie

Mann müßte Leute aussenden in alle Theile der Welt, daß sie den Saamen so in unsrem Clima wächset zu aller fremden Früchte anschaffeten, dadurch würde ein erstaunlicher Nutzen entstehen. Hierzu schicken sich Gärtner Gesellen am besten, welche man von ehrlichen Familien nehmen müßte. Dise könten den Saamen von allem Europäischen Orthen mit der Post senden und könten untereinander correspondiren. Dieses würde lange nicht so viel kosten als die Werbung, die die Gärtner Gesellen könnten conditioniren.

◈ Auf alle ausländische Früchte, so hier nicht gewonnen werden, müßte rafiniret [nachgedacht] werden, und könte die Sache zu einer erstaunlichen Höhe steigen, wenn ein eigenes, gelehrtes oeconomisches Collegium von ehrlichen Männern niedergesetzt würde, welches die neuen oeconomischen Soldaten zu ihrem eigenen und zu des Landes Besten antribe, durch gute Rathschläge, und scharfe Befehle. Hingegen lebt jetzt der leibeigene Bauer in Pomern höchst elend.

◈ In Berlin trägt 1 Ruthe Garthen Land wenigstens 1 Taler, folglich kann eine Meile vier Millionen Früchte tragen.

Der Gärtner kan das Land wohl 4 bis 5 mahl [im Jahr] brauchen, und zuweilen wohl 2 Taler von 1 Ruthe gewinnen.

◈ Alle erdenkliche Früchte müßte man bauen und genau wißen, was sie in andern Ländern gelten. Jede Companie und Regiment Landsoldaten! müßte ihre Früchte und fabrique Wahre anzeigen, zu ausländischen u. einländischen Lieferungen und zur Ersparung fremder Wahren.

◈ Alle Gänge der Gärten könten mit Latten bedekt werden, über welche allerley des bestens Weinstoks gelegt werden könte. Ja sogar über die Hausdächer und Straßen, ja gar wohl über die Landstraßen läßt sich dergleichen anlegen.

◈ Alle Weisen Häuser [Waisenhäuser] könten Pflantz Schuhlen zu Land u. Garthen Soldaten werden. Das miethen oder ausjäten ist denen Früchten gantz unglaublich nützlich, sie wachsen alsdan zusehens. Ebenso würde die Jugend wachsen, wenn die Laster schärffer bestraft würden.

◈ gantz niedrige, lange und kurtze Banken von recht dicken, breiten Spund Brettern, auf welche sich die Weiber legen, und alles Unkraut ausjeten können ist sehr nützlich. Die Weiber oder Ausjäter verderben sonst die Früchte und tretten das Land feste, ist also doppelter Schade. Auch ist sehr nützlich auf raiolet Land Bretter zu legen, wenn man Samen sticht oder seet, den als den wird das Land nicht festgetreten.

◈ In theuren Zeithen müßte man in den Gärthen Korn, Artoffeln etc. seen und pflantzen.

6.2 Über Obst und Gemüse

Hervortretend ist Bandows Interesse an der Verbesserung der Landwirtschaft und nicht zuletzt der Rodung und Bebauung ungenutzten Ödlands, nicht zuletzt in neugewonnenen Provinzen. Er setzt auf Ausbildung und Technisierung (Kartoffelerntemaschine), aber auch auf Wissensspionage, Diebstahl von Sämereien, Raub von jungen Obstbäumen aus besiegten oder eroberten Ländern. Sein Ziel ist Autarkie einerseits und wirtschaftliche Überlegenheit seines Landes andererseits. Die meisten seiner Ideen sind verflochten mit seinem Lieblingsprojekt, den Landsoldaten, die in militärischer Ordnung das Land roden und bebauen sollen.

Bemerkenswert sind seine fortgeschrittenen Kenntnisse der Kartoffeln, die ja erst durch pfälzische Glaubensflüchtlinge um 1740 nach Preußen kamen und erst um 1770 auf Anordnung von König Friedrich II regelrecht zwangsangebaut werden mußten. Bandow kennt die Verwendung ihrer Stärke zur Herstellung von Puder und erkennt die Möglichkeit der Alkoholherstellung, die erst im 19. Jh. allgemein in Schwang kam. Ungemütliche Assoziationen weckt seine Idee, Kartoffeln als Kaffee-Ersatz zu verwenden, ebenso sein mit Gemütsruhe vorgetragener Vorschlag, im Kriegsfall Frauen und Kinder für die Feldarbeiten zu mobilisieren.

◈ Man müßte suchen, nicht allein alle Wahren, so bisher außerlands kommen, hier zu pflantzen, sondern sie auch gar außer Landes zu verkauffen suchen.

Kartoffeln

◈ Von der Oeconomie

Der schlechteste Aker ist von einem verständigen Mann gut zu brauchen.

Zum Exempel.

Die Artoffeln wachsen im schlechtesten Erdreich gantz unvergleichlich.

Eine einzige Artoffel in 5 bis 6 St. geschnitten, gibt wohl 5 bis 6 Metzen jährlich, folglich ist fast gar keine Frucht, die so erstaunlich zu trägt, denn die Metze wird a 1 Gl [Gulden?] verkaufft.

Solte es an manchen Orthen nicht verkaufft werden, so ist es doch zur Mästung gantz unvergleichlich. Diese Wahre könte nach fremden Landen mit Nutzen verführet [ausgeführt] werden, als Hamburg, Holland etc.

Man könte das schlechteste Land mit einem Wall umschütten und mit Artoffeln beseen, die Schweine würden sie selbst trefflich auszubudeln wißen.

Desgleichen wäre dieses zur Erhaltung der Armen vortrefflich, welchen man Freyheit geben könte, sich so viel zu holen als sie eßen können. Oder wenigstens könte man ihnen aus diesem Fond reichliche Allmosen geben, auch denen Soldaten gütlich thun.

In denen Wäldern, wo Bäume ausgegangen sind könnten auch Artoffeln und Erdäpfel [Bandow scheint Kartoffeln und Erdäpfel für verschiedene Sorten zu halten] gestochen werden, wodurch die Mängel der Mästung [Eichelmast der Schweine] könte ersetzet werden

◈ Das Schweine Mesten mit Artoffeln ist sonderlich in Sandlanden guth, den der

Schweine Mist kühlet in temper, das Sandland, zu Hirse etc. Vieleicht wachset auch Hirse unter den Artoffeln. [Vgl. "Haustiere"]

◈ Ein schlecht Land, das sonst kaum 10 Taler trägt, kan 100 Taler tragen, wenn es mit Artoffeln beseet wird.

◈ Auf 4 Fuß 3 Reihen Artoffeln

◈ Die Artoffeln sind auch gut zu Stärke und Puder [wichtig u.a. für Perücken!]. Sie wachsen im feuchten Sande, wenn er gut gemistet ist.

◈ Mit Artoffel Mehl solte man nach Holland, Frankreich, Spanien etc. handeln, weil davon viel Menschen erhalten werden.

◈ Unter den Bäumen wachsen die Artoffeln fiertreflich.
Die Artoffeln sind vieleicht gantz gewiß guth zu Brantwein brennen

◈ Man muß Machinen machen, mit welchen man die Artoffeln und andere Früchte nach gewißen Zoll und Füßen in die Erde bringt und also probirt, in welcher destance sie am besten geraten und vermehren.

◈ Zum Artoffel Stechen wird eine regelmäßige Machine erforderth, mit großen Zähnen, 1 1/2 Fuß auseinander.

Einheimische Gewächse
◈ Man muß zu pflantzen probieren alle europeische Früchte, vom kleinsten bis zum größten. [Man muß] sehen, ob man nicht auch Früchte zeugen könne, so in anderen Welt Theilen wachsen, als Reiß, medicinische Wahren etc.

◈ Castanien, Pflaumen, Birnen, Äpfel, Kirschen, Weintrauben, Welsche Nüße, Lamperth Nüße, kleine Rübgen müßen daselbst [in den nordischen Ländern] nothwendig angenehme Wahren seyn mit genanten Obst muß dahin viel zu machen seyn. Mit Mandeln könte man vieleicht ganz Norden versorgen. Eine jede Frucht verdient ihre besondere Aufmerksamkeith, daß sie zu rechte Zeit in andere Länder verführet wird. Das Comercien Collegium müßte hir Regeln geben.

◈ Unsere geringe Landes Früchte, als kleine Rüben, weißen Kohl, sauren Kohl etc. könte wichtige Article unserer Handlung sein. Man müßte genau untersuchen, was unseren Nachbahrn und anderen Völkern fehlet, hiedurch würden wir in Stande gesetzt, nicht allein damit alle ausländische Wahren zu balancieren, sondern auch viel Geld aus fremde Länder zu ziehen.

Unter Lein Samen, Morüb Samen gemenget gibt ein gedoppelt reiche Ernte, und die Morüben werden größer und beßer als sonst.

◈ Rübsamen soll extra ordinair viel zu tragen. Durch Rübsamen könte Tran, Baumöhl etc. erspart werden.

◈ Man müßte etliche Libenauer [aus Lübbenau im Spreewald] ins Land setzen, daß sie Gurken, Meerettig und Bollen [Zwiebeln] baueten. Ohne Zweifel könte man viel nach Hamburg senden, wenn in Sonderheith die Horste dazu gebraucht würde

◈ Sellerie in Beeth wachset treflich auf niedrig Land. Artoffeln auf etwas höheres, guthes Land.

◈ Kraut hat dem Lande ohne Zweiffel mehr genutzet als die gantze Frantzösische Colonie [gemeint sind die Franzosen in Berlin].

◈ Fuchsschwantz [Amarant, wird wie Hirse oder als Gemüse gegessen] wachset auch auf sandigen Akers, trägt außerordentlich zu u. kan viel Leute ernähren

◈ Wer im Lande etwas sonderliches Guthes von Samen hätte, müßte solches bekand machen, man müßte ihn aber guth bezahlen, sonst wird es keiner entdecken [verraten].

Südfrüchte

◈ Viele fremde Früchte so hier gut wachsen würden, sind uns unbekant. Hätten wir sie, müßten sie viele Vortheile stifften.

◈ Pomerantzen, Citronen etc. müßten in dicken Wäldern Holtz vollauf [zum Heizen] in Glaß Häusern gezogen werden. Wenn sie auch etwas mehr kosten, so bleibt doch das Geld im Lande

◈ Mandeln, Citronen, Pomerantzen, Apelsinen, Castanien, und alle andre rahre fremde Früchte müßte man zu ziehen suchen, und zwar könten hierzu die Herren Officirs ihre Werbegelder anlegen, hierdurch würden sie gleichsam im Paradise wohnen.

Viele Früchte, die hier so guth als in warmen Ländern wachsen müßte man häuffig pflanzen, als zum Exempel Castanien.

◈ Welch groß Geld könte p.e. Citronen, Pomerantzen, Wein etc. im Lande erhalten werden. Gesetzt es kostet so viel als die fremde Wahre, so können sich doch so viel Menschen davon im Lande ernähren.

◈ In dicken Wäldern könte man Pomerantzen, Citronen, Weintrauben, Apelsinen etc. gewinnen Von solch Holtz das doch sonst anfaulet. könten die Glaßhäuser geheitzt werden, aber durch vortheilhaffte Ofens und viel Röhren kan erstaunlich viel Holtz ersparet werden.

◈ Mandelbäume, Feigenbäume, echte Castanien würen mehr eintragen und Geld ersparen als alzu gezwungene fabriquen, den hier hilft die Erde und die Natur arbeiten.

Gewürz- und Heilpflanzen

◈ Die auswärtigen Würtzen bringen uns ums Leben, die auswärtigen Narren Moden am Bettelstab. Unser Land bringt fast alles Nötige herfor, dabey können wir recht glücklich seyn.

◈ Fast jedes Kraut kan unglaublichen Nutzen bringen, ja selbst das Unkraut, wenn man es nur recht kennet und auf alle mögliche Weise braucht, so auch jedes Thier und Gewürme, selbst die Schlangen.

Wenn also jeden erlaubt wäre, für sein eigen und für das algemeine Beste zu sorgen, so würden sich viele Leute mit ihrer Geschückligkeith zum allgemeinen Besten zeigen können, zu jedermans erstaunen, zumahlen wenn man die reudigen Böke von den guten Schaffen trennete.

Wilden Safran sol extra ord. gut echt Carmosin färben, sol auch sonst guth zu tragen und sehr nützlich seyn.

Coriander brauchen die Restdateurs [Restaurateurs]

Kümmel wird im Herbst geseet auf gut gedüngeten u gepflegten Äkern, im Winter wird Mist drauf gelegt, fast Hand hoch, soll exrta ordinair eintragen.

Anis soll auch treflich seyn. Die Kümmel Stauden werden nebst der Wurzel ausgerißen.

◈ Die Apoteker Wahren, so wir und andre Völker brauchen, müßte man zu bauen suchen, die fremde verbiethen, dagegen unsre außer Land führen. Dises scheint allein sehr considerable zu sein.

◈ Eine Fabrique von Apoteker Wahren in den Gärthen anzurichten und sie in aller Welt zu senden, ist ohne Zweifel sehr nützlich

◈ Man solte alle unsre Kräuter, Bluhmen Blüthe und Blätter zum Thee probieren, sonderlich purgierende Blüthe als Schleidorn Blüthe tec. Pfirsich Blätter. Aber sie nicht allein einzeln, sondern auch zusammengesetzet nützen, so werden wir gesunde, wohlschmeckenden, bluthreinigenden Thee bekommen, und in alle Länder versenden können

◈ Fenchel. Anis, Kümmel, Dill, und alle andre Apoteker Wahren bringen das meiste Geld. Ein Apoteker wäre sehr nützlich zu dieser Sache [dem systematischen Anbau von Heilpflanzen] zu brauchen, aber er müste gesunde Begriffe haben.

◈ Rebarber und andre Medicin zu pflantzen ist sehr einträglich und höchstratig.

◈ Rebarber im Lande zu pflantzen, ist eine rechte große Haupsache, wodurch nicht allein mehr Geld im Lande erhalten werden kann, sondern auch viel kan ins Land gezogen werden, wenn die Soldaten auf dem Lande viel bauen. So könte man den rußischen und anderen ausländischen Rebarber mißen, und dergl. müßte man auch im Lande ziehen.

◈ Men müßte durch kleine Traktätchen die fremde Gewürtze verachten und durch ehrliche Mediciner unsere einländische Gewürtze als gesund anrathen, so würde die Gesundheit und erstaunlich viel Geld erhalten.

Nüsse, Kastanien

◈ Von Walnüße, Castanien, Mandeln und allerley andren Früchten müßte man lebendige Zäune machen, dieses würde durchs gantze Land considerable Summen ausmachen.

◈ Viel Walnuß Bäume sind sehr nützlich, gesetzt sie verfrieren, so ist doch das Holtz treflich. Um die Walnuß Bäume und andere weiche [frostempfindliche] Bäume könnte man einen Wall schütten

◈ Um alle Walnuß und andere fremde Bäume solte man Plaggen, Rasen oder Gruse [Kies] legen, dadurch sie für Frost bewahret, und viel frucht bahrer gemacht werden. Vieleicht ist dieses auch den Maulbeer Bäumen sehr zuträglich.

◈ Junge Castanien Bäume und andere rahre Bäume solte man aus Spanien verschreiben und in Kasten mit Erdreich herbringen, daß man damit hiesige Bäume oculirte und pfropfete.

◈ Billig solte man scharf untersuchen, ob auf wilde Castanien nicht echte Reiser gepflantzet werden können. Solte dieses seyn, so wäre gantz erstaunlich viel gewonnen.

Ein Castanienbaum in Stolpe hat 1751 3 Scheffel getragen... Ein Malocher Birnbaum in Ludolffs hat in 1 Jahr 10 Rtl eingetragen

◈ Ein Castanienbaum hat Anno 1751in Stolpe 3 Scheffel Castanie getragen. Ich will den Scheffel nur 100 Pfund rechnen, sind 300 Pfund. Das Pfund gilt 2 1/2, auch 3 1/2 Groschen. Wenn ich aber nur rechne 2 gr. sind 600 Gr. oder 25 Taler

NB Folglich ist es möglich, daß jetzt ein Baum als 500 Taler Capital kan angesehen werden.

Wenn ich aber nur den 25ten Theil, nemlich 1 Taler rechne, so würden doch schon 850 Taler von Castanien Bäumen gewonnen werden können, ohne die Unterfrüchte.

Allein, es kann nicht auf jeder Ruthe ein Kastanien-Baum stehen, darum wil ich nur

auf 4 Ruthen 1 Baum rechnen, welches nur 212 Taler beträgt. Hingegen können aber als den auf jede Ruthe einige Groschen Unterfrüchte gerechnet werden, welches wenigstens doch noch über 100 Taler betragen würde. Auch kan eine große Menge kleine Frantz. Bäume plaßiret werden, welche viel eintragen

◈ Bartnüße [Lampertnüsse, Haselnüsse] laßen sich treflich an die Zeunen ziehen.

◈ Wilde Castanien [Roßkastanien] wachsen hurtig und geben trefliche Mast, sind guth an die Wege zu pflantzen.

◈ Zäune von Maulbeeren, Kastanien, Mandeln etc. würden gantz außerordentlich nutzbar sein, und man profitirete sogar auch von dem Holtze so jährlich abgeschnitten wird.

◈ Wenn Krig geführet wird, so könte man die jungen Obstbäume nach unsre Länder bringen [als Beutegut].

Maulbeeren

◈ Die Maulbeer Bäume sind außerordentlich nutzbahr.

◈ Maulbeer Saamen und andere Saamen von den jüngsten, auserlesesten Obst Bäumen müßten jede Dorf, Stadt und die Soldaten seen, und aus diesen Pflantz Schuhlen könte das gantze Land besetzt werden. Man müßte aber auf alle Arthen denken, die nur Nahmen haben, damit man alles bey den Soldaten finden könte, was man nur wolte, desgleichen auf alle Kreuter, die nur zu erdenken sind. Davon könte Öhl gemacht und Waßer gebrandt und daselbe in alle Welt gesand werden.

◈ Vieleicht ist es guth, den Maulbeer Samen in schlecht Erdreich zu seen.

◈ Maulbeer Plantagen mit Klever [Klee] beseet ist wohl das Land aufs aller vortheilhaffteste gebraucht, zumahl in Caszuben und anderen abgelegenen Ländern, zumahl wenn sie genätzet werden kann durch Waßer Machinen.

Kernobst

◈ Große Apfel u. Birn Bäume müßten sehr weit von einander eine Alle formiren, unter ihnen niedrigere Alleen, in der Mitte aber Frantz. Obst, aber doch alles so, daß Platz zu Unterfrüchten bleibet, und die Mittags Sonne gerade hereinscheinen kann.

Die Männer über 10 [!] müßten auf die besten Unter und Oberfrüchte genau Achtung geben, damit die Fortpflantzung derselben auf alle möglige Weise beförderth würde. Hierdurch würde in kurtzer Zeit das Land vol der herrlichsten Ober und Unterfrüchte werden.

◈ Die Engeländer machen Wein von Obst, vielleicht sind dazu die pargemotten [Bergamotten], Malviser [?] Birne etc. guth.

◈ Viele Malviser Birne zu pflantzen, davon Wein gemacht, welcher extra ord. delicat sein würde, desgleichen geschält und gebacken, sie nach die Nordischen Länder gesandt.

◈ Von Malviser Birne läßt sich vieleicht ein treflicher Wein machen.

◈ Roßtörfer Apfel ist einer der herrlichsten teutschen Früchte
1. sind sie treflich roh zu esßen
2. gekocht
3. gebraten
4. gebacken
5. geschält
6. in Zucker angemacht

◈ Ist alles Obst treflich zu Brantewein, so werden die Kürbiße auch vieleicht sehr guth dazu seyn. In solchem Fall könte dise Frucht gantz außerordentliche Dienste thun.

Die Canditer könten auch eine Fabrique anlegen von einländischen Früchten in Zucker eingemacht und nach Norden senden.

Wein, Branntwein, Sonstiges

◈ Alle Berge solte man zu Obst, Wein, Castanien, Maulbeer Bäume etc. brauchen

◈ Weil man aus Schweden schreibt, daß aus Wacholder Behren (vgl. S. 141), ja aus Heidelbehren ein wohlschmeckender Wein zubereitet werden kann, und 2) weil man in Engeland Weine von Obst machet, so glauben wir, daß vielmehr aus Himbehren, Erdbehren etc., wenn sie häufig geseet [gesät] werden, dergleichen zu bereiten sey, wie auch Himbehr Brantwein und Aquavit.

Vieleicht auch von schwartzen Maulbehren, als welche gantz ungemein süße sind und vieleicht recht delicat werden möchten. Desgleichen könte man von hiesigem Obste auch gut Weine machen oder Maulbehren und Weintrauben vermischen und preßen.

◈ Gantze Hufen, oder Stückh Landes, Gartens, Heiden, wo nicht Bäume stehen etc., könnte man mit Erdbeeren beseen, theils einmachen, theils Wein davon machen, theils Brandtwein davon brennen.

◈ Verdorbene Weinbeeren sind zu Brantwein guth wenn sie auch angefaulet sind.

◈ Sollten sich nicht Rosinen in Glaßhäusern ziehen laßen?

◈ Artoffeln, Obst etc. wäre vieleicht guth zu Brandwein, und könte also viel Korn erspart werden.

◈ Die Brantweins Blaasen sind ohne Zweifel noch etwas vortheilhaffter zu machen, daß sich der Waasen [Duns] durch Ausdehnung und Krümmung beßer samlen kan in das Loch, so etwas mehr unterwärts seyn muß. So ist auch bei den Brantweins Blaasen eben so wohl als bey den Ofens viel Holtz zu ersparen.

◈ Amerikanischer Reiß gehet in Schweden trefflich forth, vieleicht hir in Teutschland noch beßer.

◈ Caffe solte gar verbothen seyn, stat deßen Milch und Ey, oder mit Bier, oder sonst einländische Wahren.

◈ Wer stat des Caffees ein guth einländisch Getränk erfindet, verdienet ein groß Praemium. **NB** Artoffeln laßen sich als Caffe brennen u. kochen, vieleicht auch Sellerie wenns erst sanfft gebaken wird

◈ Tabaks Plantagen sollen in der Oeconomie ungemein zutraglich seyn.

6.3 Über Öfen

Die Verbesserung des Energie- und Wärmehaushalts ist eines von Bandows Herzens-Anliegen. Vor allem geht es ihm darum, Heizung überall, wo man sie braucht, effektiver auszunutzen und abgehende Restwärme so weit wie möglich zu verwerten. Es geht

dabei einerseits um schnelle Aufwärmung, was eiserne oder messingne Öfen und Rohrleitungen gewährleisten, anderseits um Wärmespeicherung, was durch Kacheln oder Schamotteverkleidung der Öfen erreicht werden kann. Bandow erkennt klar die Wärmeverschwendung durch an Außenwänden installierte Kamine und die Möglichkeit, durch Oberflächenvergrößerung von Wärmeleitungen an geeigneten Stellen eine Art Heizkörper zu installieren und so ein Zentralheizungssystem zu bilden. Sinn der "durchsichtigen" (Kachel-)Öfen, ist auch nichts anderes, als die Vergrößerung der Wärme abstrahlenden Kachel-Oberfläche durch in den Ofen eingebaute Nischen oder Durchlässe. Seine Vorstellungen von der Leitbarkeit des Feuers bzw. der Warmluft auf und ab und horizontal oder in Wirbeln durch seitliche Erweiterungen der Heizröhren ("Pyramiden") mögen teilweise naiv erscheinen, aber solche Prinzipien sind bei Kachelöfen oft schon auf empirischem Wege verwirklicht ("Faustwärmer"). Die Gedankenversuche, an die Bandow sich wagt, sind wenig später sinngemäß vielfältig weiter entwickelt worden, besonders im Bereich der Hüttentechnik.

1) Es wäre gut eine Gesellschafft zu stifften, die auf die Verbeßerung der Ofens sehen müste, und aufs Holtz sparen.
2) Jede Familie des Landes, eins ins andere, könte 1/2 Hauffen [Haufen = Maß für Brennholz oder Torf, ca 4,5 Klafter bzw. 6000 Stück] sparen, welches mehr als 1 Million [Haufen] betragen würde.
3) Das Feuer, so zum Kochen, Backen, Waschen, Pletten [Bügeln], Brauen etc. gebraucht wird, müßte auch nach Möglichkeith durch die Stuben Ofens geleitet werden.
4) Die groß viereckett eysern gegoßenen Röhren müsten längst des Zimmers gehn und müsten oben einen hohen Puckel haben, oder Piramide, an welchen die Hitze in die Höhe steigen könte, je mehr solcher Piramiden desto beßer würde es heitzen.
5) Die jetzigen kleinen runden Röhren sind zu klein und schicken sich nicht vollkommen guth dazu, doch könnte man wohl damit probieren, dieselben müsten hin und her geführt werden.
6) Alle diese Vortheile zum Besten der Schuhlanstalten zu brauchen, zu Weisen Häusern, real Schuhlen. In jeder Provintz solte eine guthe Real Schuhle seyn.
7) Ein durchsüchtiger Ofen, doch so daß von unten bis oben gegoßene Röhren durchgehen, heitzt das Eysen so gleich gewaltig, und wenn das Eisen kalt wird, so halten die Kacheln warm.

◈ Eiserne Camin Ofens auf Okertsche Arth, die durch und durch, stuffenweise durch alle Röhren geschlieffet wurden, von unten bis oben, müßten einen gantz erstaunlichen effect thun, **NB** wenn der Camin Offen recht extra ord. stark gemachet würde, auswendig könte er doch ein gutes Ansehen haben, aber inwendig Stuffen, ein mahl hin und den wieder zurück.

◈ Ein Feuer könte auch wohl durch 2 gebogene Röhren gehen, auf jeden Bogen eine hohle Piramide, in welcher das Feuer stiege. Auf die Piramide würde eine hohle Kugel noch nützlich seyn und das Gewächs Hauß sehr erwärmen.

◈ Um und über das Feuer im Ofen könte ein umgekehrter Keßel von obgedachten übereinander schließenden Lufft Röhren in die Höhe gehen, so daß oben zwahr eine Öffnung währe, aber nicht alzu groß, damit die Hitze desto mehr an die eiserne Lufftröhren schlagen und also desto stärker in die Stube dringen könte.

◈ Eine Röhre zu machen, welche piramiden mäßig rund von unten bis oben ginge, durch die Wand zur äußeren Luft, und durch den Ofen zur Stube herein. Hiedurch würde ohne Zweifel eine gantz ungemeine Hitze in die Stube gehen, und wäre dieses ein trefliches Mittel, große Sääle zu heitzen und Kirchen.

◈ Viele lange, schmahle, 4 ekigte, eiserne, gegoßene Röhren, durch einen Frieß oder Konsul [Konsole] hoch, durch welche das Feuer, oder Rauch, eines Kachel Ofens in die Länge gesetzten, hin und her geleitet wird, bis oben aus. Von oben könte das Feuer als den bis an die Erde hinter dem Ofen herunter geleitet und so zum Schorstein herausgeführt werden.

2. Es sollen billig die geschiktesten Mechanici, u. Matematici, die die Natur des Feuers kennen, alle Kachel, Ziegel, Glaaß und Brenn Ofens verbeßeren.
3. Die Ofens, so in den Wänden stehen, freßen viel Holtz, weil sie verkehrt gesetzet sind. Wenn aber die Ofens auf beiden Seiten weit hervor rageten und durchsichtig wären, so daß die beyde Stuben so weit der Ofen ginge, nur 1/2 Stein dike Wand scheidete, so könte viel Holtz erspart werden.

◈ Recht große Ofens in großen Sählen könte man von oben bis unten durchsichtig setzen, aber die Duchsicht zu wölben, aber oben einen recht großen, hohen Kasten machen, wo sich die Wärme lange halten kan. Hernach müßte das Rauchloch gantz unten an der Erde in den Schorstein gehen, so müßte solcher Ofen weit beßer heitzen, auch die Stube von Staub reinigen, weil es zugleich ein Camin wäre.

◈ Wenn ein Ofen viele Durchsichten hätte, und man 4ekigte eiserne Röhren über einander Legte, so hoch als eine Kachel ist, durch welche das Feuer gehen müßte, so würde es ungemein heitzen. Auch möchte es beßer seyn, wenn die Ofens oben von Eisen wären, als unten, weil man sich unten daran verbrennet, und sonst die Hitze von Eisen unangenehm ist. Gegoßene, lange, durchsichtige Ofens, von unten bis oben durchsichtig, so daß das Feuer stets von einem Ende bis zum andren gehen muß, hernach von oben wieder eine Röhre bis an die Erde herunter, von da in einen anderen Ofen oder in Schorstein.

◈ Wind Ofens sind für Bauren und Bürgern höchst nützlich zu Verhütung der Krankheiten, zu mahlen, weil sie nur 1 Stube haben. So können sie zugleich viel Holtz sparen.

◈ Wenn ein Schorstein nicht ziehen will, so soll es gut sey, unterm Dach einen Stein aus dem Schorstein zu nehmen, welchen man wieder einsetzen kan, wenn der Wind nicht contrair ist. So offt es rauchet, nimmt man den Stein heraus.

◈ Ein gewölbet Dach, daß nur einen kleinen Spitzbogen hat, ist sehr wohl möglich, und wegen Feuers Gefahr und Holtz sparen außerordentlich zuträglich, zumahl wenn kleine, schmahle Häuser gebauet werden.

◈ Einen meßingenen Camin Ofen als 2 Piramiden zu machen, 3 ekigt spitz in die Höhe, oben ginge die Röhre herraus, und die Piramide ginge aber durch die andere Piramide wie, bis bald an die Erde, von da in den Ofen der benachbahrten Stube, dieselbe noch mit zu heitzender herrunter. Die Ofens, worin kein Feuer gemacht würde, könte in der ander 3. oder 4.ten Stube von Meßing seyn.

◈ Wenn oben aus den einen Ofen die Röhre oben in den andren gehet, so kan man den andren Ofen von oben bis unten mit Zügen machen, eine Kachel um die andre durchsichtig, so kan jener Ofen vom Rauch heiß werden.

◈ Ofens von neuer Erfindung, durch welche man mit 1 Feuer 2 Ofens heitzen könte, in 2 Stuben, wenn die Röhre des Rauchlochs unten durch die Wand in den andren Ofen geführet würde **NB.** Dies ist probiret und richtig gefunden, hierdurch könte ersparet werden:
1. Das Camin Feuer
2. Das Feuer in den andren Ofen
3. Bräuchte man für diese 3fache Erwärmung och lange nicht so viel [Brennmaterial], als in einen Camin oder Ofen.

[*Skizze eines zweistöckigen Ofens, mit "Ofenthür" links unten und ausgehender Röhre, "so durch die Wand in die andre Stube gehet" rechts unten. Zwei übereinander stehende Säulen, durch Bögen verbunden, oben darauf ein Dach, das als "Pyramide" verstanden werden kann. Der Gedanke ist wohl, daß die Wärme im Ofen links auf und rechts wieder nach unten steigen und durch die Röhre in den nächsten Raum geführt werden soll. Unklar, wo der Rauchabzug sein soll, und fraglich, ob das überhaupt funktionieren kann.*]

Die Kacheln müßten hohl bleiben, die Fugen der Kacheln aber desto höher mit Leimen ausgeschmiert, damit jede Kachel noch eins so viele Höhlung kriegt, als sie hat, damit die Hitze sich da hinein begeben kann, und das Feuer sich an jeder Kachel brechen muß.

◈ Eiserne, kupferne oder meßingene Ofens sind sehr vortheilhafft auf diese Arth zu brauchen und tragen die Intereßen vielfältig von dem Capital, so dazu angewendet wird, weil man ungemein viel Holtz ersparen kann. Wenn [er]nur auch 400 Taler kostete, trägt er doch reichliche Intereßen.
[*Zum Vergleich: Nach Bandows Berechnungen entspricht die Summe von 400 Talern etwa dem Ertragsgewinn von 2 Hufen Ackerland. Für den Bau eines ganzen Landsoldaten-Hauses veranschlagt Bandow 100 Taler. Dieselbe Summe setzt er an für den Bau eines ganzen Bauernhauses. Verglichen damit ist das vorgesehene Heizungssystem keineswegs billig. Oder sind die Bauern- bzw Soldatenhäuser nur sehr einfache Konstruktionen.*]

◈ Ein Ofen von 4 Säulen kan auch in einer Stube sehr nützlich sein, wenn eine Säule 8 bis 12 Zoll in Durchschnitte hätte, aber von 1 Stük jede Säule. Der Ofen were von unten bis oben 2 mahl durchsichtig, aber doch von 2 Etagen. Die oberste Kappe des Ofens muß hübsch räumlich seyn, damit die Hitze sich in der Höhe recht ausbreiten kann.

◈ Die eiserne Röhren, so durch den Ofen gehen und frische geheitzte Luft im Zimmer bringen, müßten weit, draußen aber eng seyn. Jedoch muß man erst probieren, ob dieselben außerhalb weit oder eng seyn müßen. Diese Röhren scheinen das beste Mittel zu seyn, fremde Gewächse in Glaß u. Treibhäuser wohlfeil und recht gut zu ziehen. Die äußere Öffnung muß man nach Belieben eng und weit machen können.

Der Ofen, so nicht geheitzet wird, darf nicht repariret werden, sondern wird alle Jahr fester und beßer, durch den Rauch.

◈ Ein Ofen von 6 neben einander stehenden, sehr krum gewundenen Säulen, so daß zugleich eine Röhre durchs Feuer gehet, und also mit frischer Luft geheitzet wird, muß gantz außerordentliche Dienste thun, zumahl in Gewächshäuser.

◈ Triangel Ofens, wie die triangel Eck Spinden Ofens, so unter sich brennen, unten am Körper kleine Lufft Löcher in den Thüren, wo durch das Holtz eingeworffen wird, würden guth, um große Saale zu heitzen, zumahl, wenn oben viel gewundene Säulen sind.
[*Bei dieser unverständlichen Beschreibung eine ebenso unverständliche kleine Skizze.*]

◈ Andre neue Erfindung von nützlicher Ofen, gekrönth von Pilaren.
Die Pilare hat unten einen runden, breiten oder vierekigten, schön faßonierten Fuß nach Pilaren Arth, 4fach durchsichtig, auf welchen der eiserne Herd ruhet. Weil

dieses in eins ist, so muß der gantze Fuß bis an die Erde warm seyn und ungemein heitzen. Auf diesen Fuß wird ein starker, meßingener, hohler Pfeiler so gepaßet, daß er die oberste Ränder des Herdes, oder Fußes umschließet, so daß kein Rauch entstehen kan.

Mit einem Wetter Glase könte man probiren, welche Arth von Ofens am meisten heitzete, wenn einerley Holtz nach Proportion des Cubik Maßes einer Stube ausgemeßen würde. Es könten 2 Ofens mit vielen hohen Piramiden längst ein Gewächs Hause gehen und auf beyden Enden zugleich, oder eins ums andre, hierdurch könten alle fremden Früchte gezogen werden.

Wenn nun eine solche erstaunliche Menge Holtz ersparet würde, so wäre es einer jeden Familie leicht, zum Besten der Schulen und Universiteten einen Import [impôt, Steuer] zu geben, von dem wenigen Holtz, so man nur braucht, denn der Überfluß ist sonst in Rauch aufgangen. Hierdurch könte jährlich noch 2 Millionen ersparet und 1 Million bahr Geld ins Land gezogen werden, und dadurch nicht allein Schulen und Universiteten, sondern auch die Armen Häuser, die Weisen Häuser, Witwen u. Weisen etc. versorgt werden, ja alle Städte und Dörffer glüklich werden. 2000 Schuhlen könten hiedurch floriren.

1. Ein Ofen könte gemacht werden nach Arth einer Windel Treppe von gegoßen Eisen.
2. Einer als eine sehr krumme, gewundene Säule
3. Ein Ofen von 4 Säulen, über welchen entweder ein oder 2 große Hauben, in welchen sich die Hitze versamlen kan. In einer Säule würde inwendig in der Stube die Ofenthüre gemacht, aber bald über die Ofenthüre gleich zugedeket, und das Feuer in die nächste Säule geführet. Daselbst abermahl zugedekt und wieder zurük in die vorige Röhre geleitet, und so imer hin und her geleitet, bis oben hinaus. Von oben würde das Feuer aus einer Kappe in die andre geleitet, und eben durch soviel Röhren das Feuer wieder herrunter geführet, bis es zuletz[t] durch eine eiserne Röhre, so man zu schrauben kann, im Schorstein geleitet wird. Diese Arth Ofens muß nothwendig erstaunlich viel Holtz sparen, zumahl, wenn die Röhren, so rük und vorwärts aus eine Säule in die andre leiten, von starken, weiten, gegoßenen Eisen gemacht sind.

◈ In Gewächs Stuben sind solche Ofens ungemein nützlich und können dergleichen Röhren sehr viel neben ein ander stehen und das Feuer von einer Säule rük und vorwärts in die andre leiten, können

1. gemacht werden von gegoßenem Eisen
2. von Kacheln
3. von Kacheln, aber es wird auf jeder Röhre eine eiserne Platte geleget, weil dieses ungemein heitzet
4. In Gewächs Häusern könte ein Feuer eine gantze Reihe solcher Ofens heitzen

und also große Saale erwärmen. In denselben könte man auch Hüner halten, in Buchten, zum Eier legen, weil sie im Winter rar sind. [Vgl. Viehhaltung]

◈ Die Bauer Ofens von Ziegeln können fürtreflich heitzen, wenn der Ofen durchsichtig gemacht, auf der einen Seite inwendig eingeheitzt wird, sodaß daß Feuer erst in der großen Kuppel sich recht ausbreiten kan, hernach aber erst auf der anderen Seite bis an die Erde wieder herunter steigen muß, und so unten durch eine Röhre in den Schornstein gefücht wird. Zu mahl wenn zugleich ein okertscher Camin im Ofen angelegt wird, welches ungemein guth angehet.

◈ Von Feld Bak Ofens
zu einen Feld Bak Ofen von neuer Erfindung gehören 2 eiserne gegoßene Platten, jede 12 Fuß lang und 2 1/2 bis 3 Fuß breit.
2. eine Seiten Platte 12 Fuß lang und 1 Fuß breit .
3. noch eine Platte 12 Fuß lang und 1 Fuß breit, mit 2 Seiten Thüren, daß man das Brot hinein schieben kann.
4. unter diesen eisernen Bak Ofen macht man auf beiden Seiten 1 Mauer von 2 Fuß hoch, zwischen diese Mauer macht man Feuer, welches unten und oben um den Bak Ofen herum spielen muß. Oben wird der Bak Ofen mit einer Mauer zugedekt, so daß 8 Zoll Platz bleibet, damit das Feuer auch von oben wirken kann, wenn es zwischen der Mauer und eiserne Platte durch fähret.

◈ Alle Ziegel und Brenn Ofens solte man so einrichten, daß man von 2 Seiten einen gewölbten Bogen heitzen könte, der braf groß wäre, und recht sehr hoch, denn des Feuers Natur ist, gerne hoch zu steigen. So könte man ein mahl auf dieser und das andre mahl auf jener Seithe einheitzen, und zwahr gleich lange. So würden alle Steine gantz gleich ausgebrandt und viel Holtz ersparet. Auf diese Art könten Töpfer, Ziegel Brenner, Kalkbrenner sehr viel Holtz ersparen. Es müßte aber das Feuert so tif wieder herunter steigen, als es hinauf gestiegen, und bey die Ofen Löcher gantz niedrig seyn und eins dem andern gantz gleich

◈ In einen Windofen kan man 2 Öffnungen machen, wo eingeheitzt wird. 1. Wo eingeheitzt wird. Die 2te besteht in einen eisernen Kasten, in welchen man kochen und brathen kan,
NB. Eiserne Ofens können in großer Menge im Lande gemacht werrden.

◈ Man solte von hier eiserne u. Kachel Ofens nach Holl., Engel. u. Fr.reich senden, damit sie apetit zu unser Bren Holtz kriegten. Man müßte stat Ballast allezeit Holtz, Kiehn etc. mit nehmen.

6.4 Über Glashäuser

Mit dem Ofenbau hängt auch der Betrieb von Treibhäusern oder Glashäusern eng zusammen. Der Sinn solcher Häuser ist, das Sonnenlicht herein zu lassen, aber Kälte draußen zu halten. Diese Technik des Gartenbaus ist heutzutage extrem viel weiterentwickelt. Ihre frühen Vorgänger waren die "Orangerien" in den Gärten von Fürstenhöfen, wo südliche oder gar tropische Früchte und Blumen gedeihen konnten. Im utilitaristischen Zeitalter Bandows sah man hier auch schon die Möglichkeit, sich vom Import solcher Früchte unabhängig zu machen. Bandow hatte vor allem die Möglichkeiten der Wein- bzw. Traubenerzeugung und die der Seidenraupenzucht (Maulbeeren) im Blick. Letztere wurde bekanntlich unter König Friedrich II nachdrücklich, wenn auch letztlich ohne nennenswerten Erfolg gefördert. - (Siehe auch bei Gartenbau und bei Textilien.)

◈ An jedem Bauern Hause könte ein Glaß Haus seyn, welches offen aus den Stuben Ofen geheizt würde. Doch aber müßte noch ein a parter Wind Ofen darin, im Glaß Hause seyn, vermittelst welchen die Glaß Häußer immer frische Lufft kriegen, als woran sehr viel gelegen seyn soll.

Also möchten solche Ofens gantz ungemeyn guth seyn, durch welche eiserne Röhren gehen und gewaltig viele, aber warme Luft herein bringen.

◈ Der Seiden Bau könte sehr zunehmen, durch solche Ofens, durch welche eiserne Luft Röhren hindurch gehen, und frische warme Lufft herein bringen, durch eben die Ofens, durch welche die Luft Röhren frische Luft einbringen, kan die böse Luft, die stinkend ist, hinausgehen. NB, wenn es ein gut gesetzter Ofen ist.

◈ Glaß Häußer von Feld Steine ohne Holtz, mit einen runden, aber hinten abschüßigen Bogen, welcher mit Dachsteinen belegt sein müßte, so daß man keine Sparen [Sparren] bräuchte. Hohle Dach Steine [Hohlziegel] würden dazu am dauerhafftesten seyn.

Aus den Bauern Häusern könte die Ofen Hitze ins Glashaus gehen, so daß die Hitze erst rund um die eisernen Luft röhre ginge, von da aber durch alle Bogens, über welchen jedem eine piramide seyn müßte. Unter die Bogens müßte im Glaß Hause ein Wind Ofen, mit einer Röhre seyn, damit man auch damit die piramiden Bogens im Glaß Hause heitzen könte.

◈ Gewächshäußer, maßif von Lehm gebauet, wie die Bauer Häuser in Magdeburg, halten sehr warm, und kosten kein Holtz. Mit in der Sonne gebacken Stein könte man zu wölben. Diese könten zugleich zum Seiden Bau sehr nützlich seyn.

◈ Von Dorf Gewächs Häusern

Wenn vors erste jedes Dorf nur 1 großes Gewächs Hauß oder Treib Hauß hätte, in welchen jeder Bauer ein gewißes Revier hätte, so würde der Nutzen schon sehr groß seyn. 30 000 Dörfer a 100 Taler sind 3 Millionen jährlige Revenuen.

◈ Ein recht groß hohes Glaß Hauß von vielen etagen, denn das Dach kostet doch gleich viel. Darin könte unten der Wein und oben auf die Etagen die Aurangerien [Orangerien] seyn. Dieses große Haus könte mit 1 Feuer geheitzt werden. Durch jede etage könten einige Löcher gehen, durch welche eine gemäßigte Hitze ginge.

◈ An den Bergen könte man etwas eingraben u. auf beyden Seiten Erde stehen laßen, dießes gewölbt oder mit Balken beleget und Erde, und Glaß Fenster davor gegen Mittag gibt die schönsten Glaß u. Treibhäuser für wenig Kosten, wenn so die wüsten Berge zum Besten der Armen gebraucht würden. Wenn die Sonne hoch stehet, läßt sich die Hitze fangen, wenn man Bretter gegen die Glaß Häuser setzet.

◈ In Gärthen müßte [man] Ofens setzen, eine schmahle Röhre, so lang das Glas Haus wäre, entweder von Ziegel Steinen oder von Kacheln. Diese Röhre könte auch aus lauter kleine Bogens, eins ins andre, bestehen. Über jeden Bogen aber könte eine Piramide von Kacheln oder gegoßener Töpfer Arbeith stehen, in welcher die Hitze in die Höhe ziehen könte und den [dann] seinen [ihren] Gang weiter gehen könte, bis zu Ende des Glaß Hauses. Auf diese Arth könte man vieleicht hir zu Lande den Kiehn Ruß machen, den wir aus anderen Ländern kriegen, wenn die Thüre zugehalten würde [d.h. die Rußbildung durch Drosselung der Luftzufuhr gefördert würde].

◈ Weil wir so viel Brennholtz sparen, so könte man davor Glaß kauffen und daßelbe auf alle Dörffer zu Glaß Häuser austheilen, wenigstens den Land Soldaten. Wenigstens könten diese Gläser für die Schwiebogens an den Mauern angemacht werden, welche man von Feldsteinen und Leimen allenthalben bauen könte, an stat der Zeune, so gegen Mittag liegen.

◈ Vieleicht könte eine zimliche Anzahl Soldaten sich großen theils aus Glaß Häuser ernähren, und den äußersten Fleiß anwenden, die ausländischen Früchte im Lande zu ziehen, nicht zum Staat und Ehrgeitz, sondern zum Nutzen des Landes. Desgleichen einländische Früchte, als Erdbeeren, besonders im Herbst, zum Wein oder zu Brantwein. Die Zweige von Kiehnen [Kiefern] könten dazu verbrand werden, so würden die Kiehnen desto beßer wachsen. Recht große Fenster Scheiben, aber die Glaß Häuser mit doppelte Fenster, und Frieß oder Tuch darzwischen, wie auch inwendig [anscheinend zur Dichtung der Ritzen]

6.5 Über Brauerei

Gegen Bier hatte der strenge Herr Bandow offenbar nichts einzuwenden. Es war wohl weniger ein Getränk der reichen als der ärmeren Bevölkerungsschichten und zählte auch eher als ein gesundes Lebensmittel und weniger als alkoholisches Getränk. Nur einmal bemerkt er, daß auch die älteren Leute unnütz in den Bierhäusern herumsitzen und ihr Geld ausgeben. Bandow wendet sich energisch gegen das Saufen und Fressen der Reichen, plädiert für ein gesundes Leben, wendet sich aber merkwürdigerweise nirgends gegen den Alkoholismus als Volkskrankheit. Nicht nur dem Bier, sondern auch dem Branntwein und dem Obstwein steht er durchaus freundlich gegenüber. Beim Wein gilt seine Kritik in erster Linie der Verschwendung, d.h. der teuren Importware, in zweiter Linie der Schädlichkeit des gepantschten Weines. Sowohl in der Branntweinbrennerei als auch im heimischen Weinbau sieht er eine erstrebenswerte Industrie, mit guten Aussichten sowohl für den Heimatmarkt wie auch für den Export.

◈ Durch den Wein werden entsetzliche Summen aus dem Lande geschleppet, und viele Menschen umgebracht, sonderlich durch die verfälschten Frantz. Weine. Zum Exempel der Pontak [ein damals populärer Bordeaux] ist lauter Betrug.

Darum ist nötig, ein Praemium darauf zu setzen, wer die besten Biere erfindet. Es komt darauf an, wie die Mode am Hofe ist. Wenn bey Hofe stark Bier getrunken wird, so thut es die gantze Stadt.

Das englische, schwedische Bier nach zu brauen, wäre eine Haupt Sache, den Kniesener (aus Kniesen, heute Hniezdne im Zipser Land) desgleichen. Mit extra guthen Breyhan [Kurt Broihahn, Brauknecht in Hannover, braute dort als erster in Deutschland Weizenbier nach englischer Art], stärker als der Perleberger, recht gut braun Lager Bier, Doppel Bier etc., das recht alt ist. Der Met wird hir zu Lande fast gar nicht mehr getrunken.

◈ Von der Brauerey
In Magdeburg, bey Hr. Hohnen habe extra ordinar schön braun klaares Bier getrunken, sehr wohl schmeckend. Darzu ist genommen
3 Winspel [1 Winspel = 2 Malter = 12 Scheffel] Gerste
1 dito 5 Scheffel Weitzen
30 Scheffel Hopfen
6 bis 7 Stunden ist der Hopfen gekocht, mit Würtze und etwas Waßer
NB recht gut gesundes Maltz ist also die Haupsache.

◈ Das Brauen des Mertz Bieres solte man auf den höchsten Gipfel bringen, damit dadurch das Wein Sauffen abkomme. Es wird erstaunlich viel Geld aus dem Lande geschleppet (*durch die Franzosen* **NB**). Der verfälschete Wein tötdet viele Leute, das Doppelbier ist viel gesünder, dem Stat nützlicher, und dem König einträglicher.

◈ Ein gewölbtes Brauhaus in der Erde zu bauen, worin es allemahl kühle wäre. Das Gewölbe könte mit Erde bedekt werden, damit das Land gebraucht werden könte.

Oder auf ein solches gewölbtes Brauhauß könte man 1 Gewächshauß bauen, welches Gewächs Hauß, vom Brauen weg fliegenden Feuer könte geheitzt werden. Über das gewölbte Gewächs Hauß stat des Daches Erde. Es müßte aber die Brauerey so angelegt werden, daß weder die große Hitze noch die große Kälte das Bier verderben könte und müßten also die Keller Löcher und Fenster gegen Mitternacht seyn.

◈ In allen Städten müßte man dem ein Praemium geben, der das beste und gesundeste, auch wohlschmeckendste Bier brauet. damit nicht so viel Geld p.E. [für] Wein außer Landes gehe.

◈ Auch alte Leute werden liederlich und gottloß, wenn sie in den Bier Häußer herum treiben.

6.6 Über Weinbau

Zu Bandows Zeiten war der Weinbau viel weiter nördlich verbreitet als in unseren Tagen. Der Weinbedarf der Klöster und der Adligen war der Grund dafür, aber es wurden auch bedeutend geringere Ansprüche an die Qualität des Weines gestellt, als wir sie heute zu stellen gewöhnt sind. Bandow sieht den Weinbau im preußischen Staatsgebiet in erster Linie aus kaufmännischer Sicht. Er informiert sich über die Voraussetzungen des Weinbaus und über dessen Ertragsmöglichkeiten, versteht aber offensichtlich von Wein selber nicht sehr viel. Ganz abwegig erscheint der Gedanke, man müsse den Wein im Sommer aus dem Keller nehmen und zu seiner Verbesserung in der Sonne einer Nachgärung aussetzen. Dabei kann kaum etwas anderes als Essig zustande kommen. (Vielleicht haben ihm seine Hamburger Gewährsleute das weisgemacht) Bandow befürwortet auch nachdrücklich die Traubenzucht in Glashäusern (siehe diese). Dort dürfte sie gute Aussicht haben, zu gelingen, aber ob Quantitäten zu erzielen gewesen wären, die die Weinherstellung lohnten, ist zu bezweifeln. Vielleicht konnten getrocknete Weinbeeren zu einer Art Rosinen verarbeitet werden, wie Bandow es sich gedacht hatte.

◈ Kiselichter, sandiger und kreidiger Boden ist am besten zum Weinbau. Hingegen kalt gründiger Boden ist das Contrarium.

◈ Zum Weinbau ist schlecht Sand Land guth und trägt in Berlin von 1 Ruthe oft 1 Taler.Der Wein wächset und reifet fürtrefflich im Sande.

◈ Auf den Bergen des Saal Kreißes und in den Sand Ländern muß der Wein so gut als in Torgau geraten.

◈ In Halle und im Saale Kreiß muß so guten Wein als Torgau auf den Bergen in Sand zu wachsen.

◈ Unsre Weinstöke mögen vieleicht mehr [eher] under großer Sonnen Hitze verbrennen, als im Winter verfrieren.

◈ Aus 1 Scheffel Auss Sath soll 8 Eimer Wein in Gubben [Guben] wachsen. Der rothe wird daselbst nicht abgezogen, der blanke [weiße] wird gleich nach Weihnachten abgezogen und den folgenden Winter noch einmahl. Der Weinmeister kriegt für seine Arbeith 6 - 8 Taler, Mist 3 Taler, Steuren in Guben 1 Taler, 11 Taler [Herstellungskosten].

3 Eimer ist ein Oxhoff [Oxhoft, englisch hogshead, ein Weinmaß, in Preußen ca. 206 Liter], daß also auf 1 Morgen ohngefähr 20 bis 25 Taler nach Abzug der Kosten zu gewinnen ist.

◈ Es ligt allerdings viel an die Beschaffenheit des Erdbodens, wie solches der Champanner und Tockeyer Wein benamset. Darum were gut, auf allen Hügeln und Bergen Wein anzulegen und zu sehen, wo er am besten geräth.

◈ Spanische, Corsicanische, Sicilianische, Cretische, Ungarische, Portugisische, Capisch de bona Spei [Caput bonae Speis = Kap der Guten Hoffnung] und neu aseatische [ostasiatische] Weinstöke muß man in naßer Erde kommen laßen, um sie hier fort zu pflantzen in Glaßhäuser.

◈ Desgleichen müßte man die rahresten Weine aus allen Ländern kommen laßen. Auch untersuchen, warum der Tockeier so große Vorzüge hat, ob es in etwas am Erdreich liege etc.

◈ Unser Land Wein wird den schönsten Rein Wein gleich, wenn er recht lange lieget. Der König Fr. Wilh. hat solchen alten Land Wein vom Werden [Personen- oder Ortsname?] an den Weinhändler Witten verkaufft, Herr Witte hat denselben hirauf wieder für alten delicaten Rein Wein an den König selbst verkaufft, und als delicaten Blenkert eben so wird der alte Meißnische Wein verkaufft.

Unser Land Wein ist uns ohne Zweifel am gesündesten und vortheilhaftesten.

Man müßte den besten Landwein in den besten Jahren aufheben. Hierzu müßte der Staat Capitalia bestimmen in jeder Provintz und Stat.

◈ Vieleicht ist es guth, daß man unsern Landwein alle Somer aus dem Keller in die Wärme bringt und ihn gären läßt, wie es die Hamburger mit die Frantz. Weine machen.

◈ Alle Gänge der Gärten könten mit Latten bedekt werden über welche allerley des bestens Weinstoks gelegt werden könte, ja sogar über die Hausdächer und Straßen, ja wohl gar über die Landstraßen läßt sich dergleichen anlegen.

Ich habe bei Wägern [?] vorm Königsthor auf 1 Ruthe lang über ein Gitter nur von einer Seite gezogenen Weinstok über 300 Trauben gezehlet.

7. Kaufmannschaft

7.1 Über Handel

Bandow war ausgebildeter Kaufmann. In seiner Kladde gibt es ein - teilweise unvollständiges - Repetitorium zur Kaufmannschaft in Form von 43 Fragen und Antworten, die einen hohen Kenntnisstand auf einem schwierigen Gebiet erkennen lassen. Die erste in der Kladde erscheinende Datierung (der 28. Februar 1746) findet sich auf einer Rechnung über 852 Reichstaler für 17 Ballen Baumwolle, die von Venedig mit einem holländischen Schiff über die Firma Frantz Nicolas Lütgens in Hamburg an eine Firma Schlabhäuser, Hügel und Jasmin in Berlin speditiert worden waren, möglicherweise die Firma bei der er seine Karriere begann. Einschließlich Versicherung und aller Nebenkosten belief sich die Sendung bei ihrer Ankunft in Berlin auf 1229 Taler und 19 Groschen.

Immer wieder sind in der Kladde Maße, Gewichte und Münzwerte verschiedener Länder aufgeführt. Die wirtschaftliche Entwicklung anderer Länder wird verfolgt, Staatsschulden werden verglichen, die politische Entwicklung der großen Handelsmächte aufmerksam beobachtet. Große Abschnitte der Kladde sind der Geografie und der Bevölkerungsstatistik gewidmet.

Aus Bandows Bemerkungen läßt sich entnehmen, daß er selbst fleißig Messen besuchte (Leipzig, Frankfurt/Oder, Erfurt), aber auch persönliche Kontakte in Venedig, Amsterdam, London, Kopenhagen pflegte und sich wahrscheinlich, außer auf Französisch, auch auf Italienisch, Englisch und Dänisch verständigen konnte. Spanien und Portugal erscheinen im Gesichtskreis seiner Geschäfte, aber sein Haupt-Interessengebiet ist Nordeuropa, vornehmlich der Ostseeraum. Merkwürdig uninteressiert erscheint er am Austausch mit dem Süden Deutschlands und Österreich.

Am Anfang seiner Karriere ist der Tuchhandel Bandows bevorzugtes Gebiet. Später wird ihm auch der Kornhandel interessant. Er scheint aber zunehmend mit allem gehandelt zu haben, womit es sich handeln ließ.

Man möchte sagen, er war Kaufmann mit Leib und Seele. Aber das wäre nicht ganz richtig, denn seine Seele hatte er mindestens zur Hälfte dem rechten Glauben verschrieben, und den Rechten Glauben bezog er aus der Heiligen Schrift und aus Luthers Auslegung derselben. So versuchte er, auch den Handel nach biblischen bzw. christlichen Grundsätzen zu führen. Sein Sendungsbewußtsein machte ihn allerdings manchmal blind für Proportionen und erlaubte ihm Ansichten, die er bei Andersgläubigen streng verurteilt haben würde. Auch stört es seine moralischen Ansprüche nicht im geringsten, mit denen Handel zu treiben und Geschäfte zu machen, die diese Anspüche nicht teilen oder sogar im Gegensatz dazu stehen. Schließlich: Bandow verurteilt die "Plusmacherei", also den Wucher, aber er vermeidet zu definieren, wo die Grenze zu ziehen wäre zwischen redlichem Gewinn und unanständigem Wucher.

◈ Was die Philosophia in der Theorie ist, das ist die rechte Handlung in Praxim. Die freie Handlung eines Staats gründet sich auf eine richtig klaare, unumstößliche Erkentniß aller Dinge. Je richtiger die Erkentniß der Dinge ist, desto vortheilhafter und glückseliger ist die Ausübung derselben.

Definition. Die freie Handlung ist eine Ausübung der Weltweisheith. Das Gesetz Gottes, die Vernunfft, und das Gesetz der Natur sind das Regelmaß der Handlung.
[An dieser Formulierung hat Bandow mehrfach herumverbessert, weil er versucht "Handeln" im Sinn von "Handlungsweise", mit dem kaufmännischen "Handel" unter einen Hut zu bringen. Daher hier mehrere Varianten.]

◈ Die freie Handlung ist eine Ausübung und Practica der gantzen Philosophie und gründet sich auf eine richtige, klaare und unumstößliche Erkentniß aller Dinge. Irr-, Un-, und Aberglauben sind die Pestilentz der Fr. Handlung, und die Lügen der Todt derselben. Je richtiger aber die Erkentniß der Dinge ist, desto vortheil hafter ist die Handlung und der Staat. Dahingegen kann eine einzige, recht kräftige Lügen unter dem Schein der Wahrheit, gantze Nationes und Königreiche vertilgen.

◈ Warheit und Gerechtigkeit, Demuth, Aufrichtigkeit, Menschen Liebe, mit einem Worth, das echte Christenthum, das die Lügen als das Wort des Teufels verabscheuet und hingegen Warheit liebet und thut, ist zur Handlung sehr nützlich.

◈ Wort halten ist der Grund der Handlung. Das Wort ist eine Tochter unserer Seele, wer sein Worth bricht, handelt ärger, als der [der, welcher] seine leibliche Tochter schändet.

◈ Alle Wahren kommen aus dem Erdboden. Folglich ist der Erdboden der Grund der Handlung. Je beßer der Erdboden gebauet wird, desto florisanter wird die Handlung.

Gott hat uns den Erdboden ungebauet gegeben, damit wir unsren Fleiß und Kunst daran üben sollen. Je beßer wir den Erdboden bauen, je lieber ist es Gott, desto mehr haben wir auch Ursach seinen Nahmen zu preisen. Daß er uns nicht allein den Erdboden zu beherrschen gegeben hat, sondern auch Verstand, denselben zum Preise Gottes und unsren zeitlichen und ewigen Heil zu brauchen.

Es gründet sich die Handlung also nicht allein auf den Erdboden, sondern auch auf den Menschen und auf deßselben Freyheith.

NB. Der Nährstand ist das Haupt aller Stände und der Grund anderer Stände. Derselbe muß auf alle Weise sein Bestes selbst suchen. Der Zweck der anderen Stände ist bloß, den Nährstand glücklich zu machen, denn ist der glücklich, so folgt ihr Glück von selbst. Sie suchen aber das Verderben des Nährstandes, das ist eine Raserey.

◈ Manches Land gleichet einem jungen liederlichen Stutzer, der so lange geehrt wird, als das väterliche Guth währet, so er schändlich durchbringet. Allein ein solcher blank geputzter Narr komt bald an den Bettelstab, da ihm Leuse und Frantzosen verzehren.

Von der Handlung

Wenn die Handlung eines gantzen Landes recht blühend gemacht werden soll, so wird nicht allein die Geschikligkeith und Gelehrsamkheit aller Stände, sondern auch für allen Dingen die Geschikligkeith der ehrligsten und erfahrensten Kaufleute erfordert. Ohne Kaufleuthe sind die Herren Gelehrten meistentheils sehr schlecht von der Handlung unterrichtet, hingegen aber mit desto mehr Vorurtheilen wieder die Kaufleuthe eingenommen. Man beneidet ihr Glük, suchet, sie zu unterdrüken, verkleinert ihren Namen und Credit [Ansehen], man schämet sich der Kaufleuthe, wie der Dantziger Magistrath, desgleichen der Nürnberger und Stras Burger, und ob man gleich die Handlung nicht kennet, so gibt man doch Edicte zur Verbeßerung derselben ohne und wieder den Willen der Kaufleuthe, daher es den gemeiniglich zum algemeinen Verderben gereichet.

Weil aber solche Edicte von falschen Vorurtheilen, Unwißenheith, Neid, Geitz, übermäßige Eigenliebe, Gelehrten Stoltz etc. gezeuget werden, so ist kein Wunder, wenn solche ungeheure Misgeburthen, theils noch in der Geburth glüklich erstikt werden, theils aber zum Spott, Gelächter und Abscheu der Welt zwahr offenbahr werden mit Schanden, aber aufgehoben werden müßen, weil sie gemeiniglich wieder das Gesetz der Natur, wieder die Vernunfft, wieder die Wahrheith, und folglich wieder die algemeine Wohlfahrt des Landes sind und also viel Schaden anrichten.

◈ Der Hochmuth entstehet aus Unwissenheith und aus Lügen und ist der Handlung schädlich und ihr totaler Untergang und Ruin. Auf Wahrheit gründet sich die Demuth, und hierauf gründet sich die Handlung.

◈ Nichts ist der Handlung nachtheiliger als Krig und die Gewalt der Soldaten, wenn es auch einländische sind. Eben so schädlich ist der Advocaten Krieg, welcher oft 100 mahl schädlicher ist als Brandschatzung. Nichts ist also nötiger, als Krig zu vermeiden. Hiezu wird Sanfftmuth, Klugheith, Demuth und eine gute Verfaßung erfordert, damit man durch eine gewaltige Arme[e] das Richterliche Amt führen und die bösen Buben, die unsern Frieden stöhren wollen, strafen kann.

◈ Niemahls haben die Kaufleute ein Land ruiniret, sondern wo Kaufleute herrschen, da ist lauter Macht, Reichth.[um], Glükseeligkeith etc., jedoch macht der Überfluß gotloß, die Gotloßigkeith aber zerstört ein Land.

Gleichwohl haben die Gelehrten fast nichts von der Handlung geschrieben, sondern als was Niederträchtiges [Niedrigstehendes, Primitives]angesehen. Ja nicht allein die Könige, sondern auch der Adel schemet sich des Kaufmanstandes, bis zu dieser Stunde. Gerade als wenn einer, der Profeßiones von Morden macht [sich Morden zum Beruf macht], ehrlicher sey, als einer der Leben und Glükseeligkeith gibt. **NB.** Solch weg wäre der Teufel ehrlicher als Gott.

◈ Alle andre Stände arbeithen gemeinschafftlich an den Ruin der Handlung. Je mehr ein Monarch diese kleinen Tirannen den Zaun [Zaum] hält, desto mehr blühet die Handlung.

◈ Was die Philosophia in der Theorie ist, das ist die Handlung in Praxim.
Die freie Handlung eines Staats gründet sich auf eine richtig klaare, unumstößliche Erkentniß aller Dinge. Je richtiger die Erkentniß der Dinge ist, desto vortheilaffter und glükseeliger ist die Handlung des Staats [und] die Ausübung derselben. Definition: Die freie Handlung eines Staats ist eine vernünfftig, praktisch, regelmäßige Ausübung der Weltweisheith. Das Gesetz und die Eigenschafften Gottes, die Vernunfft und das Gesetz der Natur sind das Regelmaß der Handlung. Je mehr und richtiger ein Staat Gott, sich selbst und die Natur und Kunst erkennet, desto vernünfftiger kan er handeln.

Gott allein ist der höchste Weltweise. Darum sind die göttlichen Gesetze den menschlichen so weit vorzuziehen, als der Himmel für der Erden. Folglich ist eine recht richtige, geleutherte, gesunde Theologie der Haupt Grund der Handlung. Die Handlung, die sich hirauf nicht gründet muß schlechter dings zu Grunde gehen, und an dem Gesetze der Natur zerscheitern, weil die Handlung lauter Warheit fordert, den die Warheit wiederspricht sich niemahlen

Die falsche Theologie hingegen hat von Anfang der Welt die Handlung der glükseeligsten Staaten bis auf den Grund vertilget Eine kräftige Lüge unter dem Schein der Wahrheith stürtzet gantze Nationen ins Verderben. Wen sich ein Kaufman fünde, der alwißend wäre, der wäre recht würdig, ein Comercien Collegio zu presidiren, die Handlung eines Stats zu regieren. [Dieses komt also nur allein Gott u. keinen Menschen zu.] Hiraus siehet man, daß ein handelnder Staat nothwendig ein weises Comercien Colegium haben müßte, weil die Wißenschafft der Handlung unter den Kaufleuten zertheilt [ungleich verteilt] anzutreffen ist. Wenn einmahl [ein] allwißender König zur Regierung kommen wird, als den wil ich glauben, daß er ohne seine Stände und ohne Comercien Collegia sein Land glücklich regieren wird.

◈ Kaufleute, die Christen sind, laßen sich durch keine Wiederwärthigkeith darnieder schlagen.

◈ So wenig nun ein Land durch privilegirte Straßenräuber ins Aufnehmen gebracht werden kan, eben so wenig kan es durch freygeistische Kauffleute aufgeholffen werden. Zur Kaufmanschafft aber gehören auch alle zum Nehrstande Gehörige.

◈ Wenn alle Kaufleute Christen wären, trügen die K.[öniglichen] Einkünffte noch eins so viel. Darum wäre ein Kaufmans Cadetten Haus höchst nöthig.

◈ Plus Macher [Wucherer] sind Schinder der Armen, die viel 1000 mahl 1000 arm machen, damit es das Ansehen haben möge, als wenn ein fürstlicher Madensak reich wäre, und als wenn er viel Mörder unterhalten könte, seine Nachbahren zu ermorden und zu berauben. Wird der Fürst etwan verhungern oder den Drek mit nehmen?

◈ So wohl das Betteln als das Hausiren ist eine vortrefliche Nahrung für Spitzbuben und ist doppelt landverderblich schädlich. Die Hausirer nehmen ehrlichen Leuten ihr Brodt und sehen sich Gelegenheith aus zum Stehlen, ebenso wie die Betler.

◈ Das Hausieren ist höchst schädlich, gibt Gelegenheit zum Mordbrennen, Rauben und Morden u. verdirbt die Handlung und Gemeinschafft zwischen Stadt und Land. Die Officirs erlauben es doch den Landstreichers und brechen die Königlichen Befehle.

◈ Ein ehrlicher Kaufmann bereicherth das Land und sich selbst, indem er seinen Nutzen suchet. Er unterhält viel Bürger und Bauren, gibt ihnen gleichsam aus seinen Mitteln den Lohn. Hingegen ist ein Officir ein Knecht, der seinen untergebenen Knechten des Königs Geld oder Sold giebet.

◈ Der Grund der Handlung ist der Erdboden nebst seinen Gewäßern. Die Wahrheith aber ist der Grund einer wohl eingerichteten Handlung, NB, sie fehlet in allen Völkern. Je mehr Wahrheiten ein Land besitzt, desto stärker ist die Handlung. Je mehr Lügen und Aberglauben herrschen, desto ärger in Elend ist das Land.

Die Handlung der Hol- und Engeländer ist keinesweges zu Volkommenheith gediehen, den es herrschen da noch zuviel Lügen. Ein Land in dem Wahrheith herrschet, da gehen alle ehrliche und von den Lügen bedrängte Leute hin. Unser Land würde erstaunlich wachsen durch Wahrheith.

Wir haben falsche Begriffe, von Gott, von uns selbst, von dem Erdboden, ja fast von allem, daher fangen wir fast alles verkehrt an. Unsre Akerbau, Baumpflantzung, Viezucht, Fischerey etc. sind lange nicht so, wie sie seyn solten.

◈ 1 Kaufman verhandelt [erzielt durch Handel] so viel als 100 Handwerker machen.
1 Handwerker macht [veredel!], was 100 Bauern rohe Wahre liefern.
Folglich kan 1 Kaufman leicht 10 Tausend Menschen Nahrung schaffen
NB. C. J. fol 7. [Ein Zitat oder ein Hinweis auf ein "Hauptbuch" Bandows?]
Der Bauer ist der Grund aller Handlung, sonst müßten alle Handwerker und

Kaufleute verderben, und alle Kunst ist umsonst. Wo kein Bauer ist, da muß der Bürger hungern und müßig gehen, und wo weder Bürger noch Bauer ist, wo mit soll der Kaufman handeln. Wenn der Bauer seinen Aker treibt, der Bürger sein Handwerk und der Kaufman seine Handlung, so ist ein Land glüklich. Wenn aber der Bauer Bürger und der Bürger Kaufman sein will, so muß notwendig alles confuhs werden.

◈ Dem Adel ist es eine Schande, Handel zu treiben. Lieber kwält er sich mit den Bauern. Also werde es ihm lieb seyn, wen er auf dem Lande im Quartir läge, und als ein officir leben konte.

◈ Es ist uns sehr große Ehre, wenn wir in wahrer Demuth uns mit unsren Landes Producten behelfen. In puncto der Handlung haben die Frantzosen klug, wir aber thörigt gehandelt. Wenn wir von Anfang dieses Seculi das Gegentheil gegen die Frantz. Handlung gethan hätten, so hätten [wir] dadurch so viel gewonnen, als jetzt verlohren ist, also ist der Verlust 2 fach.

◈ Man muß nicht alle Fremde ins Land laßen, und wenn sie kommen, solche Anstalten machen, daß sie natürlicher Weise ihre Wahre nicht los werden können, oder vor einen Spott Preiß verkauffen müßen, damit sie nicht wieder kommen. Aber verbiethen kann man ihnen unsre Haven nicht, sonst verbiethen sie uns wieder die ihrige.

Wenn wir unser Leker Mauhl zähmen, und unsre Pracht laßen, so können andre in unsre Länder nichts machen. Wir hingegen können in alle Länder handeln und Geld hohlen, wie die Holländer gethan haben. Wir können alle Vortheile aller Hafen und aller Länder auskuntschafften und an uns ziehen.

◈ Die meisten ausländischen Es Wahren sind uns nicht schlechterdings nothwendig, auch sind die einländischen Gewürtze beßer als die fremden und viel gesünder.

◈ Große Herren erlauben die Verschwendung, in Kleider, Eßen, Meubles, Trinken, weil es viel Accise einträgt. Aber aus das Bisgen accise kann man rechnen, wie viel Summen Geldes aus dem Lande gehen, Folglich verliehrt der König durch seiner Unterthanen Verschwendung erstaunlich viel mehr, als er gewinnt.

◈ Wenn ein gantz Land sparet, das gibt Nutzen, je größer das Land, desto mehr Nutzen. Folglich ist der Grundsatz falsch, daß einem großen Lande die Verschwendung nütze.

Beym Fabrique u. Handlungs Wesen müßte man nicht allein die gelehrtesten Kaufleute und geschikteste Fabricanten und Künstler, sondern auch die größten

Philosophen, Mathem., Mechanici etc. brauchen, zu Erfindungen, und die besten Künstler müßten beständig Proben machen, auf Erfindungen denken, aber auch redliche Belohnungen zu erwarten haben.

Auch wäre es guth, das gleichsam ein gantzer Staat fabricirte, und zwar recht guthe Wahre in gehörigen Preise. **NB.** Aber mit großer Verschwiegenheith, daß es andere Mächte nicht merketen.

◈ Die Sparsamkeith eines Landes ist eben so notwendig als die Sparsamkeith eines Kaufmans. Man müßte die Landes Wahren durch eigene Schiffe in andre Länder senden und sie gegen unentbehrliche Wahren vertauschen. Die entbehrlichen Wahren aber nicht ins Land bringen laßen. Daß Land solte Schiffe aussenden, auf welchen lauter fabrique Wahren geladen würden, sie nach Portugal, Spanien etc. zu senden und gegen nothwendig nützliche Wahren zu vertauschen.

◈ Fremde Wahren gäntzlich zu verbiethen ist nicht sehr vortheilhafft. Wenn aber ein mäßiger Impost [Steuer] drauf ist, so lernen die Einländischen die auswärtigen schönen Deßeins und eifern ihnen nach.

◈ Die Schande der Arbeith ist ein dum Vorurthel, das muß gehoben werden.

Hätte man sich nicht der Handlung, der Kunst und der Arbeith gescheuet, so wäre man nicht in solche erschrökliche Laster gefallen, den der Müßiggang ist aller Laster Anfang etc.. Der Müßiggang des Edelmans, des Pfaffen, des Soldaten, des Juristen, hat uns solche Früchte getragen als der dreißig jährige Krieg, oder die Werbung. Dieses ist wieder ein 30 Jähr. Krig des Landesvaters mit seinen Landeskindern.

NB. Hir sind richtige Begriffe von der Ehre und Schande höchst nötig, den Unterthanen ein zupregen.

Die Grundgesetze müßen jeden seine Arbeith anweisen und die Ältern ihre Kinder unterrichten. Hirdurch können unglaublich und erstaunlich viele Verbeßerungen, zu algemeinen Besten des Akerbaues, der Handlung, der Künste etc. angerichtet werden, so daß sie zu ihrer höchsten Volkommenheith kommen.

◈ Keine eintzige Hantierung muß verachtet werden, weil die so [da die, welche] am gemeinsten sind, dem State am nothwendigsten, als Akerbau, Spinnen, Weben und Handlung treiben. Darum ist es eine Schande für Teutschland, daß der Adel sich schämet, Handlung zu treiben. Bald wird es auch Schande seyn zu studiren.

◈ Wenn in jede Provintz dahin gesorgt würde, daß die Hauptstadt ein ordentlicher Handelsplatz würde, so könten sich auf den Feldern jeder Stadt viel mehr Gärtner, Akerleute etc. leben, und dürfften sich die Bürger nicht mit dem Akerbau plagen, welcher ihnen gemeiniglich mehr schädlich als nützlich ist.

◈ Durch eine Conduiten Liste [Verzeichnis] aller Kaufleute des gantzen Landes könte man sie alle in allen Städten kennen lernen. Dieses müßte einen großen Vortheil bringen. Hiedurch könte man einen jeden nach seiner Fähigkeith zum algemeinen Besten brauchen.

◈ Denen Häuptern der Kaufleüthe müste man aus der Accise communiciren [anhand der Zolleinnahmen wissen lassen], was noch am fremden Wahren herein kommt, und man müßte eine Companie oder mehr Companien von Kaufleuten anrichten, die darauf beständig rafinirten [immer darüber nachdenken], wie man die Wahren hir machte; In einen Großen Haupt Comptoir könte man eine Haupt-Niederlage von allen fabricirten Wahren anlegen, wenn man hier die Kräfte der wichtigsten Kaufleute zusammen spannete, so könten höchst considerable Dinge zur Wirklichkeith gebracht werden. Das Haupt contoir müßte aber bloß ins Gantze und nie einzeln verkauffen. Solchergestalt wäre eine beständige Meße.

◈ Wenn ein Heer zerstöret ist, so wird ein Theil nach den andern geschlagen u. gefangen. Aber Eintragt macht Macht. Also auch unsre Handlung ist zerstreuet, ohne Eintracht.

◈ Eine Companie der redlichsten Kaufleute solte gemeinschafftlich an Verbeßerung der Fabriquen arbeithen, so könte dieselbe in erstaunlichen Floor kommen.

◈ In großen Städten und auf allen Meßen müßte man treue christlich ehrliche Landeskinder halten, an welche jederman aus den Königlichen Landen seine Fabrique Wahren senden könte. Ein solcher Factor müßte immer junge Leute zu ziehen, und nach etlichen Jahren wieder ins Land gerufen werden, wenn er zufor recht tüchtig christlich redliche Conto zugezogen hätte.

◈ In Frankfurth an der Oder solte man ein Groß Pfand Hauß errichten. Solches könte vil eintragen, denn mancher braucht höchst nöthig Geld.

◈ Frankfurth an der Oder solte man accurath auf den Leipziger Fuß einrichten, die Stadt gleichsam zu einer freien Republik machen, so könte diese Stadt dem Könige viel Geldes einbringen und fast Leipzig gleich werden.

◈ In Copenhagen und anderen Dänischen Städten sind Handels Companien aufgerichtet , welche alle Wahren für die Krämer um billigen Preiß anschaffen. Dieses scheint eine fürtrefliche Einrichtung in einen Souverainen Staat zu seyn, denn Ordnung erhält die gantze Weld.

◈ Mit Dänemark einen Acord auf ewig zu schließen, was man jährlich für den Sund Zoll zu zahlen hätte.

◈ Wenn gantze Statten [Staaten] mit einander handelten als Persohnen, und die Bedürfniße mit einander tauscheten, so könte unglaublich viele Arbeith vermieden und unzehlig viel Unglük verhütet werden

Z.E. Viele 1000 Tonnen Hering werden weggeworffen, weil sie zu alt werden. Inzwischen gehet doch das Geld aus dem Lande. Es ist ohnmöglich, daß ein Kaufman wißen kan, was der andre verschreibt. Daher ist offt eine Wahre im Überfluß zum Schaden aller Kaufleute eines gantzen Landes.

◈ Man könte mit allen europeischen Mächten Handels Tractaten schließen, daß ihre und unsre Wahrenauf beyden Seithen frey einlauffen dürfften.

◈ Eine neue Hansa aller Städte ist nötig. Nichts ist notwendiger, als der Bund mit Danzig. Sollte sich die Stadt dazu nicht bekennen wollen, so könte ihr durch unsere Handlung großer Abbruch geschehen, und gleichsam bekriget werden, daß sie sich endlich ergeben müßte.

◈ Hauptsächlich müßte man [zur Verbesserung des Handels] alle gute Bücher, die von Financen, Oeconomie, Handlung, Manufactur etc. handeln, aus aller Sorgfältigste samlen.

◈ Ein Buch von der Handlung, worin die Lutersche Lehre und Gottes Worth recht hoch erhaben würde, ist vieleicht sehr nützlich. Hiedurch käme die gesunde Lehre in den Händen der catolischen Kaufleute, und von ihnen unter die Bürger etc. Denn es würden vieleicht viel 1000 Catoliken sich ändern, wenn sie die Wahrheit erkenneten. Es wäre also gut, wenn die Wahrheit in Teutsch [ihnen zu] Händen käme zur Schande der catolisch und reformirten Pfaffen.

◈ Echte Christen solten billig alle Monath eine kleine Schrifft übergeben zum besten der Handlung. Hiedurch könte eine algemeine Wohlfahrt des Staats erwachsen. Solche Menschen wären wie Bäume des Lebens, deren Blätter zur Gesundheit der Völker dienten und die alle Monath ihre Früchte brachten.

◈ Eine Handlung anzulegen, da jeder Unterthan, Fürst und König, Geld einlegen kan, so daß er intereße 5 Protzento ziehet. Der Überschuß könte zur Verbeßerung der Schuhlen, Flüße etc., besonders zum Besten der Armen etc.

◈ Wenn eine gantze Stadt davor stehen müßte, wenn einer banquerout wird, so könnte man alle Banquerouts verhindern. So hätte jede Stadt allen Credit, so wurde die Handlung auf den höchsten Flohr kommen.

Jede Stadt könte eine Assecurantz Casse haben, wegen der Unglüks Fälle.

◈ Der Kaufmans Krieg ist ohne Bluthvergießen und bringet so viel Nutzen als der Soldaten Krieg Schaden bringet. Darum ist ein Kaufmans Krieg eher zu wagen, als ein Soldaten Feldzug, wo offt Land und Leute, Guth und Bluth verloren gehet.

◈ Man müßte keinen Nachbahrn puisancen [Nachbarmächte] merken laßen, was man im Schilde führete. Pro forma müßten alle alten Gesetze nicht allein in ihrem esse [Sein, Bestand] bleiben, sondern man müßte sich noch dazu stellen, ob [als] wolte man daran feste halten, und die aller schädlichsten müßte man de novo renoviren, und also den Nachbahren einen Blauen Dunst vormachen.

[Soviel zum ehrlichen Kaufmann und der Wahrheit!]

◈ Wir erregen [Aufmerksamkeit in] gantz Europa, weil wir unsre besten Vortheile ausposaunen und jederman unsre Intereße zeigen. Alles in der Residenz anlegen ist nicht guth. Hingegen die armen kleinen Städte werden vergeßen, daß ist desto schlechter.

◈ Die Prahlerey ist bei der Handlung höchst schädlich, das Stilschweigen aber die Seele der Handlung.

◈ Im Handlungs Krieg müßen wir gantz piano defensive gehen, so daß es der Gegner nicht merkt, sonst ist es gefehlet.

◈ Hiesigen Kaufleute solte man heimlich mit Geld, Rath und That unterstützen, aber es nicht ausposaunen.

◈ Denen Fabricanten zum Besten solte man die Wahren so hoch impostirt sind [mit hohen Zöllen belegt], frey einführen laßen.

◈ So viel fremdes Capital unser Land aufnimt, um so viel schwächen wir das Land, welches das Capital hergibt.

◈ Mit die 40 Tausend Rtl. Pensiones, so die Frantzosen kriegen, hätte man unser gantzes Land und alle unsre Städte aufhelffen können. Welch eine Menge von Fabriquen könte auf kleinen Städten seyn, wenn man einen solchen Fabriquanten oder Kaufman nur 100 oder 200 Taler Pension gebe, der was Gutes erfunden hatte. Nun aber werden unsre Landes Kinder nicht allein nicht geholffen, sondern würklich unterdrüket. Dieses thut dem König und dem Lande erstaunlichen Schaden.

◈ Durch die 40 Tausen Rtl. Pensiones, so die Frantzosen jährlich kriegen, könten alle unsre Stätte längst in den größten Flohr gebracht seyn, wenn man den besten Kaufleuten und Fabricanten Praemien gegeben hätte. à 100 Taler könten 400 Praemien ausgetheilet werden, nicht allein die Geld-, sondern auch die Ehr Begierde würde alle Proveßiones ermuntern, auf allerley Inventiones bedacht zu seyn.

◈ Wenn es an Geld fehlet, so muß man was aufnehmen, auf Schlesien, oder ein andres Land. Dadurch gewint man eine gewaltige Force. Es würde uns so wenig eine Schande seyn, Geld auf zu nehmen, als einen Amtman, ein Amt zu pachten. Ein solch Land, als das Königliche, hat eine erstaunliche Force, wenn man es recht zu brauchen weiß. Welche Sumen Geld könte man da aufnehmen und was ist damit zu verdienen.

◈ Der König schwächet sein Land durch Anlegung großer Schatz Kammern [Bandow will sagen: Geld muß arbeiten.].

◈ Wenn wir viel Wahren verkauffen könten, müßte nothwendig der Cours der Holl. Wexel gewaltig fallen. Vieleicht kaufte man die Wechsel zu 120 Procent, die jetzt 135 gelten.

◈ Unser Korn, Holtz etc. müßten wir nicht von andren Völkern holen laßen, sondern ihnen bringen. Dadurch haben die Engeländer die Hansa ruiniren helfen, darum gewinnen die Europäer gegen die andern Völker.

◈ Das Brenn Holtz so man von hir nach Frankreich sendete, müßte hier gantz klein gespalten werden, teils damit es desto mehr würde, teils aber auch, daß die hiesigen Holzhauer dadurch Arbeith kriegen.

Bloß der Kiehn Handel und Ausrottung der Stubben könte nach Holland und Frankreich, wie auch nach London, considerable seyn.

Mit Bauholtz, Stäfholtz [Stab-, Stützhoz], SchifHoltz, Bohnenstangen zu handeln.

◈ Ein regelmäßiger Verkauf der Wahren müßte eingeführet werden, damit die Versündigungen und Versprechungen ein Ende hätten, nicht weniger [ebenso] würden die Betrügereyen abgeschafft, die Banquroute [Bankrotte] hörten alsden auf. Alle Welt würde uns creditiren und mit uns handlen wollen. Alle Welt würde auch von uns kaufen wollen, weil kein einziger betrogen würde. Jeder Kaufman könte fröhlich leben und mit guthem Gewißen sterben.

◈ Wenn ein Kaufman Banquerout machte, so müßten die andern für ihm bezahlen, weil sie seine liederliche Lebensarth nicht angegeben und ihn bestrafft haben, denn ein Heeler ist so gut als der Stehler.

◈ Die Handlung auf der Ostsee ist für unsere Landes Früchte die Provitableste. Das kalte Klima der Nordischen Länder wird ihnen schwehrlich erlauben, so herliche Früchte zu gewinnen, als wir durch Gottes Gnade gewinnen können. In diesen Ländern müßten unsere Factors aufs Genaueste untersuchen, was ihnen dort fehlet, damit wir ihnen unsre Wahren zu rechten Zeith zuschikte[n]. Die rechte Zeith zu treffen ist bey der Handlung der wichtigste Punkt, zumahlen in der Ostsee. Sonst ist es eben als wenn man in der Ernte schlaffen wolte.

◈ Alle Fremden könten leichte mit uns handeln, wen sie an uns schrieben, brauchten sie unsere Nahmen nicht zu wißen, sondern sie schrieben an die Kaufleute jeder Stadt, als welche als nur Persohnen anzusehen seyn müßten. Diese machten unter sich einige Krämer aus, denen sie die Wahren liferthen, und ihnen einen regelmäßigen [geregelten] Verkauff fürschrieben. Hierdurch müßten unglaubliche Vortheile erwachsen. Man könte mit dem bahren Gelde alles zwingen, was man nur wolte. (Merke Bandows Anmerkung zu den Juden in England!)

In Berlin u. Königsberg könte man ein Magacin ins Große halten, darin man alle Wahren, so auf Meßen kommen, beständig im Gantzen haben könte, daß daselbst die Krämer wie auf Meßen kauffen, und die Reisen sparen können. Und so in jeder großen Stadt.

Unsre fabrique Wahren müßten auf Meßen gar nichts [keine Gebühren] geben, aber die Fremden desto mehr. Die indianischen [ostindischen] aber am aller meisten, weil dadurch das Geld aus der Christenheith geschleppet wird.

Eine gantz freye Handlung ist höchst schädlich. Sie muß sich auf vernünfftige Gesetze gründen. Jedoch müßten die Einländer, so auf Meßen mit solchen Wahren handeln, Vorzüge genießen vor den Fremden. Die Sachsen müßten in Erfurth ebenso viel von ihren Wahren bezahlen, wie wir in Leipzig bezahlen müßen, von hiesigen fabrique Wahren.

Es wäre guth, in Frankfurth an der Oder ein großes Woll Magacin zu errichten, und daselbst fabriquen anzulegen von polnischer Wolle. Man hätte den Vorzug, am Thor zu erfahren, woher die Wolle käme, und könte also die beste aussuchen.-

Die Sachsen kauffen in Frankfurth die polnische Wolle, haben doppelte Kosten hin und her, auch fast unerträgliche onera, und bringen die daraus gemachte Wahre wieder nach Frankfurth und verkauffen sie an die Pohlen.

NB. Wir laßen uns die Vortheile so weg nehmen

◈ Die Seide, so von Leipzig u. von der Erfurther Meße komt, müßte höhren import haben. Denen Großirern [Großhändlern] aber hingegen, müßte man an der Stelle bekant machen, daß die Seide aus Italien gantz wenig accise geben solte. Auf diese Arth blieben die Defraudations nach. Die retour Seide aus Erfurth müßte in Berlin gesiegelt seyn

◈ Ein zu großer Impost auf Wahren gibt Gelegenheit, daß die Handlung zernichtet und die Kaufleute meineidige Diebe werden. Wenn man für 1 Taler defraudierte Wahre 200 Taler Straffe geben muß, daß ist nicht etwa 5 oder 10 Prozento, sondern, entsetzlich, 2 Tausen Procento. Der rechte, eigentliche Diebstahl war nach dem Gesetze Mose 2 fältig, auch wohl gar 5 fältig ersetzet, aber nicht 2000 fältig. Ist nun ein Gesetz vom Defraudieren schon schädlich und kann das höchste Recht derselben den Defraudenten, und die für ihnen gut gesagt [für die gebürgt haben], zum höchsten Unrecht werden.

◈ Die Handlung befördert nicht alle mahl die Glükseeligkeith der Völker, sondern der Überfluß richtet sie offt zu Grunde.

◈ Wenn eine allgemeine Verbeßerung der Handlung vorgehen soll, so muß alles regelmäßig eingerichtet werden, und auch das allergeringste nicht verachtet und als ein pagatel [Bagatelle] angesehen werden. Zum Exempel, *nichts ist verächtlicher als alter Plunder* [Lumpen] gleichwohl ist der Papier Handel so davon abhängth sehr considerable. Es müßte also in jedem Hause ein oder mehr Beutel angehangen werden, in denen auch die kleinsten Lumpen gesamlet würden, und hierzu müßte ein jeder Hauswirth angehalten werden, solche Einrichtung zu machen, zumahl die Druckerey darauf beruhet, und also höchst wichtig ist.

◈ In einem ordentlichen Laden solte ein Mensch gar nichts weiter thun, als alles protocoliren, was vorfiele, und wornach gesucht würde. Daraus könten Denk Zettel,

Bestellungs Bücher etc. gemacht werden, und es wäre gleichsam das Gegenbuch der Stratze [von Ital. stracciafoglo = Kladde], so könte nichts leicht vergeßen werden, anzuschreiben, oder zu bestellen, oder sonst zu besorgen.

◈ Durch die Handlung können benachbahrte Printzen, als in Pohlen, wenn man ihnen erlaubte, Korn einzuführen, gezwungen werden, sich als Vasallen zu ergeben, um mit uns handeln zu können. Wo wolten sie mit ihren Wahren hin, wenn wir die große Force der Handlung hätten. Sie würden auch lieber in einer wahren Freyheith als in der polnischen Raserey leben, die sie Freyheith nennen.

◈ Die reichsten u. wichtigsten Dantziger und andre Pohln. u. Pr. Handelsleute müßte man ins Land ziehen, umsonst in den Adelstand erheben [Anscheinend ging das normalerweise gegen Bezahlung!], große Ehren erweisen, als den, wenn das Geld und Capitalirte aus der Stadt weg ist, so fält die Handlung von selbst weg. Ehrgeitz plagt die Leute stark. Die Kaufleute vom ersten Rang würden geadelt, dadurch fielen die Vorurteile weg, als ob die Handlung treiben eine Schande sey.

◈ So wie die Zuckersiederei Mal honet forciret wird, so könte fast alles honet und ehrlich im Lande erzwungen werden,

7.2 Ein Gedicht von Johann Christian Cuno

Johann Christan Cuno (1708-1783) war geboren in Berlin, studierte in Halle u.a. Theologie, wurde in Preußen zum Militärdienst gepreßt und brachte es zum Offizier. 1740 desertierte er nach Amsterdam, wo er als Kaufmann, Dichter und Übersetzer lebte. 1761 ging er nach Ostindien. Nach seiner Rückkehr verbrachte er seine letzten Jahre in Weingarten bei Durlach. J.C. Cuno war ein Parteigänger und starker Befürworter Hollands; auch übersetzte er holländische und deutsche Schriften in beide Richtungen. Mit dem folgenden Gedicht, das Bandow in seiner Kladde aufgeschrieben hat, trifft er genau dessen eigene Bewunderung für Holland als Land der praktischen Vernunft und des Handels. Zwar billigt Bandow England ebenfalls eine hohe Stellung zu, hält sogar die englische Gesetzgebung für die beste der Welt, bedauert aber die seiner Meinung nach allzu große Liberalität in religiösen Dingen. Holland scheint ihm da redlicher. Da die Holländer aber leider reformiert sind, bleibt als wirkliches Vorbild schließlich doch nur noch der honette deutsche Kaufmann lutherischen Glaubens.

Zum Lobe Hollands

[Sprache modernisiert]

Klug, vernünftig, edelmütig,
Unverdrossen, arbeitsam,
Ehrlich, liebreich, mild und gütig
ist des Kaufmanns rechter Nam‘.
Unter Frommen gibts auch Bösen:
Unbeschnittne Juden sind
Wie getaufete Chinesen,
Spelt, der sich beim Weizen findt.
Holland, richte du die Ehre
Der geschmähten Handelung!
Zeige, wie man hie sich nähre,
Wie Dein Ruhm sich aufwärts schwung!
Da du aller Elementen
Sozusagen dürftig bist,
sehen, die den Handel schänden,
Wie Dein Lob gestiegen ist.

Du bepflügest keinen Acker,
Doch Dein Bürger pflügt Papier,
Seine Schiffe pflügen wacker
Belt und Ozeans Revier.
Drum kannst du ein Kornhaus heißen,
Welches halb Europa nährt.
Wenn um Brot sich Länder reißen,
Ist Dein Vorrat Dir beschert.
Wächst kein Flachs, der liefert Linnen,
Die ganz unvergleichlich sind;
Keine Seidenwürmer spinnen.
Doch weil Kunst und Eifer spinnt,
Werden die berühmtsten Stoffen:
Atlas, Damast, Moar und Samt,
Hier sehr reichlich angetroffen.
Sehet, was vom Handel stammt!

7.3 Handelswaren

Über Textilien

Bandow versteht etwas von Stoffen. Hier befindet er sich ganz in seinem ursprünglichen Fachbereich. Er scheint eine Färberlehre absolviert zu haben (siehe Rezepte), oder stammt möglicherweise aus einer Färberfamilie. Er kann die Qualität der Rohwaren ebenso gut beurteilen, wie die Qualität ihrer Verarbeitung. Er bemüht sich um die Verbesserung der einheimischen Erzeugung wie auch der Fabrikation. Aus Ländern und Gegenden, wo Anbau von Flachs und dessen Qualität besser sind als in Preußen, will er Saatgut und Pflanzen einführen, wo er von tüchtigen Handwerkern weiß, will er diese für die einheimische Industrie anwerben. Vergleichender Versuchsanbau und Vergleich von Herstellungsmethoden gehören zu seinen wiederkehrenden Vorstellungen vom sinnvollen Wettbewerb. Auch Wirtschaftsspionage gehört zu den erlaubten Mitteln, doch propagiert Bandow sie hier weniger aggressiv als im Zusammenhang mit der Gärtnerei. So empfiehlt er nicht explizit die Aussendung von Kundschaftern, sondern setzt auf die Anwerbung ausländischer Expertise. Als Kaufmann hat Bandow jedoch keine Hemmungen, für die Produktion und den Export von Waren zu plädieren, die er für die Bürger des eigenen Landes für schädlich hält und hier am liebsten verbieten würde.

◈ Gantz extra feine Braken [Flachsbrechen] zu Flachs, worin es recht sanft rein ausgebraket würde, ehe es geschwungen wird, hierdurch würde das Flachs länger bleiben und nicht so viel weg geschwungen werden. Man wird wohl bey Nahe so unverständig mit dem Flachs umgehen, wie mit dem Holtz und Einheitzen. Darum sollte man recht große Beneficia auf die aller beste Zubereitung des

Flachses wenden. Es müßte um die Wette gearbeitet werden, wer das meiste und feinste Flachs aus 1 µ [Pfundzeichen] Flachs heraus brakte, wer es am besten röthet [röstet] oder sonst zubereitet, auch wer am meisten Stücke aus 1 µ Flachs spinnt. Das Flachs wird nirgend genug gebraket: man muß ganz feine eiserne Braken anschaffen.

◈ Die Böhmen holen unser schlechten Cotbußer Flachssamen aus dürren Erdreich und gewinnen davon auf fettem Boden vortrefflichen Flachs.

◈ Die Landsleute, als Schlesier, Sachsen, Westphälinger, Pommern, Brandenburger, Böhmen, Lausizer, Wenden, Prignitzer, Altmärker u. neu-, Niederländer etc. müßte man zusammen bringen, damit ein jeder nach seiner Arth seete, Flachs zubereitete. Auf solche Arth käme man hinter die Wahrheith, den an vielen Orthen wird der Flachs verdorben. Die Böhmen wißen damit fürtreflich umzugehen und machen sehr schönen Zwirn.

◈ Das Spinnen und Flachs zu bereiten ist von solcher Wüchtigkeith, daß Mathematici u. Philosophen auf die besten Mittel das Flachs zu bereiten denken solten.

◈ Wenn wir mehr Flachs baueten, so könten wir dagegen das wohlfeile Korn brauchen.

◈ Es wäre guth, in Frankfurth an der Oder ein groß Woll Magacin zu errichten, und daselbst Fabriquen anzulegen von polnischer Wolle, man hätte den Vorzug, am Thor zu erfahren, woher die Wolle käme, und könte also die beste aussuchen.

Die Sachsen kauffen in Frankfurth die polnische Wolle, haben doppelte Kosten hin und her und fast unerträgliche Onera [Auflagen, Belastungen], und bringen die daraus gemachte Wahre wieder nach Frankfurth und verkauffen sie nach Pohlen. Wir laßen uns die Vortheile so weg nehmen.

◈ Man muß suchen, Färber aus Macedonien zu kriegen, damit man lernen und Baumwolle recht roth färben kann, es koste was es wolle.

◈ Baumwollen Bäume könte man vieleicht her ziehen, und den Samen oder Pflantzen aus Grichenland ziehen.

◈ Durch Praemien kan die Spinnerey, Weberey und Seiden Bau aufs feinste und höchste getrieben werden. Jederman will die Gnade des Königs haben [Förderung], so wie die Werbung durch diesen Zwang aufs Höchste gestiegen ist.

◈ Wie Perleberg zu einem Handelsplatz zu machen.

1. Ein Woll-Markt wegen der Meklenburger und Lüneburger Wolle wäre nötig, und die Baumwolle könten sie aus Hamburg ziehen.
2. Eine General Niederlage aller Wahren müßte da angelegt werden für die Meklenburger, damit man da alles finden könte, und es gleichsam eine beständige Meße seye.
3. Lederhändler, Kürsner, Weisgerber, Rauhhändeler (Fellhändler) aus Lübek und Dantzig müßte man zur Meße einladen.
4. Wolle, Heute [Häute], Flachs, Honig, Wachs, Obst könte aus Meklenburg gezogen werden.
5. Schwäbisch Gmünder, Henneberger , Hamburger u. Jüterboker und Pirmonter Striker könten Baumwolle und Leinen Strümpfe fabriciren, auch gewebte Mützen, Strümpfe etc.
6. Ein Gimnasium, Real Schuhle oder Kaufmans Universitet, wie die Chirurgi haben in Berlin [die Charité?].
7. Ohne den Wolmarkt noch 1 oder mehr Meßen anzulegen,
8. 1 Regiment in Casernen, von jungen Schlesiern, Westphälinger, Niderländer, dahin zu legen, die alle spinnen können, nebst ihren schlesischen Weibern.
9. Westphälinger spinnen auch guth, die könte man aus der Kleveischen Nachbahrschafft anwerben mit ihren Weibern, Sachsen etc.
9. Fabrique von Segeltuch, Zwirn, Zwirnstrümpfe, Handschuh etc., Canvahs [Kanevas, Stramin Packleinwand], Pargt [Barchent], wollene Strümpfe, Mützen, Handschuh, Bet Pargt, Futter Pargt, fein und groben Zwilch, rohen Zwilch, die wendische 2gl. Leinwand. Eine Gold und Silber Manufaktur, desgleichen eine von unecht Gold und Silber, Korbmacher und Stuhlmacher, die schöne Bleiche, alle Arthen von Leinwand, Wachstuch, Frieß, Gubener Leinwand.

Holländischen Zwilch solte man billig hier machen.

10. Den die Lage ist vortreflich nach Hamburg, Bremen, Lübek, Meklenburg, Pomern etc.
11. Der Fluß ist leicht schiffbahr gemacht.
12. Eine regelmäßige Oeconomie nach meiner Anlage, als Maulber und Castanien Plantagen etc.
13. Die ausgeneheten [genähten, geschneiderten] Wahren müßte man statt der seidenen tragen, weil dieses unsere beste und natürlichste fabrique ist, die in allen Ländern nützlich versilbert [zu Geld gemacht] werden kan.
14. Die Mägde müßten gar keine seidene Wahre tragen, nicht einmal Mützen.
15. Keine seidenen Meubles
16. Mit Leinwand und andre Produkten können wir die Lateinischen Wahren balanciren und selbe in die Nordländer führen. Unsere Leinwand und Garthen Wahren (von Kanten [Bändern] und Batist fabrique) sind nach den Nordländern sehr angenehm.

17. Vielleicht ist der große Neßel guth Netteltuch davon zu machen.
18. Die Perleberger müßten jemand in Westphalen halten, der die rohe Leinwand aufkauffte, damit sie in Perleberg gewalket und gebleichet würde.
19. Der König müßte die Stadt von der Werbung und Einkwartirung frey machen, und die Stadt wie eine Freystadt, wie Altona erklären.
20. Wochen Märkte daselbst anlegen, welche großen Nutzen haben für Bürger und Bauer.

Am Zuchthauß vor [für] den gantze Prignitz [Distrikt P.] Englische Wahren aus Engeland zu ziehen, wie die Iserlohner.

Die Garnison kan auf den Wachen knütten, striken. Man muß Beneficia für den ausmachen, aus der Kämmerey, der die beste Wahre macht, und die feinste Strickerey.

Richten die Perleberger Perpetuels, können Leinwand feiner gewebt werden. Wenn die Wolle gut sortirt und feiner gesponnen wird, auch besser mellirt und feiner durchgekratzet.

Fabrique von Canefaß [Segeltuch] Mützen, Handschuh, in Sonderheith Nähnadeln, Stecknadeln, Drath fabrique

[*Die Unterstützung de rfranzösischen Kolonie in Bernau animiert Bandow zu alternativen Verbesserungen zur Förderung der Stadt:*]

◈ Bernau könte durch Strumpfstriken leicht aufgeholffen werden, man müßte Leineweber, Striker und Spinner aus alle Regimenter zusammen da hin bringen, besonders wollene und leinene Strümpfe knütten laßen.

Aus dem Opern [Arbeitshaus?] und Infaliden Hause könten Schuhlen angelegt werden, zumahlen das Infaliden Haus wäre treflich, die Jugend im Gärtner Wesen zu informiren.

Durch die Pensiones so die Frantzosen kriegen könten nicht allein Bernau aufgeholffen werden, sondern auch alle provintzen aller Königl. Länder.

Das Geld, so man in Bernau zu neue Häuser geben will, ist vieleicht beßer angewand, die alten Einwohner aufzuhelffen und auf die Höfe quartire für Soldaten zu bauen, oder zu Baraken. Die Baraken werden nicht viel mehr kosten, als auf die Bürger Häuser vergütet wird, darum ist dises am besten, wenn ihnen dabei zu spinnen gegeben wird.

Wo aber doch quartir gemacht wird, könte leicht die Einrichtung gemacht werden, das des Wirths Feuer auch des Soldaten Ofen mit heitzete, aber kein Soldate muß mit Gewalt quartir nehmen.

◈ Das Striken könte man im ganzen Lande viel stärker einführen, nach Arth der Pirmonter und Schwäbisch Gmünder. Hiedurch könten gantze Städte in Flohr gebracht werden. Die Knaben könten in den Schuhlen knütten und die Spiel-

Stunden zum exercieren anwenden. Durch einen großen Schuhl Garthen könte man sie in die Oeconomie und Gärtner Kunst unterrichten.

◈ Alle Knaben solte man knütten und spinnen lernen und ein Praemium drauf setzen, wer am feinsten und saubersten spinnet. Der Herr von Arnim hat schon den Anfang damit gemacht, und gibt den Knaben frey Schuhl Geld, damit sie spinnen lernen in 3 Monathen , knöppeln, Tuch, Flanel, Ertamin [Stramin?] etc. machen. Man müßte stark rafiniren [bedenken], daß man alle die Wahren machete, die unsere Nachbahren starck tragen.

◈ Wenn man den Nettel ordentlich seete, und gut düngete, davon vieleicht Nettelgarn gewonnen werden, wie in Ostindien. Auf dem Lande könten also von Nettelgarn, und roher Seide Sousies [Unterkleider?] gemacht werdem. Oder auch von roth gefärbet Leinen Garn, oder von sauberer Wolle.

◈ Die Catun Fabriquen sind auch in so fern schädlich, daß die fremde Catune in kleinen Städten und Dörfern eingeführet werden.

◈ Die Catun fabriquen sind schädlich

1. weil wir dadurch leicht eine Pest ins Land ziehen können [Ansteckungsgefahr], wodurch 1000 mahl soviel Schaden entstehen kann, als der Schein Nutzen jemahls betragen wird.
2. Es scheinet ein Nutzen zu sein, ist aber in der That zum Schaden des Königs und des Landes, weil dadurch unsre Leinwand und Wolle fabriquen fast gäntzlich zu Grunde gehen, woran uns doch alles gelegen ist.

◈ Aufzug und Einschlag in Leinwand müßte mit 1 Faden türkisch Garn bezeignet werden, damit alles regelmäßig und ehrlich zuginge.

Diese Fadens könte man hernach ausziehen und mit eine Nro. bezeichnen, und stempeln, damit jederman ehrlich bedienet würde. So auch die Batist [?] Leinwand.

◈ Hamburger, Jüterboker, Hanoveraner Stricker anzuwerben und dadurch unßere Strumpf fabriquen zu verbeßern.

◈ Mit dem Korn Handel könte der Tuch und fabrique Wahren [-Handel] herlich verbunden werden. Desgleichen könten viel 1000 fertige Kleider von ord. Tuche, Sommerzeug, Leinwand etc. nach Portugal, Spanien etc. gebracht werden. Ohne Zweifel wäre damit viel zu verdienen, und Oberzeug, Unterfutter etc. folgl. Leinen Wahren gebraucht werden, so gebe es uns großen Nutzen, Vieleicht könte man auch Lieferung von fertigen Monduren p. gantze Regimenter, theils nach Rusland, theils nach Portugal etc. bringen, oder nach der Barbarey.

◈ Die Schlesier Damast Weber haben es in Leinen so hoch getrieben, als die Frantzosen in Seidenzeug. Sie machen die schönsten Musters in extra feinen Tafelzeugen.

◈ In Berlin wird ohngefehr Seiden W.[ware] gebraucht [Wert des jährlichen Seidenverkaufs nach Schätzung Bandows]

Händler	*Tausend Taler p.a.*
Gotskofsky	50. -
Gerard	50. -
Baudouin	50. -
Bernhard	40. -
Salomon	40. -
Meyer	40. -
Goldschmid	30. -
die übrigen Juden	100. -
Sprogel	20. -
Bugholtz (Buchholtz)	20. -
Hilliger	15. -
Die übrigen Christen in Berlin	100. -
	555. -

[Bei Gotskofsky, Salomon, Meyer und Goldschmid handelt es sich jedenfalls um Juden. Gerard, Baudouin und Bernhard zählt Bandow ebenfalls als solche, es könnte sich aber auch um "Franzosen" handeln. Soweit man Bandows Zahlen trauen kann, wäre also drei Viertel des Seidenhandels in Händen von französischen und jüdischen Kaufleuten.

Über den Kaufmann Gotskofski weiß Meyers Konversationslexikon folgendes:

"Gotskowski, Johann Ernst, preuß. Patriot, geb. 21. Nov. 1710 in Konitz, gest. 9. Aug. 1775 in Berlin, von polnischer Abkunft, trat 1724 als Lehrling, 1730 als Gehilfe in das Geschäft seines Bruders in Berlin ein, wo er mit Friedrich II bekannt wurde. Auf dessen Veranlassung gründete er in Berlin eine Samt-, dann eine Seidenfabrik und brachte sie trotz mancher Verluste zu hoher Blüte. Ebenso errichtete er 1761 die Berliner Porzellanmanufaktur. Als 1760 die Russen Berlin besetzten, wußte es G. durch seinen Einfluß bei dem General Totleben zu erreichen, daß die Stadt von Plünderung verschont, mehrere, bereits befohlene Gewaltmaßregeln und die Kontribution von 4 Mill Thlr. auf 1 1/2 Mill herabgesetzt wurde[n], für deren Zahlung er selbst große Opfer brachte...." - Es sei noch erwähnt, daß Friedrich II die von G. aufgebauten Fabriken "an sich zog". G. blieb auf seinen Schulden sitzen und starb verarmt. Soviel zum Dank des Vaterlandes.]

Zum Leinwandhandel u.a.:

1) Pohlen und Sachsen haben freie Handlung, doch ist das große Pohlen arm, bey seiner Freyheith, da es doch nichts gibt, Sachsen hingegen gibt große Summen und ist doch reich.

2) Die sächsischen Fabriquen übertreffen die unsern, ob sie gleich alle fremde Wahre einführen.

3) Selbst bey unsern ersten Catun Verboth kamen die sächsischen Leinwand Fabriquen auf, unsre hingegen gingen zu Grunde. Die Lage unsres Landes leidet [verträgt] solhe Verbothe nicht sondern unsre kleine Städte werden ruiniret.

4) In unsren Städten kan kein ehrlicher Mann handeln, sondern Meineidige und Betrüger.

5) Aller hoher Impost auf Wahren ist eine Versuchung zum Meineid und Betrug.

6) Es ist zum Schaden des ehrlichen Mannes, zum Nutzen meineidiger Betrüger.

7) Die Juden haben den Contraband Handel der Kamerboste [Kurzwaren?] etc., denn er ist viel leichter herrein zu bringen als Caffe etc.

8) Zur Zeith ist die Seiden Fabrique noch unnathürlich und leben wenig Menschen davon.

9) Hingegen müßen die Seiden Händler auf kleinen Städten aufhören oder defraudieren.

10) Der König leidet Schaden, das Land leidet Schaden, der gantze Staat ist mit Feßeln gebunden, wie ein Mißethäter, ärger als unter dem Gesetz.

11) In Frankreich, Engeland etc. gehen solche Verbothe leicht an, aber hier sind sie zum Schaden.

12) Die Leinewand Fabrique ist für die K. Pr. Länder die wichtigste, natürlichste, nützlichste und unentbehrlichste, weil der Bauer, Tagelöhner, Spinner, Weber, Kaufmann etc. Landesherr etc. davon provitiren, und alle Ausländer Leinwandt haben müßen. Hirdurch können die Königl. Länder am besten bevölkerth und folglich der Staat reich gemacht werden. Vieleicht ist Schlesien durch Leinwand glüklicher den Frankreich durch Seiden Fabriquen. Wir können eher ihre seidene Wahren entbehren als sie unsre leinenen, weil dieses für Arm und Reich schlechterdings unentbehrlich ist, jenes aber offte nur zum unnützen Staat dienet.

12. Wir könten den gantzen Leinwand Handel an uns ziehen, weil unser Land dazu am besten gelegen und gut Flachs gebauet wird. Unsre Land Husaren könten Flachs bauen und Leinwand machen.

13. Den Seiden Bau muß man mit Macht zu forciren suchen, weil die hiesige Seide beßer ist als die Italienische und Frantzösische. Als den kan die Seiden fabrique unsern Lande fast eben so natürlich einträglich sein, als die Leinen Fabriquen.
NB. Wenn wir alle erdenklichen Erfindungen macheten, allerley saubre Kleidung von Leinwand zu machen, so könte nicht alleine ein groß Geld im Lande erhalten werden, sondern die Ausländer würden es auch gerne kauffen.

14. Wegen dem Leinwand Handel könte ein Hanse Bund errichtet werden, dadurch könte man die Portugisen, Spanier etc, forciren, unsre Leinwand zu kauffen, zumahlen wenn man allerley künstliche Leinwand Wahren, als Tapeten, gedrukte Leinwand, Schaubtücher etc., Zwilch, Damast ihnen zuführete, aber niemahls im Überfluß, sondern nur immer zur Nodurft. Es müßten aber etliche Capital Wahren Lager errichtet werden, damit es niemahls an Vorrat fehlete. Man müßte sich auch niemahls merken laßen, daß man ein solch groß Wahren Lager hätte.
15. Die Holländer sehen den Leinwand Handel als einen Haupt Handel an. Die Hamburger haben sich bisher damit hauptsächlich bereichert, und in Portugal und Spanien damit nicht wenig verdienet, den hier gilt der Krahm [Handel, Detailhandel] am meisten hier ist großer Vortheil zu machen.
16. In Preußen ist alles wohlfeil, darum ist da am besten Leinwand fabriqe anzulegen, vieleicht geht auch da der Seiden Bau fort.
17. Leinwand und fertige Hemden, Tafelzeug, Tapeten, Betzeug Zwilch, Glantzund Futter Leinwand in Portugal und Spanien in ungemü[n]tzes Gold und Silber zu vertauschen, oder gegen spanische Wolle, muß nothwendig sehr vortheilhafft sein, wie auch Schuh, fertige Strümpfe, dünne wollene Wahren etc. gegen ihre Weine und andere Wahren zu vertauschen muß sehr vortheilhafft sein. Wir laßen den Holl u. Engländern, Frantz., Hamburgern den Profit aus unsre ausgehende Wahren und geben ihnen auch den Profit auf die eingehenden Wahren. Folglich verliehren wir doppelt. Was wir nicht von Portugisischen und Spanischen Wahren selbst brauchen, können wir den Pohlen, Rußen, Schweden, Dähnen und unren Nachbahren in Teutschland zuführen, als [wie z.B.] spanische Weine.

◈ Die Juden führen die Seiden Wahren, wovon schwerlich der 10te Theil veracciset wird. Wenn man also die Summa aller Seide und aller Seidenen Wahren wißen will, und wieviel Geld aus dem Lande geschleppet wird, so kan man die veraccisete Summen sicher mit 10 multipliciren, als den wird die rechte Summa des Verlustes herrauskommen, so das Seiden Tragen verursachet.

Von dieser Summa des Aufwandes für die Stadt Berlin können wir Schlüße machen auf die Länder, und dieses wird unsern Fleiß verdoppeln, den Seidenbau mit Macht zu treiben. **NB.** Die Seiden Wahren kosten jetzt noch eins so viel [wegen des Krieges] wie sonst, darum ist der Schade doppelt.

◈ Die wendische Leinwand im Lande, besonders in Preußen zu fabriciren, muß ungemein zuträglich und dem Lande höchst nötig seyn

◈ wenn ich ein Tuch kauffen will, so brauche ich Gefühl und Gesicht, aber nicht den Geschmack, das Gehör oder Geruch... [Die Ich-Form belegt, daß Bandow Tuchhändler war)

◈ 85 Hansen Städte sind gewesen, welche noch viele andre Städte ernähret haben. Die Mark Brandenburg zählte 300 Städte mit Tuch Machern besetzt, die ihre Wahren nach Lübek verkaufften.

◈ Ob nicht die Baumwolle in unseren Lande zu ziehen sey, ist scharff zu untersuchen. Was man heimlich halten wollte, müßte erst in den diksten Wäldern durch die Jäger und Gärtner probiret werden.

◈ Wenn Splitgerber [David Splitgerber,1683-1764. Berliner Unternehmer, Rüstungsfabrikant und Bankier] seine force auf wollene und leineneWahre gelegt hätte, das währe dem Lande zuträglich.

◈ Johann Joachim Beker, ein Teutscher, hat die Strumpfweberey erfunden und in Holland die Manufacturen verbeßerth. Keineswegs aber ein Frantzose.

Über Kleidung

Bandows Ideen betreffend Kleidung sind eine Mischung aus puritanischer Prüderie, gesunder Vernunft und schlauem Geschäftssinn. Zum Puritanismus gehört die Verurteilung der Pracht, zur Prüderie die Verurteilung der im Zusammenhang damit stehenden erotischen Verlockung. Die Förderung der Volksgesundheit durch praktische und zweckmäßige Kleidung ist vernünftig. Vernünftig ist natürlich auch die Propagierung einheimischer Produkte zugunsten der heimischen Wirtschaft. Aber hier tritt auch das Eigeninteresse Bandows hinzu, der mit Leinwand und Wollstoffen handelt, und dessen Expansion in den Kattun- und Seidenmarkt durch die Privilegien französischer und jüdischer Handelsleute beeinträchtigt wird. Tatsächlich handelt er ja selber auch mit solchen Stoffen, ist durchaus ein Propagandist des einheimischen Seidenanbaus und plädiert für Versuche, auch Baumwolle und andere exotische Pflanzen im Lande zu züchten. Dabei hat er natürlich vor allem die Konkurrenzvorteile vor den Importeuren und die eigenen Exportmöglichkeiten im Auge.

◈ Die frantzösische Kleidung ist theatralisch, närrisch, landverderblich, schädlich und wieder Gottes Geboth.

◈ Die unzüchtige Kleidung der Weiber gleichet jenen Fallen und Fallstriken, wodurch sie selbst und viel 1000 Männer gefangen werden. Gelegenheith macht Diebe und Hurer. Darum verschließt ein jeder das Geld, sonst würde es bald gestohlen werden. Also solten auch die Weiber mit Scham und Zucht gekleidet seyn.

◈ Es möchte wohl gut sein, wenn jeder Proveßion eine Kleider Ordnung vorgeschrieben würde, damit der Narren Staat dadurch gehemmt würde.

◈ An stat der reichen seidenen Westen in Fr. Kleidern müßte man tragen: rohe leinene, weiße leinene, ausgenehete, gestikte, gedrukte, gemahlte Leinewand, leinen Tapeten etc. kann dem Staat erstaunlich Nutzen bringen. Wenn wir immer neue inoviaciones erfinden werden, so würden unsere Wahren selbst in Italien und in Frankreich verführet werden. Die Leute sind zum [Keider-]Staat sehr geneigt, daß es an den schönsten Erfindungen nicht fehlen wird, wenn sie gezwungen sind, hiesige fabrique zu tragen. Leinene Strümpfe werden gar nicht im gantzen Lande gemacht.

Die Mägde müßten gar kein Seiden Zeug tragen, auch kein baumwollen. Nicht einmahl Mützen. Durchaus keine Seiden Meubles.

In Teutschland herrschet jetzt eine Arth von Raserey [Verrücktheit, Wahnsinn], welche aber durch die Obrigkeit leicht kann [ab]geholfen werden. Die Freygeisterey ist diejenige Raserey, woraus allendhalben Schaden entstehet. Daraus entstehet die schändliche Hurerey u. Ehebruch, Plusmacher, der Wucher, Schinderey, ungerechte Richter, Menschen Diebe, Gotteslästerer, Sabbath Schänder, Diebe, Mörder etc. Hochmuth und Pracht macht arme Leute. Alles trägt ausländische Wahren zum Schaden des Landes.

◈ Ich wünschte, daß eine Mode für Mans u. Frauens Kleider fest gesetzt würde, die natur regelmäßig [naturgemäß] wäre und die Mittelstraße hielte, zur Festsetzung einer eigenen Mode, durch welche man alle Thorheiten aller Völker übersehen [außer Acht lassen] könte.

◈ Jede Arth Bediente könte ihre ordentliche und Ehren Kleider haben, so auch die Weiber, den unnützen Staat zu hindern, wie zum Exempel der König sich nicht scheut Soldaten mondur zu tragen.

◈ Die Soldaten und ihre Weiber könten sich in selbst gemachte roher Leinewand kleiden. Diese Tracht ist vortreflich, wen man nicht mit Vorurtheil eingenommen ist. Kostbahre Kleider machen viel Sorge und Bekümmerniß. Wenn wir mäßige Nahrung und Kleidung haben, so laßet uns genügen.

◈ Man solte gar nicht erlauben, daß hir baumwollene Wahren getragen würden. Des gleichen die Nettel Wahre und Catune.

◈ In warmen Ländern sind Seiden Wahren guth. Für uns Teutsche ist nichts beßer als Wolle im Winter und Leinwand im Sommer.

◈ Stat der Seiden, solte man gantz extra feine Zwirn Strümpfe, schwarz oder weiß, perlef[arben, perlgrau] etc. tragen.

◈ Durch Land-Bürger in soldatischer Ordnung könte eine regelmäßige Kleider Ordnung am aller besten gezwungen werden. Es müßten aber diese bewapnete Land Bürger wohl informirte teutsche Luteraner und keine andre seyn.

◈ Männer, Weiber und Kinder müßten uniform gekleidet seyn, sonst ruiniren die Weiber ihre Männer durch ihren Narren Staat [Modekleidung], und *ihre Kinder.*

NB. Rohe gedrukte Leinwand, recht sauber gemacht, könnte zur Noth ihr Sonntags Staat, zumahl im Sommer seyn. Auch müßte im Eßen und Trinken, und Kinder Zucht sehr genaue Aufsicht seyn.

◈ Kleider Ordnung
1. Die Mägde nichts andres als schwartze lederne Schuh
2. Gar nichts gantz Seidenes
3. Keinen Catun
4. Gar keine ausländische Wahren als [wie] Baumbast [Bombast, Bombazin] etc.

◈ Statiöse [an Kleider-Staat interessierte] Weiber sind ihres Stats wegen nicht mehr zu achten als Parade Pferde oder ausgeputzte Carossen Gäule. Ja, sie sind eine Pestilentz ihrer Männer und ein freßender Krebs des Landes. Sie sind gemeiniglich liederliche Huren, die sich selbst, ihre Männer und Kinder ins Unglük, in Kummer und Sorge stürtzen, ja, vor der Zeit ins Grab.

◈ Wenn der Hoff sich aus Politik in die allerbeste gestickte weiße Leinwand Wahren kleidete, zusonderheith aber wenn auch Manns Persohnen dergleichen trügen, zu Roke, Weste und Hosen, wie auch zu Strümpfen, so würde alles nachäffen, auch sogar die Ausländer. Hirdurch würden solche Wahren auf den höchsten Grad der Volkomenheith gebracht werden.

◈ Der König müßte seine Ministers zu verstehen geben, daß es ihm lieb seyn werde, anstat der seidenen, leinene Meubles zu nehmen.

◈ Zum menschlichen Leben gehört viel, wenn es närrisch seyn soll. Wenn aber der Mensch vernünfftig, demütig, mäßig etc. leben wolte, so gehöret wenig dazu, denn die Natur ist mit wenigem vergnügt, und ein schlecht [schlichtes] Kleid und ein rein gewaschener leinener Kittel ist offt beßer, gesünder und bequemer als ein kostbahres Kleid.

Allein zugleich durch die Parole [Order, Befehl] eine Kleider Ordnung machen. Denn es ist landverderblich zu stoltziren und fast landes verrätherisch, fremde Wahren ohne Noth den einheimischen vorzuziehen, den man haßet gleichsam sein eigen Fleisch, oder den eigenen Staat, wovon man ein Glied ist. Hiedurch würde uns erlaubt, alle unsre schönen Wahren in fremde Länder zu debitiren [vertreiben, absetzen], dahingegen könten jene, wegen unserer guthen Ordnung wenig oder nichts anbringen. Hirdurch könten wir fast alle Handlung an uns ziehen.

Über Getreide

Der Kornhandel tritt erst in einem späten Teil der Kladde in Erscheinung, Am Anfang stehen Textilien und Stoffe, später auch Kleidungsstücke. Am Ende scheint Bandow mit allem Handel getrieben zu haben, was lohnend schien. Aber er denkt dabei immer ein Stück weiter. Produktionsmittel und Herstellung, Lagerung und Transport gehen ebenso in seine Strategien ein, wie das rein kaufmännische Denken in Gewinn, Verlust und Profitabilität. Beim Kornhandel sieht er den kaufmännischen Trick in der Lagerung: billig einkaufen, lagern und bei günstiger Gelegenheit wieder verkaufen. Natürlich muß er bei der Lagerung auch Risiken einberechnen, wie den Verderb der Ware, aber da denkt er weiter, an verbesserte Lagerungs- und Schutzmethoden, oder gegebenenfalls an die Veredlung der Ware in haltbarere Produkte, wie etwa die Umwandlung von Getreide in Alkohol. Seine Ideen sind im Prinzip nicht dumm, aber andere können darauf auch kommen. Darum gilt es, die eigenen Tricks möglichst geheim zu halten, sodaß der Handelspartner nicht gleich merkt, daß er genasführt werden soll. Der honette Kaufmann, für den Bandow schwärmt und für den er sich selber hält, verhält sich offensichtlich genauso wie der von ihm getadelte Spitzbube und „Plusmacher“.

◈ Alle Minutissima, so aus fremden Ländern kommen, müßte man hir auf alle Weise zu forciren suchen, wenn auch nicht so viel Korn als sonst geschicht gewonnen würde [d.h., man muß danch streben, Produkte, die aus anderen Ländern eingeführt werden, im eigenen Lande zu erzeugen, auch wenn der Import ausländischer Waren damit sinke. Denn dadurch – siehe folgenden Satz – würde das Interesse der Nachbarländer an der Ausfuhr nach Preußen gefördert und das Angebot billiger].

NB. Eben dadurch würde sich der Kornhandel mit Gewalt hir her ziehen, aus Pohlen und aus andren benachbahrten Ländern.

NB. An den benachbahrten Grentzen müsten Wälle aufgeworffen werden, damit nicht heimlich Korn herein geschleppet würde, und ein mittelschwerer Zoll würde erstaunliche Summen einbringen.

◈ Zu Emden solte man ein Haupt Korn Magacin errichten

◈ Man müßte den Spaniern niemahls ihre Noth recht fühlen laßen, sondern den Korn Preiß mittelmäßig erhalten, den sonst legen sie sich selbst auf den Korn Bau und Korn Handel.

◈ 10 bis 12 hohe Buchten zum Korn trocknen könten auf dem Felde, oder auch auf dem Hofe gebauet werden, nach Art der Scheunen in Holstein, da man das Dach in die Höhe ziehen kan. Gantz niedrige Etagen müßten darin seyn, daß die Lufft durchziehen und alles troken werden kan, von unten u. oben und allen Seiten.

◈ Wenn wir das Geld so zur Werbung [von Soldaten] angewendet ist, zum Korn Handel angewendet hätten, so hätten wir uns längst gantz Europa zinsbahr gemacht und hätten eine weit größere Armee halten können, womit wir also auch größere Thaten hätten thun können.

◈ Frisch Korn solte man selten mahlen, sondern alt Korn, und man solte allemahl alt Mehl baken, damit das neue [Korn] allezeith etliche Jahr aufgehoben werden könte, zum Korn Handel u. Vorrath.

◈ Vieleicht wäre ein stipulirter [festgelegter] Preiß des Korns im Lande guth, aber außer Landes stiege und fiele der Preiß, zu unsren Besten.

◈ Es wäre guth, solche Korn See Schiffe zu bauen, von etlichen Etagen, auf beiden Seiten mit bleyerne oder meßingene Röhren, die Luft in die untersten Etagen zu bringen, nämlich Zieh Lufft [Zugluft], welche man bey großen Stürmen zu schrauben könte. Diese Röhren könten hoch hinaus geführet werden. Diese Schiffe könten beständig nach Emden, Holl., Spanien, Fr. u. Engl. fahren, und hirdurch lerneten wir denen andern Völkern ihre Handlung ab, wie ein Krämer, der die Handlung nicht gelernet hat, aus einen Laden in den andern schleichet, etwas weniges kauffet, dabey alles auskuntschafftet, und zuletzt klüger und reicher wird, als die Kaufleute selbst, ob er sich gleich schlecht hält und dum stellet.

◈ Je wohlfeiler das Korn ist, desto schwerer solte das Mahlgeld seyn. Jetzt aber ist es umgekehrt und fält den Armen zur großen Last in teuren Zeiten.

◈ Unser Land ist vortreflich zum Korn Handel. Wir aber haben ihn bisher von uns gestoßen, denn in wohlfeilen Zeiten verbiethen wir, das Korn einzuführen, hingegen kauffen wir in teueren Zeithen von den Nachbahren so fleißig, daß wir Vorrath haben, wenn wohlfeile Zeiten einfallen, welches die Herren von Schelde [die Holländer] kaum so dum gemacht haben. Folgendes Exempel wird das Unvernünfftige zeigen.

Gesetzt, ich könte heute von einen fremden Tuchmacher 1 St. Tuch vor 12 Taler kauffen, ich sagte aber, mein Freund, ich kaufe nur von die hiesigen Tuchmacher ebendas Tuch vor 24 Taler. Legt es 1/4 Jahr zurük, denn will ich euch 24 Taler schaffen, denn ich kaufe nur in teuren Zeiten.

◈ Der Korn Handel mit Meklenburg ist bisher so verkehrt als schädlich gewesen, den wir haben die dortigen Edelleute gezwungen, ihr Korn bis zu den teuersten

Zeiten liegen zu laßen. Davon sind sie sie reich worden, den sie haben .. [Der Satz ist nicht abgeschlossen)

◈ Recht viele Windmühlen können extra ord. nützlich seyn, wenn Brantweins Brennereien dabey angelegt werden. Bey jeden Magacin solte eine Windmühle seyn, damit man sogleich das Korn in Branntwein verwandeln könte, so bald es verderben wolte, oder Würmer darein komen. Eine ordinaire Wind Mühle kan bey guten Winde in 24 Stunden 60 Scheffel Mehl machen, und jährlich wohl 24.000 Scheffel Brantweins Schrot abmahlen.

◈ Der Rein, die Weser, die Maaß, die Elbe, Oder, Weichsel, Spree, Havel, Ost und Nord See sind so vortreflich zum Kornhandel für die K. Pr. Lande, als vieleicht so vortheilhafft keines unter der Sonne ist. Schlesien kan aus Böhmen, Pohlen, Sachsen kauffen. Alle anderen Länder müßen auch ihren Nachbahren zu rechter Zeith abkauffen. Überhaupt, eine vernünfftige Handlung mit Korn kann uns einen unglaublichen Reichthum erwerben. Aber sie mus von weisen, vernünfftigen Christen dirigiert werden. Pohlen, Preußen, Lithauen, Böhmen, Meklenburg, Berge, Münster, Anhalt etc. sind unsre Korn Bodens. Königsberg und Elblingen kan Dantzig ziemlich das Gewicht halten. Selbst in Neu Chatel ist vielleicht etwas zu machen e.p. [für] den König. Westphalen kan vom Reiche und von Holland profitiren durch den Rein. Minden auf der Weser, Magdeburg in die Mark auf die Elbe, Schlesien u. Po.[len] auf die Oder etc.

Wenn wir Pohln. Preußen kriegen könten, durch gute Einrichtung unseres Landes, so daß sie sich selbst, aus Liebe zu sich selbst und zu uns ergeben müßten, so wäre hirdurch mehr gewonnen, als wenn man halb Ostindien hätte. Den hirdurch würden wir gleichsam gantz Pohlen halb eroberth haben, denn fast alle ihre Wahren müßten durch unsere Hände gehen, und Pohlen würde sich nach und nach selbst ergeben müßen. Wenn alsden in allen Königl. Landen eine solche Einrichtung gemacht würde, wie mein Vorschlag mit den Land Soldaten, so würde das Land entsetzlich stark, ja mächtiger als das gantze übrige Europa.

◈ Was vor erstaunliche Summen hätte man gewinnen können, wenn man den Königl. Schatz zum Kornhandel angewendet hätte [anstatt für den 7jährigen Krieg].

◈ Nach extra ord. guthen Jahren pflegen gemeinigl. Miß Jahre zu kommen. Hierzu kan das Viehsterben leicht etwas beitragen wegen Mangel der Düngung.

In so viel zerstreuten Provintzen würden die Nachbahren den vortheilhafften Handel und großen Nutzen, so wir von Kornhandel hätten, kaum merken. Man ließe sich bitten, das Korn zu kauffen, und eben dieselben, die es verkaufft hätten, würden bitten müßen, daß mans mit großem Provit ihnen wieder ließe. Wenig

Provit müßte man nehmen in teuren Zeiten, hingegen in wohlfeilen Zeiten lieber 6 ch [Pfennig] mehr geben, damit der Zusammenfluß des Korns in unsre Länder desto stärker werden möge. Teurer ein gekaufft und wohlfeiler wieder verkaufft ist die rechte Maxime des Korn Handels. Fast gantz Europa müßte dem Preußischen Landen zinsbahr werden.

◈ Die [Land-]Soldaten könten Korn Schipper werden, auch wohl Officir die Aufsicht haben. Viele Bötcher von Faßbinden leben. Sogar unsre Kiehn Stubben könten einen beträchtlichen Handel ausmachen. Nicht weniger Schwein Borsten scheint so gering zu seyn, Schuh u. Kleider Bürsten etc.

◈ Im Kriege ist wohlfeil Korn halbe Kosten. Hingegen teuer Korn des Feindes seyn Untergang.

◈ Land und Waßer Zölle, Accise, Post Amt, Consumtion etc. würde dadurch [durch den gedachten preußischen Kornhandel] vermehret, und die gantze Handlung in allen Stüken dadurch verbeßert.

◈ Die kleinen Flüße, so in benachbahrte Korn Länder gehen, müßte man schiffbahr zu machen suchen, wenigstens so weit unser Land reicht.

◈ Man solte nur Mehl, aber kein Korn aus dem Lande laßen, so könte eine große Menge Mühlen mehr im Lande angelegt werden, desgleichen Graupe, Grütze etc. mehr gemacht werden.

◈ Das Korn könte erst so lange liegen, als es dauern wolte. Solten sich aber Korn Würmer finden, müßte man Mehl machen, hernach könte es lange dauern.

◈ Alsden könte man, wenn man einen rechten Korn Handel hätte, eine ordentliche Banco errichten.

◈ Es ist nötig, solche Banco anzulegen, wenn man die Holl., Englischen, Habb. [Habsburger], Italienischen, Teuschen und andre Gelder zusamen bringet, uns die zur Anlage eines ansee [?? Hanse?] Bundes und Verbeßerung des Landes und Korn Handels brauchet, den Geld ist nägst Got, und einer soliden Erkentniß fast alles in der Handlung, wenn sonst Verschwiegenheith, Treue und Redligkeith beobachtet wird.

◈ Der Hamburger und Holländische Wechsel Cours würde dadurch, zu unsern großen Vortheil, fallen müßen. Den wenn die Holländer viel vor [für] Korn zu zahlen haben, und in teuren Zeiten sind die Wechsel wohlfeil. Je wohlfeiler das Korn ist, desto theurer sind die Wechsel.

◈ Wenn man behutsam verschwiegen ist und die Sache nicht mit Force treibet, sondern mit großer Vorsicht und Klugheith, und, NB, wenn zur Direction recht gewißenhafft, kluge, verschwiegen, ehrliche Leute genommen, die eine vernünfftig kluge Gottes Furcht haben.

◈ Die fremden Pferde und Menschen würden in unsern Ländern viel verzehren, und von unsern Fabrique und andern Wahren kauffen. Der Mist des fremden Fiehes würde unsre Äker düngen. Sie würden uns auch bey der Gelegenheith andre rohe Wahren zum Fabrique Wesen zuführen.

◈ Alle Vortheile unsrer Nachbahren würden uns durch den Korn Handel zufließen. Alle unsre Nachbahren haben gute Korn Länder und betteln es uns an, kaufft was. So müßen sie es uns wieder abbetteln mit großem Provit. Billig braucht man der Vortheile, so uns die göttliche Vorsehung darbietet. Warum müßen die Holländer allein den Nutzen von uns und unseren Nachbahren haben.

Ein guter Korn Händler ist so gut als ein Materialiste [hier etwa = Umterneh-mer]. Ist Holland wie ein Materialiste anzusehen, so sind alle Preußische Länder als ein Korn Händeler anzusehen, der bisher die Hände in den Schoß gelegt hat. Solten wir nich[t] Holland die Wage halten [können]. Das wäre schlecht, zu mahl wenn Ihre Maj. selbst Hand anlegt und große Magacine an der Stelle von Grentzen errichtet.

Hat das Korn im heißen Egipten Lande wenigstens 7 Jahr dauern können, wie viel mehr in einem Nordischen Lande. Solte es aber verderben wollen, so kann mans mahlen laßen, zu Brantwein verbrennen, Schweine Mesten. Dantzig gewint ein Großes mit Brantwein und aquavite. Der Brantwein verdirbet nicht.

Beym Korn Handel hat man den Hasard nicht als die Ostindien Fahrer, sondern man bringt uns das bahre Geld ins Hauß. Man könte allenthalben Correspondenten halten, und das Korn an die teuersten Orte bringen

Solte uns nicht eben sowohl erlaubet sein mit Korn zu handeln als den Holländeren.

Die Ostindische Handlung vermerkt große Jalousie, und die Seemächte werden uns zu ruiniren suchen. Es ist beßer 1 Taler so man hat, als 10 so zwischen Furcht und Hofnung schweben. Frankreich sucht unsre Freundschafft [um] uns zu stürtzen. Durch den Korn Handel könte eine Seemacht errichtet werden, auch künfftig der Grund zur ostindischen Handlung seyn.

◈ Die Kaufmanschafft könte gebraucht werden, fremdes Korn in die Magacine zu kaufen und wieder zu verkauffen, damit es nicht bey den Nachbahrn Jalousie erwirkte, wenn sie den Handel merkten.

NB. Wenn 8 Taler angelegt werden, können 64 Taler gewonnen werden. Verstehet sich, weil man auf 1 : 4 gewinnen und 4 ersparen kann, wenn man sein Korn nicht in wohlfeilen Zeiten verkaufft, sondern einkaufft. Viel Arbeith hilfft nicht so viel als Klugheit und Ehrligkeit bey der Handlung.

Das Korn der Beamtte [von den Naturaleinkünften der Staatsbediensteten] nehme man alles vor [für] einen gewißen Preiß in die Magacine, wenn sie es nicht verkauffen könten. Desto wohlfeiler müßte der Adel sein Korn verkauffen und in die Städte liefern. Hiedurch würden die Städte und Fabriquen desto beßer floriren und auf den höchsten Gipfel steigen.

⟐ Mit dem Korn Handel könte der Tuch und Fabrique [Tuch- und Fertigwaren-Handel] herlich verbunden werden. Desgleichen könten viel 1000 fertige Kleider von ord. Tuche, Sommerzeug, Leinwand etc. nach Portugal, Spanien etc. gebracht werden. Ohne Zweifel wäre damit viel zu verdienen. Und Oberzeug, Unterfutter etc., folglich wollene und leinene Wahren gebraucht werden, so gebe es uns großen Nutzen. Vieleicht könte man auch von fertigen Monduren per gantze Regimenter, teils nach Rusland, theils nach Portugal etc. kriegen, oder nach der Barbarey [Nordafrika].

⟐ Das frische Korn müste niemahls daßelbe Jahr gebraucht, sondern auf die Magacine gelegt werden. Die Magacine müßten nach der Reihe gantz ledig gemacht werden, damit sich das Ungeziver verlöhre und umkomme. Alle möglichen Mittel müßten sonst angewendet werden, das Ungeziver zu vertilgen [vgl. Rezepte!].

Wenn auch etliche Jahr hinter einander der Korn Handel nichts brächte, so könte das doch ein mahl alles doppelt wieder einbringen, auch Hungers Noth und Pestilentz dadurch verhütet werden.

⟐ Es ist dem Lande zuträglich, wohlfeile Zeith haben, weil die meisten Leute arm sind. Hingegen provitiren die reichen Korn Juden in der Theuerung.

8. Geistliches und Geistiges

8.1 Predigten

Bandows Kladde ist durchzogen von Abschnitten, die nicht nur seine eigene Glaubensüberzeugung deutlich machen, sondern auch als Vorlagen für geistliche Ansprachen dienen könnten oder vielleicht auch gedient haben. Auffällig ist der barocke Stil. Manchmal handelt es sich sogar um längere Predigt-artige Ergießungen, die sich sehr wohl als Konzepte für tatsächlich gehaltene oder zu haltende Predigten eigneten, z.B. im Sinne der unten genannten "beweglichen Reden". Hier werden nur ein paar Beispiele angeführt, denn inhaltlich unterscheiden sie sich nicht wesentlich. Im Prinzip ist Bandows Methode die selbe, wie sie auch heute noch von Priestern aller Konfessionen gerne verwendet wird: Ausgehend von einem aktuellen Ereignis werden zunächst Vergleiche mit biblischen Parallelen gezogen und schließlich anhand der dort beschriebenen Folgen moralische Überlegungen und Ermahnungen daran geknüpft.

Beispiel 1

◈ Man stelle sich alle erschrökliche ungerechte Kriege, Schlachten, Blutvergießen, alle Schandthtaten, unschuldiges Hinrichten, Blutschande, Ehebruch, Hurerey, Kinder Mord, Dieberey, Straßenräuberey, Seeräuberey, Lügen, Verwüstung, Sengen und Brennen, schuldig u. unschuldige Marter, Tiranney, Krankheith, Sündfluth und 1001 Waßers Fluthen, Schwermuth, Gewißens Angst, Anfechtung des Teufels etc. und alles andre unbegreifliche und unbeschreibliche Elend, so von Anfang der Welt bisher gescheen vor Augen, so wird man sich entsetzen, daß eine lügenhaffte Handlung, der ersten Menschen so erschrökliche Folgen hat, und sich für [vor] Lügen und Sünden hüten. Ist aber die Lügen und Sünden so unergründlich mächtig worden, die doch wieder Gott ist.

Wie viel mächtiger wird die Gnade in uns sein, wenn wir der Warheith nach götlichen Willen gehorsam sind. Sind die Früchte des Unglaubens so teuflisch erschröklich, wie herlich müßen dagegen die Früchte des Glaubens seyn. Der Glaube ist eine Krafft Gottes, seelig zu machen alle die ihm glauben. Der Unglaube ist eine Kraft des Teufels, unseelich und verdamt in Zeith und Ewigkeith zu machen, alle die seinen Lügen glauben und gehorchen. Christus, der Weg, die Warheith und das Leben ist ihnen ein Anstoß und ein Ergerniß.

Wenn man aus allen Eseln, Säuen, Otern, Schlangen, Scorpionen, Drachen und andren schädlichen Thieren ein Thier machen könte, das alles Niederträgtige, Faule, Säuische, Giftige, Arglistige, Lasterhaffte, aller schändlichen, schedlichen Thiere in sich faßete, und man schimpfete dieß Thier mit dem Namen Antechrist, so würde man doch noch lange nicht einen Gotteslästerer oder Freygeist genug geschimpt haben, den ein solches Thier würde doch noch lange nicht einer Verdamniß fähig seyn, sondern es handlete bloß nach seinen natürlichen Trieb und hat kein ander Gesetz als seine Leidenschafften.

Einem Menschen aber ist das Gesetz Gottes ins Hertze geschrieben. Gott hat ihm so hoch über alle Thiere gehoben, daß wenn alle Thiere zusammen eins wären, sie zusammen doch noch keinen vernünfftigen Menschen ausmachen würden. Denn ein solches Thier würde Gott nicht erkennen, glauben, gehorchen, lieben und loben können, denn hiezu ist die ganze Körperwelt im eigentlichen Verstande nicht fähig, könte es Gott auch nicht verläumden, verlästern, haßen und ungehorsam seyn. Zu diesen teuflischen Lastern ist der Mensch fähig, weil er die herlichen, und nach dem Ebenbilde Gottes anerschaffne Gaben, als Vernunfft, Verstand, Willen, Gedächtniß wieder seine eigene Vernunfft, wieder das Naturgesetz, wieder den Willen Gottes, nach den Willen, Trieben und Lust des Teufels schnurstrakts dem ewigen, heiligen Gesetze Gottes entgegen handelt.

Wenn Du, galanter Höfling, nun einen scheinheilig epicureisch gotteslästerigen und eingefleischten Lügen Teufel und Mörder einen Politicus nennes[t], so hast du die Sprache des Vaters der Lügen sehr fein gelernet. Dergleichen Politici sind die Romainenschreiber, welche man billig promoviren zu öffentlichen Lehrern der Kopplerinnen Kunst machen solte. Denn wir haben noch nicht so großen Vorrath an solchen arglichstigen alten Schlangen und Drachen, als Italien und Frankreich. Sie schleichen nur im Finstern. Es haben auch noch nicht alle Städte in Teutschland öffentliche Laster Tempel zu Ehren dem Teufel und seinen Engeln. Daß in 3 oder 4 verdorben Latein Sprachen geschriebene Evangelium des Teufels, Romain genant, wird zwahr der Jugend auch von informatoribus beygebracht, fleißig übersetzet, in den Zeitungen geprießen als die herlichsten Sitten, die da klug machen und leben lernen [lehren]. Aber einige Teutsche können doch nicht so galant werden, wie die lateinischen Völker, weil uns erlaubet ist, die Biebel zu lesen, die solte man verbieten, wie in Fr.reich, Italien u. Spanien. Als den werden die Teutschen cbcn so klug werden als die obgedachte Völker.

Beispiel 2

Gott ist ein Licht, dazu niemand kommen kann. Seine Geschöpfe, ja, die Sonne selbst, so sehr auch ihr Licht unser Augen blendet, ist doch nur gleichsam ein Schatten von dem ewigen Lichte. Es gibt noch viel 1000 mahl 1000 Sonnen den fast alle Sterne am Himmel sind Sonnen, sie scheinen wie Sterne, weil sie so entsetzlich weith entfernt sind, sie sind aber Sonnen, und jede Sonne hat verschiedene Planeten, die sie regiret, gleich wie in unsere Sonnen Welt 7 Planeten von ihr regiret werden. Was sind aber so viel Millionen Sonnen und ihre Erdbodens, gegen Gott selbst. Der Erdboden hält 4500 Meilen im Umkreiß. Gleichwohl ist er wie ein Punkt, ein Tropfen im Eimer, oder ein Sternchen, das nicht zu sehen ist, gegen die gantze Welt.

Ist aber der gantze Erdboden nur ein Punkt gegen die gantze Welt, die gantze Welt aber, mit ihren Millionen Sonnen und Weltkörpern nur ein Punkt gegen

Gott, und ist der Mensch, deren wohl 1000 Millionen auf den Punkt des Erdbodens wohnen.

Ist es nicht erstaunlich, daß der Mensch, ein Nichts, sich gegen seinen Schöpfer setztet und gegen das Gesetze der Natur sich streubet, ob er gleich siehet, das der gantze Himmel mit allen erstaunlichen Weltkörpern in der heiligsten Ordnung gehet.

Alle Monarchen und Künstler sind nicht im Stande den geringsten Lichtstrahl zu beugen, und sind doch so närrisch, daß sie wieder die Natur und Eigenschafften Gottes rasen, ist viel 1000 mahl wahnwitziger als wenn ein beißiger Hund in die Räder eines fahrenden Wagens beißet, oder wenn ein angebundener Fuhrmanns Hund sich sperrt, und nicht mit dem Wagen fort will.

Gott vergleichet sich einem Lichte. Seine Eigenschaften sind denen Lichtstrahlen ähnlich, als welche [insofern als diese] schlechterdings unbigsam sind, sondern auf Millionen Meilen nicht die geringste Krümme formiren, sondern alzeith volkommen grade sind. Auch sogar wenn die Lichtstrahlen gebrochen werden, so sind sie dennoch gerade, den die Lichtstrahlen vom Mond sind eben so grade, als [wie] die von der Sonne. Das Licht ist also ein Bild der Unveränderligheit der Göttlichen Eigenschafften. Ist aber schon ein Lichstrahl unveränderlich, wievil mehr Gott selbst.

Also wirstu dich wohl bequemen müßen, deinen Eigensinn zu brechen und dich nach den Göttlichen Willen zu richten.

Seÿ du in diesen Stük auch dem Ebenbilde Gottes gleich, den die Sonne verliehret nichts, wenn gleich der Mond ihre Strahlen bricht und hinderth. In Gegentheil wird das Licht der Sonne dadurch in der Nacht selbst sichtbahr an solchen finstern Klumpen Erde die selbst kein Licht hat.

Gleichwie die Sonne aller Sonnen nichts verlohr, als der Teufel das Licht der Wahrheith durch Lügen hinderte und brach, also muß ein gläubiger, Gott liebender Christ auch nichts verliehren, wenn der Teufel und deßen Kinder das Guthe in ihm hindern wollen. Denn denen die Gott lieben wißen, sondern wie Gott alle Dinge zum Besten dienen, das menschliche Geschlec ht desto mehr liebete und ehrete, je mehr es der Teufel zu schaden und zu schänden gesucht hatte, also müßen wir uns nichts am Guten hindern laßen, sondern je mehr Hinderniße, desto mehr verdoppeln wir alle Kräffte Leibes und der Seelen, den Willen Gottes zu thun.

Würde das menschliche Geschlecht wohl bis zur Bluthfreundschatft mit Gott gekommen sein im Stande der Unschuld. Kinder Gottes preiset die unergründliche Tife, beyde der Liebe, Wahrheithund Erkentniß Gottes und folget eurem himlischen Vater in Geist und Wahrheith nach.

Gott ist die Liebe, und wer in der Liebe bleibt. der bleibt in Gott und Gott in ihm, die lieb ist das Band der Volkommenheit, welche die 3 einigkeith vereinigt, und alle vernünftige Wesen mit Gott verbindet, so daß ihr Wille und Gottes Wille nur 1 Wille ist. Diese Liebe gab den eingebohrenen Sohn zum Lösegeld, und Leben aller Gläubigen, die die Warheit lieben und gehorchen. Es scheinet als wenn Gott seine Ehre zu Sonderheit u. Seeligkeit darin entsetzet, wenn er seine Creaturen Liebe beweißet, solches siehet man an der Erlösung, Schöpfung u, Heiligung.

8.2 Empfehlungen

◈ In jeder Stadt solte monathlich Versamlungen gehalten werden, das Beste der Stadt zu suchen. Wenn die Samlung complet [beendet] wäre, so müßte allezeith eine bewegliche Rede gehalten oder abgelesen werden, wie viel an fromen u. christlichen Bürgern gelegen wäre und was ein böser Bürger der Stadt für Schaden anrichten, ein guter aber Nutzen stifften könne.

◈ Ich bin hungerich etc. gewesen
Es heißt nicht, ihr seid Abgötter Gotteslästerer, Sabbathschänder, Aufrürer u. Rebellen, Mörder, Hurer, Ehebrecher, Diebe, Räuber, Spitzbuben, Meineidige, Verleumder, Landesverräther, Plußmacher, Knabenschänder etc. gewesen. Sondern die Unterlaßungs Sünden, der Mangel brüderlicher Liebe, wird mit ewiger Verdamniß bestrafft.

Geschieht daß an grünem Holz, was soll aus dürren werden. Wo bleiben obige schrökliche Werke u. Laster, und Opern, Redouten, Comoedien, öffentliche Huren Häuser, Tirannen, Advocaten, Richter, Panquerouteurs.

◈ Mann nimmt es heutigen Tages sehr übel, wenn man einen schimpfet, wenn ers gleich sehr wohl verdienet hat. Sonderlich sagt man, sollen Prediger nach der christlichen Liebe handeln. Es ist aber christliche Liebe, wenn man einen scheinheiligen Gottes Lästerer Schl.[angen] u. Otergezügte, oder einen säuische Epicurer eine infame Sau nennet, denn einen gottlosen Richter verläumdet man nicht, wenn man ihn einen ungerechten Richter nennet.

Solte man mit einen Gottes Lästerer, wenn man gegen ihn schreibet, so sanffte thun, als wenn man Späßgen an ein melanc.[holisch] furchtsam Frauenzim.[mer] schriebe? Ein Dieb ist Dieb, einen Mörder, Ehebr., Hurer, Verläumder etc. kann man sicher bey seinen Namen nennen, aber Beweis muß vor an gehen, denen anderen zum Schreken. Leute, die tausendmahl Galgen und Rad verdienet haben und doch ungestr[aft] dahin gehen, thut man nicht Unrecht, wenn man sie schimpfet nach ihren Verdienst.

3. Beispiel

Die wahre Barmhertzigkeit oder mitleidige Liebe des Nächsten muß sich auf richtige Erkentniß, und nicht auf eine bloße Leidenschaft gründen. Hingegen gründet sich das falsche mit leiden auf Lügen.

Aus falschen mit leiden, damit man selbst keine unangenehme Empfindung

Berlin um 1730. F. B. Werner (nach J. Ch. Leopold), Ausschnitt. Im Vordergrund Friedrichstadt und im Hintergrund Berlin und Cölln mit den alten Befestigungswerken. (Wikimedia Commons.)

haben möge, ohne auf das algemeine Beste zu sehen, laßt man einen Mörder, Ehebrecher, Gotteslästerer etc. leben, man trit das allerheiligste mit Füßen, um nur des Leidens überhoben zu sein. so man von dem Elende des Nächsten empfindet Das wahre Mitleiden erstreckt sich über Freund u. Feind, über leibliche, vielmehr aber über geistliche Noth, allenthalben, alle Stunde und Augenblick haben wir Gelegenheit, mit leidige Liebe auszuüben, zumahlen in geistlichen Nöthen, weil fast alle Menschen geistlich Todt sind, da muß man sich des Nächsten nach der Warheith jammern laßen, und denken wie Christus, sie möchten auf dem Wege verschmachten. Erbarme dich über die unterdrückten, Elenden Schlaven unter den Menschen.

Der Mensch solte über die Creatur herschen. Erschröklich ists er betet sie an als Sclave. Got wolte die Welt nicht ganz zerstören, sondern ließ lieber etwas böses zu auf Hoffnung einer erwegene [?] Verbeßerung, Ohne einige Belohn u Bestraffung kan die Götliche Haushaltung auf Erden nicht gerechtfertiget werden.

◈ So offt wir zu Bette gehen, solten wir uns eben so zum Tode bereiten, als auf dem Sterbebette.

1. Warte nicht, bis die höchste Noth dich zum Gebeth treibt,
2. stelle dich Got nicht unberechtfertig vor
3. bete nicht rachgirig, widers gesint um Rechten und Ehre
4. daß Gebeth laß nicht eine neben Sache seyn

5. Gebeth und Arbeith gleicht den 2 Tafeln Mose
6. bitte alle Zeit und werde nicht laß
7. verkenne den Seegen nicht, so Got aufs Gebeth gelegt
8. Das Vater Unser sind Christi Worte, aber wer verstehts wie Luterus.

8.3 Ende

Eine Empfehlung:
◈ Im Pauliner zu Leipzig kann man wöchentlich p.E. [für] 12 Gr. Mittag und Abendbrodt haben, und Quartir jährlich a 10 Rtl., wenn man nicht wirklicher Studente ist, sich aber einschreiben läßt als Studenten, so gibt man wöchentlich 1 Gr (für Essen] und 10 Gr Mithe.

Nachgedanken

Ich hoffe, daß mit dieser Arbeit eine Rekonstruktion des Bandowschen "Hauptbuchs" einigermaßen gelungen ist. Entstanden ist jedenfalls ein lebendiges Zeitbild des merkantilistischen Preußen im 18. Jahrhundert, gesehen mit den Augen eines gebildeten und wachen Zeitgenossen aus dem mittleren Bürgertum der Stadt Berlin.

Bandow tritt hervor als ein belesener, vielseitig interessierter, temperamentvoller Herr und durch und durch als Utilitarist. In mancher Beziehung erscheint er als Aufklärer, aber in anderer wieder als intoleranter, ja fundamentalistischer Lutheraner. Biblische Geschichten sind ihm wichtige Leitbilder, besonders solche aus dem Alten Testament, das er sehr wörtlich nimmt. Sehr liebt er Hochrechnungen aller Art, beispielsweise wie viel ungeborene Kinder der Papst auf dem Gewissen hat, nicht etwa durch Abtreibung, sondern durch den Zölibat!

Franzosen, Freidenker und Papisten waren ihm verhaßt, und er schimpft weidlich auf sie. Auch Adel, Offiziere Beamte und Ärzte kommen schlecht weg, und die Bauern sind unaufgeklärt und träge. Angesichts Bandows ätzender Kritik an so gut wie allen Ständen könnte man mit dem ihm eigenen Sarkasmus zusammenfassen: als untadeliges Vorbild, als tragende Säule der Gesellschaft und Garant des Fortschritts bleibt eigentlich nur noch der ehrliche Kaufmann lutherischer Religion.

Er zeigt eine eigentümliche Mischung aus Pragmatismus und Verstocktheit, aus gesunder Vernunft und unbeugsamem Glauben. In Vielem ist er seiner Zeit voraus, human gesonnen, Pazifist, wenn auch nur von karger Menschenliebe und von alttestamentarischer Strenge, aber auf manchen Gebieten steht er noch mit einem halben Bein im Mittelalter. Seine Rezeptsammlung z.B. enthält noch Dinge, wie pulverisierte Schlange oder Fuchsen-Zunge. Oder er überlegt, ob man nicht auch Fleisch destillieren könne, um dessen "Geist" zu gewinnen. Aber er plädiert für eine sanfte Medizin, für Tees und Salben und für Hygiene und gesunde Lebensweise anstelle des modischen Schröpfens und Klistierens. In manchen Dingen war er erstaunlich liberal. Wenn es um Nützlichkeit ging, hatte er keine Vorurteile.

Bandow erscheint als nicht sehr sympathische Persönlichkeit: sarkastisch, polemisierend, intolerant, kategorisch und niemals an der Richtigkeit seiner Meinung zweifelnd. Ein Egoist ist er aber nicht, sondern ist stets auf das Beste der Gesellschaft bedacht. Merkantilist und Utilitarist bis in die Fingerspitzen, ist er immer sofort dabei, scheinbar Unnützes nützlich zu machen und Nützliches zu verbessern. Er bemüht sich um Volksgesundheit und um Bildung. Ganz ohne Ideologie fordert er die Zulassung des weiblichen Geschlechts auf alle Ebenen der Ausbildung, einfach deshalb, weil man es sich nicht leisten könne, die Intelligenz der halben Nation brach liegen zu lassen. Moderne Gesichtspunkte hat er auch zur Hydraulik und zur besseren Energieausnutzung.

Andererseits ist für Schönheit und Vergnügen kein Platz in seiner Welt. Sein Idealstaat ist militärisch durchorganisiert und durchkontrolliert, freudlos, gesund

und der Arbeit verpflichtet, Militarisierung der Gesellschaft, Vergesellschaftung des Militärs: Soldaten in die Produktion. Oder vielmehr Selbstversorgung des Militärs auf allen Ebenen der Wirtschaft.

Bandows kritische Ansichten und Meinungen stehen in ziemlichem Gegensatz zur Schulmeinung vom gut geführten und sauber verwalteten preußischen Staat. Gleichzeitig repräsentieren sie auch einen Zeitgeist, der den Umbruch vorbereitet und den Keim mancher späteren Entwicklungen auf gut oder schlecht in sich trägt. Durch die Kladde weht der Wind bürgerlichen Aufruhrs bereits Jahrzehnte vor der Französischen Revolution und hundert Jahre vor der Berliner Revolte 1848/49.

Letztlich wird aber nicht klar, welchem Ziel diese Effektivisierung des Staates dienen soll. Bandows unerschütterliche und nie hinterfragte Selbstgewißheit zeigt ihn aber als typischen Repräsentanten des „Westens". Manche seiner Sprüche könnte ein heutiger amerikanischer Politiker eben so gesagt haben. Unausgesprochen ist das Ziel die Weltherrschaft der „Deutschen", worunter er die Völker meint, die früher die „germanischen" genannt wurden: Engländer, Holländer, Deutsche und Skandinavier, genau genommen die evangelischen Nationen. Die „degenerierten" romanischen Völker, aber auch die deutschen Katholiken werden ausgeschlossen. Hergeleitet wird der Auserwähltheits-Gedanke aus der Bibel und frühen Vorstellungen von der Völkerwanderung, Aber Bandow vertritt nichts anderes als das, was Heute „der Westen" für selbstverständlich hält, nämlich daß die Welt an unserem Wesen und an unseren Werten genesen soll.

Anhang

Bandows Sprache

Stil und Schreibung

Bandows Sprache ist heute nicht mehr ganz leicht verständlich, denn:

- Er folgt keinen festen Regeln, weder der Orthographie, noch der Grammatik.
- Er schreibt ein- und dieselben Wörter auf verschiedene Art.
- Seine Zeichensetzung ist willkürlich und häufig ohne erkennbare Logik..
- Er macht auch innerhalb seiner eigenen Gewohnheiten Fehler, wie Auslassung von Buchstaben oder Wörtern (wobei man nicht sicher sein kann, wieweit das Fehler sind).
- Er verwendet manche deutschen Wörter oder Begriffe in einem, vom heutigen Gebrauch verschiedenen Sinne.
- Er verwendet Fremdwörter, die ebenfalls oft dem modernen Deutsch fern stehen.
- Sein Berliner oder Preußischer Dialekt macht sich öfters bemerkbar.
- Viele seiner Bemerkungen sind in Eile geschrieben, darum schwer zu lesen .

Aus seinen Fehlern und stilistischen Eigenarten lassen sich keine besonderen Erkenntnisse gewinnen (wie etwa eine zeitliche Entwicklung). Es scheint deshalb zunächst wenig Sinn zu haben, seine Texte mühsam genau so wiederzugegben, wie sie bei ihm stehen. Man könnte den Text vielleicht ebenso gut ganz modernisieren, andererseits besteht der Charme der Sprache auch in ihren Eigenarten. Sie spiegeln einen Zeitgeist und erleichtern dem Leser, in die Denkweise des Schreibers einzutauchen. Dies spricht für die Beibehaltung der Schreibweise.

Zur Erleichterung des Lesens wurden bei der Wiedergabe – jedoch sehr zurückhaltend – folgende Vereinfachungen vorgenommen:

1. Groß- und Kleinschreibung (bei Bandow weitgehend beliebig) werden, wo sie mißverständlich werden, modernen Regeln angeglichen.
2. Satzzeichen werden, wo nötig, sinngemäß gesetzt.
3. Abkürzungen von Hauptwörtern werden ausgeschrieben, wo sie nicht eindeutig verständlich sind ("K. Handel" = Kornhandel) oder in Klammern ergänzt (K.[orn] Handel).
4. Beugungsendungen werden nur dort, wo sie mißverständlich werden können, richtig ergänzt oder berichtigt (einen = einem).
5. Getrenntschreibung wird notfalls zusammengezogen (Land Soldaten = Landsoldaten, nach geben = nachgeben) .
6. Allgemein werden nur im Zweifelsfall Verdeutlichungen [in Klammern] eingefügt (Stat [Staat oder Stadt], als den (alsdann), daß [das] und das [daß]).

Im Prinzip nicht geändert werden

1. Altertümliche Schreibweisen, auch wo sie bereits mit moderneren Schreibweisen abwechseln, wie Aspirierung des "T" (z.B in "theuer", "Zeith", "Orth"),

Verschärfung von Buchstaben durch Verdopplung (z.B. “kauffen”, ”Wortt), Dehnung durch eingeschobenes “H” (z.B. “Schuhle”, “zumahl” , “bahr”). Dies gilt auch für die Reihe ÿ-y-i in Wörtern wie “bey”, “Freygeister” etc.

2. Nicht-Verdopplung von Konsonanten (konte, solte, Glük, schiklich) oder Verschärfung von “z” nach Konsonant zu ”tz”: (“gantz”,” Grentze”),
3. Zuspitzung von Vokalen (”erschröklich”, ”Hülffe”)
4. Eigentümlichkeiten, wie Verwechslungen von lehren und lernen, Verwechslung von als und wie, sowie die ständige Verwechslung von Dativ und Akkusativ.

Heute kaum noch gebräuchliche oder ungebräuchliche Fremdwörter:
Accise, accordiren, accurat, a part, approbieren, cache (= verdeckt, heimlich), Canaille, certieren (= wettkämpfen), Charge (= Ladung), Conscript, considerable, Contrarium, defraudieren (= betrügen), dependiren, Deßein, Edict, Esprit fort (= starker Denker), extra ordinair (= außergewöhnlich, nicht: extra gewöhnlich!), fabrique (Manufaktur, auch deren Produkt), Faschinen, Fatalia, florisant, forciren, Hasard, honett, Impot (= Zoll, Auflage), Invencion (= Erfindung), inviciert, Jalousie, Logement, mal honett, Materialiste, melliren, Minutissima, Mondur, onera (= Auflagen), Parole (= Befehl), Patent (= Urkunde oder auch Schutzbrief, Bewilligung), Poltron, Pretensiones, puisanse, raisonable, raijolen (= tief pflügen), ravagiren (= verheeren), recomendieren, recompens, risquiren, salariren, Stellage, Tendreße (Zartgefühl) u.a..

Wörter, deren Bedeutung sich inzwischen verschoben hat:
billig (= angemessen, geeigneterweise), braf (= ehrbar, tüchtig, ordentlich), Epicureer (= Lüstling), epicureisch (= schamlos genießerisch), erstaunlich (= beträchtlich, erheblich), falsch (= betrügerisch – *nicht*: unrichtig), irrend (= verwirrend), Künstler (= Ingenieur, Fachmann), landverderblich (= schädlich für das Land), mittelmäßig (= maßvoll), naseweis (= eingebildet – nicht: neugierig), Operist (= Opernsänger), Same (= Rogen, Fischlaich), Statist (= Staatskundler), verblüffen (= täuschen, verdummen), Vorkost (= Beilagen zum Essen, Vorspeisen), wüst (= unbebaut), Zehrung (= Kost, Beköstigung), Zucht (= Erziehung).

Zu bemerken ist auch, daß gewisse Ausdrücke zu Bandows Zeiten schwächere oder stärkere Bedeutung hatten, als heute. Härter waren z.B. Buben, Spitzbuben (= Verbrecher, Kriminelle - nicht: junge Knaben!), böse = übelwollend, verworfen. Schwächer waren Wörter wie Hurerey und Mord, die oft im weiteren Sinne gebraucht werden und nicht ausschließlich wörtlich zu nehmen sind, ebenso Raserey = Verrücktheit, etwa wie “Wahnsinn” im heutigen Sprachgebrauch), Ehebrecher (auch = Eheverhinderer und Ehezerstörer).

Altertümliche Ausdrücke:
Anbruch = Sauerteig (biblisch), Hümpler = liederlicher, schlechter Arbeiter,

Plußmacher = Wucherer, Schwaden = Grashirse , Stocken und Blocken = jemanden an einen Pfahl gebunden stehend, oder über einen Block gelegt prügeln.

Dialektale Ausdrücke:
Artoffeln = Kartoffeln, Bruse = Brause, Dusche, Rhebarber = Rhabarber, Elsen, Elsholz = Erle, Fahren = Furchen, auch Räderspuren, fet(t) = nahrungsreich, Gruse = Kies, grober Sand, Kiehn = Kiefer, Kiehn Apfel = Kiefernzapfen, Plaggen = Wasenstück, Pflek = Fleck, Glaß = Glas, und Graß = Gras (spricht sich "Glass" und "Grass"), "G" gesprochen wie "ch" in "ich" bei: Mädgen, redlig, törigt, daneben auch leuchnen; bisweilen auch gesprochen wie "ch" in "ach" bei mogte, (weil "ch" geschrieben wie "g"). Plumpe = Pumpe, knöpeln = knüpfen, knütten = stricken, wiethen = jäten.

Plural mit End-"s": Grabens, Ofens, Wagens etc.. Weil W. "das" wie "dass" ausspricht, kann er nicht zwischen "das" und "daß" unterscheiden. Auch "als" und "wie" verwechselt er in beide Richtungen. Dativ und Akkusativ kann er weder im Singular noch im Plural unterscheiden sondern verwendet die eine oder andere Endung vollkommen willkürlich. Oder aber er vermeidet eine Entscheidung, indem er die Endungen in Kürzeln schreibt (als ein Schwänzchen) oder sie einfach wegläßt.

Bemerkungen in der Ich-Form
"Copia *aus meiner* Schreibtafel "(dreimal)
"Wenn alsden in allen Königl. Landen eine solche Einrichtung gemacht würde, *wie mein Vorschlag* mit den Land Soldaten, so würde das Land entsetzlich stark."
"Eine regelmäßige Oeconomie *nach meiner Anlage*... zu machen"
"Das Land *nach meinem Anschlag* (Vorschlag) einrichten
"*Ich wünschte*, daß eine Mode für Mans u. Frauens Kleider fest gesetzt würde, die natur regelmäßig wäre"
"*Ich habe* bei Wägern vorm Königsthor ... über 300 Trauben gezehlet."
"*Ich habe es aber nicht probirt*" (viermal bei medizinischen Rezepten)
"In Magdeburg bei den Hohnen *habe* [ich] extra ordinair schön braun klaares Bier getrunken".

Hieraus ist zu schließen, daß der Verfasser durchaus nicht selbstbezogen war. Die Sache schien ihm immer wichtiger als die eigene Person. Allerdings läßt er auch nie Zweifel an der Richtigkeit seiner Meinung.

Namen aus dem persönlichen Umfeld Bandows

"Unser Inspektor Fritze" (jetzt in Putlitz)
Inspektor Struenseen
Amtschößer Westphal in Storko
Pasche, Prediger in Maltho
Gregori, Prediger in Dacto (Decto?)

"Unser Gärtner Böhme Witzenski"
Kaufmann Grünberg in Frankfurt a.d. O.
Peter Heinrich Koch, Weinhändler in Magdeburg
Wendt, ein privater medizinischer Ratgeber
Textilkaufleute in Berlin Mitte des 18. Jh.: Baudouin, Bernhard, Bugholtz, Gerard, Goldschmid, Gotskofsky, Hilliger, Meyer, Salomon, Sprogel

Schlußsätze aus dieser Reihe lassen sich aus den privaten Namen ziehen. Die Namen der Geschäftsleute präsentieren nur mit Bandow konkurrierende Firmen. Dagegen zeigen "unser" Inspektor und "unser " Gärtner, daß die Familie ein Gut oder dergleichen besaß, und daß der Verfasser von dort sein Interesse für Landbau und vor allem Gartenbau mitgenommen hat. Ob das Gut noch in seiner Hand war, läßt sich aus den Angaben nicht ableiten. Die übrigen Namen geben Andeutungen vom persönlichen und geografischen Umfeld Bandows. Von Familienmitglieder ist nie die Rede. Interessant ist der Name Struensee: er taucht auch unter den Paten der Bandow'schen Enkel auf. Da Bandows Vater als Prediger identifiziert werden konnte, wird klar, woher seine religiöse Einstellung kommt.

Geographisches Umfeld und Wirkungskreis Bandows

Nähere Umgebung:

Bernau, Besko, Brandenburg, Bredo, Camin, Cottbus, Frankfurt/Oder, Fürstenberg, Halberstad, Havelberg, Leipzig, Lübbenau, Magdeburg, Perleberg, Potsdam, Reinsberg, Ruppin, Wittstock, Zechlin. Von Orten namens Storko, Maltho und Dacto ist allerdings nur Storkow zu identifizieren.

Zu allen diesen Orten, hauptsächlich in Brandenburg gelegen, hatte Bandow persönliche Beziehungen, an vielen davon hatte er geschäftlich zu tun und kannte sie gut. Möglicherweise ist einer davon sein Heimatort

Weitere Umgebung:

Amsterdam, Danzig, Erfurt, Königsberg, Kopenhagen, London, Rostock, Stockholm, Venedig

Dies sind einige Hauptorte mit denen Bandow Handelsverbindungen hatte oder sie besucht hatte. Sein Haupt-Interesse lag im Ostseeraum. Besonders zu Dänemark hatte er nähere Beziehungen. Es scheint, daß er besonders von der dänischen Einrichtung der "Landsoldaten" zu seinem entsprechenden Projekt inspiriert wurde.

In der Kladde genannte Bezugs- und Gewährspersonen

Amstorff, Nikolaus von (1483-1565), Theologe und kirchenpolitischer Reformator
Aristoteles (384-322), griechischer Philosoph
Arnold, Gottfried (1666-1714), lutherischer Theologe aus Schlesien, verstorben in Perleberg, schrieb eine (positive!) Geschichte des Ketzertums

Baumgart(h)en, Alexander Gottlieb(1714-1762), Berliner Philosoph, Schüler von Leibniz und Christian Wolff
Becker, Johann Joachim, Erfinder (?) der Strumpfweberei
Brentzius, Theologe aus Luthers Umfeld (vgl. Amstorff)
Calvin, Johann (1509 - 1564), Reformator
Cartouche, Louis Dominique,1693-1721, berüchtigter Pariser Dieb und Bandenführer mit Verbindungen zu zahlreichen einflußreichen Persönlichkeiten der Pariser Gesellschaft.
Cheinius (Scheinius) Medicus, "soll ein schön Buch geschrieben haben". Vermutlich handelt es sich um den Theologen Johann Christoph Scheinius (1644-1708).
Cornaro, Luigi (1467-1566), Mäßigkeitsapostel
Fénélon, François de Salignac de la Motte, 1651-1715, Bischof von Cambrai, Verfasser des "Télémach"
Groß, George, nicht identifiziert. Ein "Verteidiiger der Evangelischen"
Grotius, Hugo, 1583-1645, Rechtsgelehrter
Halbauer, Friedrich Andreas (1692-1751), Theologe, Professor der Beredsamkeit und Dichtkunst in Jena, "soll über die Sprache aller Deutschen geschrieben haben"
Flavius, Josephus 37-95, jüdischer Geschichtsschreiber
Junius, anonym, wahrscheinlich Sir Philipp Francis, Verfasser gesellschaftskritischer satirischer Briefe (1769-1772)
Junius, Hadrian, 1511-1575, Philologe, Arzt und Dichter.
Kirch, siehe Arnold
Lindemanns, Thomas, 1575-1632, Jurist; Professor und Rektor der Universität Rostock laut Bandow "ein großer Jurist"
Lamettrie, Julien Offrey de, Arzt und materialistischer Philosoph, 1709-1751, gestorben als Asylant des Königs Friedrich II in Berlin
Luther, Martin (1483 - 1546), Reformator
Montanus, Arius (1527-1598), spanischer Benedictinerer, Orientalist und Kartograph, Verfasser der Humanae Salutis Monumenta (1571)
Niwentiet, nicht identifiziert, hat "ein vortreflich Buch von der Naturlehre geschrieben, und dem Bau des menschlichen Körpers." (Der Name dürfte niederländischen Ursprungs sein. Er existiert noch vereinzelt in der Gegend von Berlin.)
Pharamund oder Faramund, sagenhafter König der Franken, seine "Lebensregeln", auf die sich Bandow bezieht sind jedoch in der Kladde nicht genannt
Plato, 427-347, griechischer Philosoph
Regius, Theologe aus Luthers Umfeld (vgl. Amstorff)
Reinking, Theologe aus Luthers Umfeld, schrieb über biblische Politik.
Salvian, (Salvianus), geb zwischen 400 and 405, christlicher Schriftsteller
Seneca, 54 vor - 39 n.Chr., römischer Philosoph
David Splitgerber,1683-1764. Berliner Unternehmer Waffenfabrikant und Bankier

Johann Peter Süßmilch, 1707-1767, Pfarrer, Statistiker und Demograph, ab1742 Propst und Oberkonsistorialrat in Berlin (St.-Petri)
Tacitus, 55-120, römischer Historiker
Tauler, Johannes, 1300-1361, Dominikaner, Mystiker
Winkler, Professor, Ofen-Spezialist
Ferner: Berliner Handen'sche Zeitung oder Handens Zeitung, Hamburger Zeitung, Magdeburger Zeitung u.a.

Natürlich ist dies nur eine zufällige Auswahl dessen, was Bandow als Lese- und Informationsstoff zur Verfügung stand. Die Nennungen spiegeln jedoch gut seine vielseitigen Interessen und deren Schwerpunkte. Theologische Schriften machen fast ein Drittel davon aus, zusammen mit den philosophischen, von denen sie nicht immer scharf zu trennen sind, etwa die Hälfte. Es folgen Naturwissenschaften und Medizin, die zusammen ebenfalls etwa ein Drittel der Schriften ausmachen, danach folgen Rechtslehre, Politik, Geschichte, Wirtschaftskunde und Sprache.

Besonders interessant ist Johann Peter Süßmilch, der als Gründervater der deutschen Statistik und Demographie gilt. Er war zu Bandows Zeiten Probst zu St. Petri in Berlin. Bandow kannte ihn mit Sicherheit persönlich und er war zweifellos derjenige, der sein Interesse auf diesen Gebieten maßgeblich beeinflußt hat.

Von Interesse sind auch einige Personen von denen er zumindest gehört haben sollte, die aber in der Kladde überhaupt nicht auftauchen, Personen, die also auf seine Ideenwelt offenbar keinen Einfluß hatten. So ist bemerkenswert, daß er z.B. seinen Altersgenossen Rousseau (1712-1778) nirgends nennt, mit dem seine eigenen pädagogischen Vorstellungen doch in mancher Hinsicht übereinstimmen. Kant (1724-1804) kommt bei ihm nirgends vor, machte allerdings zu Bandows Zeiten noch kaum von sich reden. Einen Denker wie Diderot, ebenfalls Altersgenosse Bandows, hätte er, falls er von ihm wußte, wohl eher zu den Freigeistern gerechnet und deshalb abgelehnt. Herder und Fichte, deren Denken auch Berührungspunkte mit Bandows Ideen hatte, waren einige Jahrzehnte jünger als er, können ihn also sicher nicht mehr beeinflußt haben.

Direkte Zeithinweise

- 1746. Die erste, in der Kladde erscheinende Datierung (der 28. Februar 1746) findet sich auf einer Rechnung über 852 Reichstaler für 17 Ballen Baumwolle, von einer Firma Schlabhäuser, Hügel und Jasmin in Vendig, die mit einem holländischen Schiff über die Firma Frantz Nicolas Lütgens in Hamburg nach Berlin speditiert wurden.
- 1748 Bevölkerungszahlen von Berlin
- 1749, Prolongierung einer Schuld um 6 Monate, vom 23. Februar 1749 bis zum 23. Juni 1750.
- "Wir schreiben 1749 nach Christi Geburt" (bezüglich einer Berechnung des Islamischen Kalenders).

- "Der Kaufmann Grüneberg in Frankfurth an der Oder erzählte mir in der Margareten
 Meße 1751, Vom Russischen Reich"
- "1751 haben die Türken Konstantinopel schon 298 Jahr besessen".
- 1753, bei Rezepten: "Der alte Wag(n)er sagte mir im Obr (Oktober) 1753, daß er die Schlangen puverisirete, ..."
- 1753, aus "Handens Zeitung", Nr. XC, 1753. Angaben zur Russischen Kriegsmacht.
- 1754, aus "Berlinisch Handische Zeitung", 29. Marty 1754. Familiennachrichten (nicht Bandow selbt betreffend) aus Magdeburg.
- 1754, noch eine Erwähnung der Handen'schen Zeitung vom 6. April 1754
- 1754, "Gotha" vom 15. Mai 1754 zitiert und lobend kommentiert, daß der Herzog von
 Braunschweig Bürgern mit Ideen persönliche Audienzen gibt.
- 1752, 1753, 1754, 1755 mehrfach Bevölkerungsstatistik, Militärstatistik und Seemacht von England, Spanien, Rußland und Frankreich.
- 1752 bzw. 1754. Edikt zur Abschaffung der Feiertage. (Abschrift und ablehnendes Kommentar.
- 1754, Bankverbindungen zwischen Magdeburg und Wien.
- 1755, "Ann Merkung. 1755 hatte Spanien eine so trefliche Ernte daß sie fast ein Wunderwerk ist, man glaubt überfluß zu haben, Korn in andere Länder zu senden. wovon man seit Anfang der spanischen Monarchie kein Exempel hat.
- 1758. Einwohnerzahlen von England und Schottland
- 1765, Englische Nationalschulden.
- 1765, 30. Juli. Ein In der Ich-Form geschriebener Artikel eines unbekannten Genuesers über die jüngste Geschichte der Republik Genua. Offensichtlich eine Übersetzung.
- 1765. "Weil sie (die Franzosen) seit 80 Jahr in Berlin wohnen (1685 Aufhebung des Edikts von Nantes, plus 80 Jahre = 1765 = Jahr der Niederschrift dieses Satzes), so haben sie (seither) von ihren Vorfahren viel Geld geerbet, und sind also viel mehr eingebohren, als die Teutschen selbst".
- "1767 stand in der Handenschen Zeitung, daß man bei den verjagten Jesuiten... Geld und Mobilien" im Wert von 377 Millionen Piaster gefunden hat.
- 1770, Bevölkerungsstatistik, europäische Städte
- 1770, Ein Schweizer in Hamburg will die Quadratur des Kreises gefunden haben, Bandow macht sich darüber lustig. (Angabe wahrscheinlich aus der Hamburger Zeitung).
- "1771, den 1., 2. und 3ten January, hatten wir Süd West Wind und eine solche Wärme, als offt im Mey nicht ist..."
- 1771-1773, Bevölkerungsstatistik von Preußen
- "1772, den 4. Marty, hat der König Polnisch Preußen in Besitz genommen"
- 1774, aus der Hamburger Zeitung. Flächeninhalte europäischer Länder.

- 1777, Bevölkerungsstatistik von Berlin

Tabellen

Waren und Produkte für die sich Bandow interessiert hat und mit denen er gehandelt hat, Krankheiten und Heilmittel die er kannte erweitern das Bild seiner Lebensumstände mit weiteren Details.

Landbauprodukte

Apelsinen (Orangen), Äpfel, Roßtörfer Apfel, Großer Apfel, Amerikanischer Reiß, Anis, Bollen (Zwiebeln), Birn Bäume, Malviser Birne, Coriander, Citronen, Dill, Erdbehren,

Feigenbäume, Fenchel, Gurken, Haselnüsse (Lamperth Nüße, Bartnüße), Heidelbehren, Himbehren, Kartoffeln (Artoffel, Erdäpfel), wilde Kastanien (Roßkastanien), echte Castanien, Kirschen, weißen Kohl (sauren Kohl), Kümmel, Kürbiße, Mandelbäume, Maulbeer Bäume, Meerettig, Morüben, Pargemotten (Bergamotten), Pfirsich (Blätter), Pflaumen, Catrinen Pflaumen, Pomerantzen Rebarber, kleine Rüben, Wilder Safran (*Carthamus tinctori*), Schleidorn Büthe, Tabak, Wacholder Beeren, Walnüsse (Welsche Nüße), Weintrauben.

Textilien

- ROHWAREN: Baumwolle, Flachs, Leinen, Seide, Wolle (Schaf-)
- STOFFE: Batist, Baumbast (Bombast, Bombazin), Bettzeug, Canvahs (Kanvas, Stramin - Packleinwand), Damast, Ertamin (Stramin?), Flanel, Frieß,Glantz- und Futter Leinwand, Kattun, Leintuchtapeten, Nessel, Nesselgarn, Pargt (Barchent), Bet Pargt, Futter Pargt, Segeltuch (Kanvas),Tafelzeug,Tuch, Wachstuch, Zwilch, roh, grob und fein, rot gefärbt.
- FABRIKATION: brecheln, färben, nähen, kämmen, kantzen (säumen), knüpfen, klöppeln, spinnen, stricken, weben.
- KLEIDER: Handschuhe, Hemden (fertige), Kleider (fertige), Monturen (Uniformen), Mützen, gewebt (Leinen), Mützen, gestrickt (Wolle), Oberzeug, Schaubtücher (Nastücher?), Seide Sousies (Unterkleider?), Strümpfe, gewebt (Leinen), Strümpfe, gestrickt (Wolle), Strümpfe, gestrickt (Zwirn), Unterfutter.

Krankheiten

- ÄUSSERLICH: Brand (-wunden), Frostbeulen. Geschwüre, Geschwulste, Kindspocken, Verletzungen, offene Wunden.
- KNOCHEN, GELENKE: verrenkte Glieder.
- MAGEN UND DARM: Durchfall, Hämorhoiden, Kolik, rote Ruhr, weiße Ruhr, Übelkeit/Erbrechen, Verstopfung.
- ATMUNGSORGANE: Blutsturz (Tuberkulose), Brustkrankheit (Bronchitis), Halsweh, Heiserkeit.,

- Schwindsucht (Tuberkulose).
- INFEKTIONSKRANKHEITEN: trübe Augen (Bindehautentzündung), Brand (Nekrosen), "Hitze" (Fieber), Ohrenweh, Tollwut (Hundebiß)
- STOFFWECHSELKRANKHEITEN: Gallenstein, Podagra (Gicht), Schlagfluß (Gehirnschlag), "Unglück" oder "Schwere Not" (Krampf, Epilepsie)

Medikamente

- FLÜSSIGKEITEN (alkoholische): Aquavit, Warmes Bier, Franzbranntwein, (Korn-)Branntwein, Hofmannstropfen (Alkohol : Äther = 3 : 1), Rheinwein, Rotwein (Pontac).
- FLÜSSIGKEITEN (nicht alkoholische): Kalkwasser, Milch.
- TEES: Betunien, Ehrenpreiß, Kamille, Lindenblüten, Millefolium (Achillea millefolium = Schafgarbe), Pfirsichblüte, Schlehenblüte, Türkische Meliße, Süßholz.
- VEGETABILIEN: geröstetes Brot, Hafergrütze, Knoblauch, Meerrettich, Mehlsuppe, Morrüben, Rettich, Schwarzwurzel, Weizenkleie, Zwiebeln ("Bollen").
- KRÄUTER UND GEWÜRZE: Anis, Englisch Gewürz (Piment), Kerbel, Koriander, Nelken, Petersilie, Rosmarien, Salbei, Sauerampfer, Wachholderbeeren, Weinessig, Zucker.
- HEILPFLANZEN *per se:* Alant (Wurzeln), Französisch Holz (Dattelpflaume, *Diospyros lotus*), Senna, Schinus (Rinde oder Bast), Stolzer Heinrich (Nachtkerze, *Oenothera*) (Wurzeln), Süßholz-
- OBST u.a.: Backbirnen, Kirschen, Pflaumen, Pomeranzen, Rabarber, Zitronen.
- FETTE: Baumöll (Olivenöl), Bernsteinöl, Butterfett, "Fett" (wahrscheinlich Schweineschmalz), Fuchsfett, Hasenfett, Hundefett, Jungfernwachs, Leinöl, Lilienöl, Ochsenklauen, Sahne, Schlangenfett, (Süß-)Mandelöl.
- SONSTIGE TIERISCHE PRODUKTE: Aalhaut, Eidotter, Eiweiß, Fuchsenzunge, pulverisiert, Hering, Honig, Hühnermist („das Weiße davon"), Hundehaar (gegen Tollwut), Hundeleber, pulverisiert (gegen Tollwut), Schlange. Pulverisiert.
- MINERALIEN u.a.: Bleiweiß, Englisch Saltz (=Bittersalz, $MgSO_4$), Grünspan, Kampfer, Krebssteine (Kalk), Marienglas (Gipsspat), Meersalz, Terpentin.